U0532199

中国社会科学院创新工程学术出版资助项目

中国科学院系统图书馆数字资源建设利用研究

苏金燕 著

Zhongguo Kexueyuan Xitong
Tushuguan Shuzi Ziyuan
Jianshe Liyong Yanjiu

中国社会科学出版社

图书在版编目(CIP)数据

中国科学院系统图书馆数字资源建设利用研究/苏金燕著.—北京：中国社会科学出版社，2018.4
ISBN 978-7-5203-2319-2

Ⅰ.①中… Ⅱ.①苏… Ⅲ.①数字图书馆—信息化建设—研究 Ⅳ.①G250.76

中国版本图书馆 CIP 数据核字（2018）第 073312 号

出版人	赵剑英
责任编辑	田 文
责任校对	张爱华
责任印制	王 超

出 版	中国社会科学出版社
社 址	北京鼓楼西大街甲 158 号
邮 编	100720
网 址	http://www.csspw.cn
发行部	010-84083685
门市部	010-84029450
经 销	新华书店及其他书店

印 刷	北京君升印刷有限公司
装 订	廊坊市广阳区广增装订厂
版 次	2018 年 4 月第 1 版
印 次	2018 年 4 月第 1 次印刷

开 本	710×1000 1/16
印 张	17.75
插 页	2
字 数	282 千字
定 价	76.00 元

凡购买中国社会科学出版社图书，如有质量问题请与本社营销中心联系调换
电话：010-84083683
版权所有 侵权必究

目 录

引 言 ……………………………………………………………… (1)
  一 研究背景与意义 ……………………………………………… (1)
    （一）研究背景 ……………………………………………… (1)
    （二）研究意义 ……………………………………………… (3)
  二 研究现状与评述 ……………………………………………… (4)
    （一）文献调研情况 ………………………………………… (4)
    （二）主要研究方向 ………………………………………… (7)
    （三）研究现状评述 ………………………………………… (8)
  三 研究内容与思路 ……………………………………………… (8)
    （一）研究内容 ……………………………………………… (8)
    （二）研究思路 ……………………………………………… (9)
  四 研究难点与创新 ……………………………………………… (9)

第一章 基本概念界定 …………………………………………… (11)
  一 科学院系统图书馆 ………………………………………… (11)
    （一）中国科学院图书馆 …………………………………… (11)
    （二）中国社会科学院图书馆 ……………………………… (14)
    （三）中国医学科学院图书馆 ……………………………… (15)
    （四）中国农业科学院图书馆 ……………………………… (18)
    （五）地方科学院图书馆 …………………………………… (19)
  二 数字资源 …………………………………………………… (19)
    （一）数字资源定义 ………………………………………… (19)

（二）数字资源类型 …………………………………………（20）
　　　（三）其他相关概念 …………………………………………（22）

第二章　数字资源的统计、评价与数据采集 ……………………（24）
　一　数字资源统计标准 ……………………………………………（24）
　　　（一）国外相关统计标准 ……………………………………（24）
　　　（二）国内相关统计标准 ……………………………………（26）
　　　（三）现有统计标准特点 ……………………………………（28）
　二　数字资源评价指标 ……………………………………………（29）
　　　（一）国外相关评价指标 ……………………………………（29）
　　　（二）国内相关评价指标 ……………………………………（31）
　　　（三）现有评价指标特点 ……………………………………（37）
　三　统计、评价数据的采集 ………………………………………（37）
　　　（一）数据库厂商提供的数据 ………………………………（37）
　　　（二）图书馆自搜集数据 ……………………………………（38）

第三章　数字资源利用的影响因素 ……………………………（39）
　一　文献使用习惯因素 ……………………………………………（39）
　　　（一）数据与方法 ……………………………………………（41）
　　　（二）使用习惯分文献类型分析 ……………………………（42）
　　　（三）使用习惯分学科分析 …………………………………（43）
　　　（四）使用习惯趋势分析 ……………………………………（47）
　　　（五）讨论 ……………………………………………………（49）
　二　学科交叉演化因素 ……………………………………………（50）
　　　（一）学科交叉的背景与现状 ………………………………（50）
　　　（二）我国人文社会科学学科交流情况 ……………………（54）
　　　（三）基于引文的我国人文社会科学学科交叉度分析 ……（59）
　　　（四）讨论 ……………………………………………………（64）
　三　学术合作跨地域、国际化因素 ………………………………（65）
　　　（一）学术研究的跨地域化倾向 ……………………………（65）
　　　（二）学术交流的国际化影响 ………………………………（82）

四　学术出版模式变化因素……………………………………（96）
　　（一）学术期刊数据库出版模式不足之处………………（97）
　　（二）学术期刊开放获取出版模式分析…………………（101）
　　（三）讨论…………………………………………………（104）
　五　科研评价指标导向因素…………………………………（105）
　　（一）我国科研人员对期刊评价的认识…………………（105）
　　（二）欧盟对科研人员的评价方法………………………（116）

第四章　科学院图书馆的数字资源实证……………………（130）
　一　数字资源采购情况………………………………………（130）
　　（一）数字资源采购价格情况……………………………（130）
　　（二）数字资源采购经费情况……………………………（137）
　二　数字资源建设情况………………………………………（142）
　　（一）中国科学院图书馆数字资源建设情况……………（142）
　　（二）中国社会科学院图书馆数字资源建设情况………（147）
　　（三）中国医学科学院图书馆数字资源建设情况………（151）
　　（四）中国农业科学院图书馆数字资源建设情况………（153）
　三　基于第三方工具的数字资源利用情况…………………（156）
　　（一）图书馆网站检测基本情况…………………………（156）
　　（二）由搜索引擎反推的数字资源利用情况……………（160）
　四　基于数据库商的数字资源利用变化趋势情况…………（162）
　　（一）2015—2016年度数字资源利用变化趋势情况……（162）
　　（二）2010—2012年度数字资源利用变化趋势情况……（173）
　　（三）其他年度数字资源利用变化趋势情况……………（177）

第五章　数字资源建设与利用的建议………………………（182）
　一　数字资源建设、统计、利用的建议……………………（182）
　　（一）数字资源建设的建议………………………………（182）
　　（二）数字资源统计的建议………………………………（184）
　　（三）数字资源利用的建议………………………………（185）
　二　研究不足之处与展望……………………………………（185）

附录1　资源购置经费统计表 ……………………………………（187）

附录2　四大科学院图书馆数字资源清单 ………………………（223）

附录3　国内外重要数字资源介绍 ………………………………（242）

致　谢 ………………………………………………………………（277）

引 言

一 研究背景与意义

（一）研究背景

中国科学院系统由中国科学院、中国社会科学院、中国医学科学院和中国农业科学院四大国家级科学院（简称四大科学院）及省市级科学院组成。它们是我国的重要科研机构，在为政府提供决策咨询、培养造就专业人才、解决重大民生问题等方面作出了突出贡献。中国科学院、中国社会科学院还是我国首批建设的国家高端智库。[1]

图书馆是科学研究活动的重要支撑平台，但图书馆高密度存储空间却日益紧张，在一定程度上影响了图书馆的科研服务能力，制约了图书馆的发展。[2] 数字资源则是图书馆资源的重要组成部分。图书馆用于购买数字资源的经费开支比例呈逐年上升趋势，电子资源所占比重加大。[3] 2006—2015 年 10 年间，高校图书馆的馆均电子资源购置费呈明显上升趋势（见图 0-1），纸质资源的购置经费却呈现明显的下降趋势（见图 0-2）。[4]

---

[1] 中共中央办公厅、国务院办公厅：《关于加强中国特色新型智库建设的意见》，2017 年 4 月 18 日（http://www.gov.cn/xinwen/2015-01/20/content_2807126.htm）。

[2] 郭登浩：《科研图书馆高密度存储空间紧张问题与对策研究——以天津社会科学院图书馆为例》，《图书馆工作与研究》2016 年第 3 期。

[3] 程艾军、张兆忠、马路：《从连续三年中美高校图书馆电子资源建设经费统计数据看馆藏电子资源建设发展趋势》，《大学图书馆学报》2012 年第 1 期。

[4] 王波、吴汉华、姚晓霞等：《2015 年高校图书馆发展概况》，2017 年 4 月 23 日（http://www.scal.edu.cn/tjpg/tjsj/）。

2 中国科学院系统图书馆数字资源建设利用研究

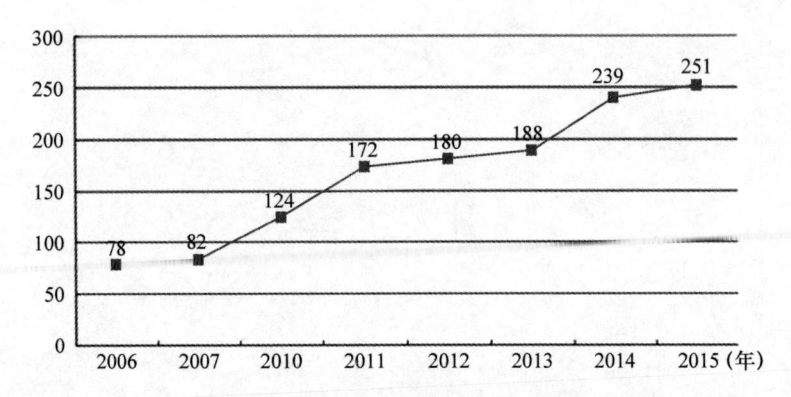

图 0-1 2006—2015 年高校图书馆馆均电子资源购置费（万元）

资料来源：王波、吴汉华、姚晓霞等：《2015 年高校图书馆发展概况》，2017 年 4 月 23 日（http://www.scal.edu.cn/tjpg/tjsj）。

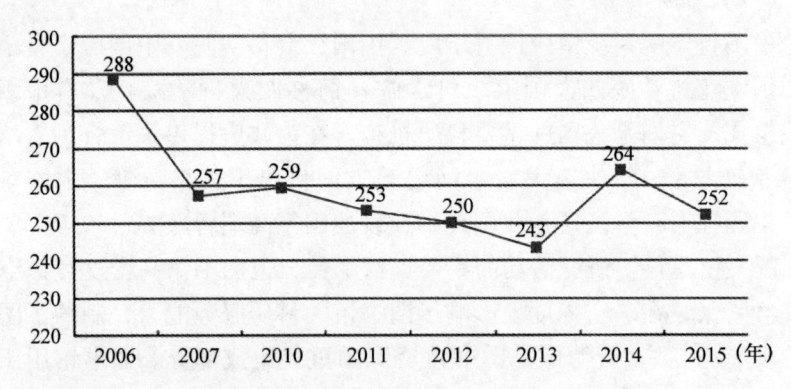

图 0-2 2006—2015 年高校图书馆馆均纸质资源购置费（万元）

资料来源：王波、吴汉华、姚晓霞等：《2015 年高校图书馆发展概况》，2017 年 4 月 23 日（http://www.scal.edu.cn/tjpg/tjsj）。

有的图书馆每年花很多钱购买电子资源，例如华中科技大学图书馆 2015 年购买电子资源的经费是 2891 万元；有的图书馆全年的文献购置经费均用来购买电子资源，例如临沂大学图书馆（见附表 1-2）；有的研究型图书馆的电子资源购买金额达到了预算的 70%。[1] 因此，在调查

---

[1] D. M. Coughlin, M. C. Campbell, B. J. Jansen, "A Web Analytics Approach for Appraising Electronic Resources in Academic Libraries", *Journal of the Association for Information Science and Technology*, 2016: 518-534.

数字资源建设状况的基础上，对数字资源利用情况进行分析，探寻提高数字资源利用绩效的办法，充分发挥数字资源的价值是摆在我们面前的一项紧迫而艰巨的研究任务。

（二）研究意义

本课题的研究意义主要表现在以下三个方面：

1. 有利于国家信息资源整体规划布局

四大科学院图书馆不仅承担每个科学院自身的资源建设与信息服务功能，还在很大程度上发挥着国家专业图书馆的职能。例如中国农业科学院图书馆，它既是中国农业科学院的院属图书馆，也是国家农业图书馆，是国家唯一重点支持的国家级农业图书馆，拥有丰富的农业科技文献信息资源，是国家农业科学数据中心。[①] 面对这种情况，对科学院系统图书馆的数字资源情况进行研究，有利于国家信息资源的整体规划与布局。

2. 有利于为管理决策提供依据

调查科学院系统图书馆数字资源利用情况，一方面是重视和尊重国家资源建设投入的具体体现，另一方面又为管理部门进行图书馆发展决策提供数据支撑，是满足图书馆自身发展客观需要、适应时代发展需求的。

3. 有利于提高信息服务水平

图书馆是提供学术信息服务的重要组织机构，早在1994年联合国教科文组织的《公共图书馆宣言》（UNESCO Public Library Manifesto）中就明确指出："随着网络上电子信息的增长，图书馆应该认识到再也不能仅仅处理传统的印本文献了。"[②] 了解科学院图书馆数字资源情况，优化馆藏配置，提升服务质量是十分重要的。

[①] 中共中央办公厅、国务院办公厅：《2006—2020年国家信息化发展战略》，2009年9月16日（http://www.gov.cn/jrzg/2006-05/08/content_275560.htm）。

[②] Unesco. Unesco Public Library Manifesto. ［2009-09-13］. http://www.unesco.org/webworld/libraries/manifestos/libraman.html.

二 研究现状与评述

(一) 文献调研情况

国内资料调研,本书以中国知网数据为主。中国知网数据库拥有9000多种期刊、700多种报纸、600余家博硕士培养单位的博士学位论文、优秀硕士学位论文,内容覆盖自然科学、工程技术、农业、哲学、医学、人文社会科学等各个领域,全文文献总量2300多万篇,为全社会知识资源高效共享提供丰富的知识信息资源和有效的知识传播与数字化学习平台。在中国知网的知识资源总库中采用专业检索的方式进行检索,检索方式如下:(TI = 数字资源 or TI = 电子资源) and (TI = 利用 or TI = 使用 or TI = 统计 or TI = 计量 or TI = 评价 or TI = 评估)。检索时间为2017年4月20日。共检索到942篇相关文献。

1. 发文趋势分析

从图0-3中可以看出,国内讨论研究数字资源的论文数量总体呈增长趋势,这说明此问题的研究引起越来越多学者的重视,特别是在2013年时发文量达到最高峰,近几年趋缓。

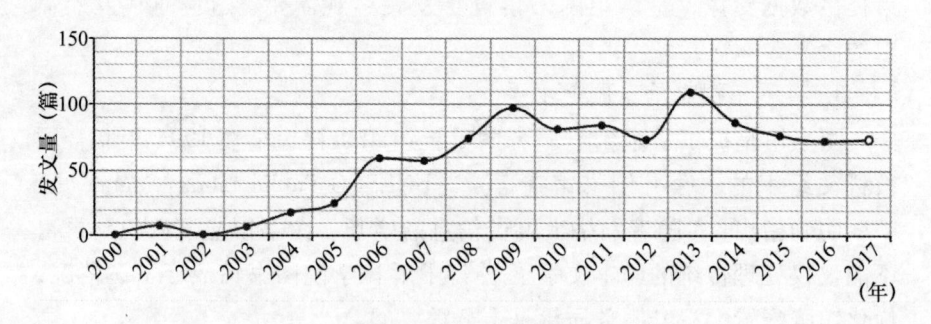

图0-3 我国"数字资源"研究的发文趋势

2. 作者分布分析

从图0-4中可以看出,国内进行数字资源研究的学者主要有西南交通大学的徐革、广西大学的吴进琼、北京大学的肖珑、燕山大学的王军光及上海外国语大学的严丹等。

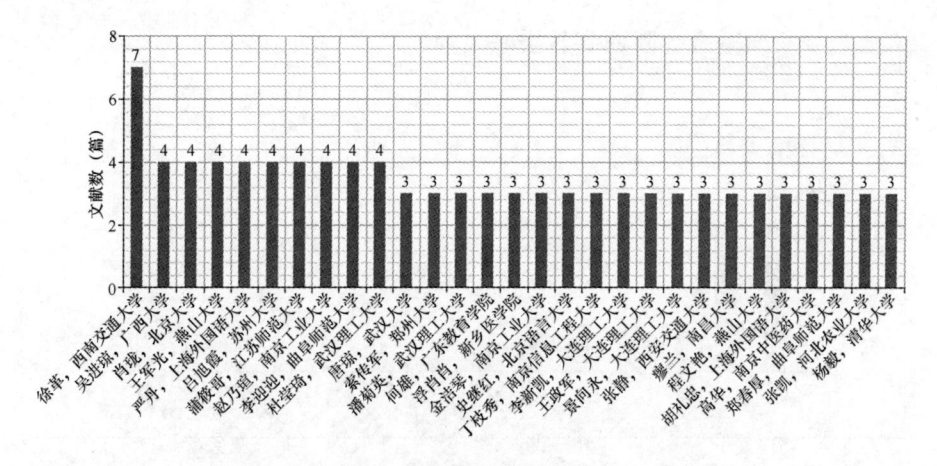

图 0-4　我国"数字资源"研究的作者分布

3. 机构分布分析

从图 0-5 中可以看出,国内进行数字资源研究的主要机构是北京大学、郑州大学、武汉大学、上海外国语大学及大连理工大学等。

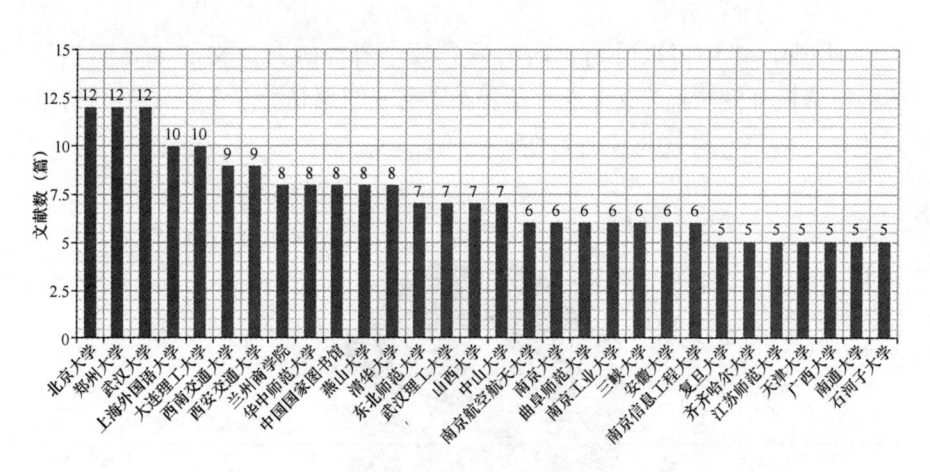

图 0-5　我国"数字资源"研究的机构分布

4. 基金分布分析

从图 0-6 中可以看出,国内支持数字资源研究的主要基金是国家社会科学基金、国家自然科学基金,另外还有部分省部级的基金,如浙江省教委科研基金、陕西省教委基金等。

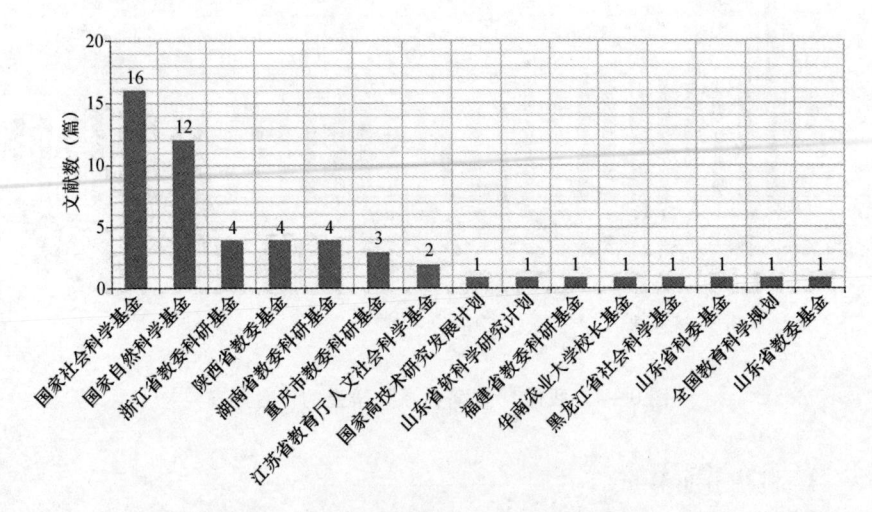

图 0-6 我国"数字资源"研究的基金分布

5. 期刊分布分析

从图 0-7 中可以看出，国内发表数字资源研究论文的主要期刊是《科技情报开发与经济》《现代情报》《农业图书情报学刊》《图书情报工作》《内蒙古科技与经济》等。

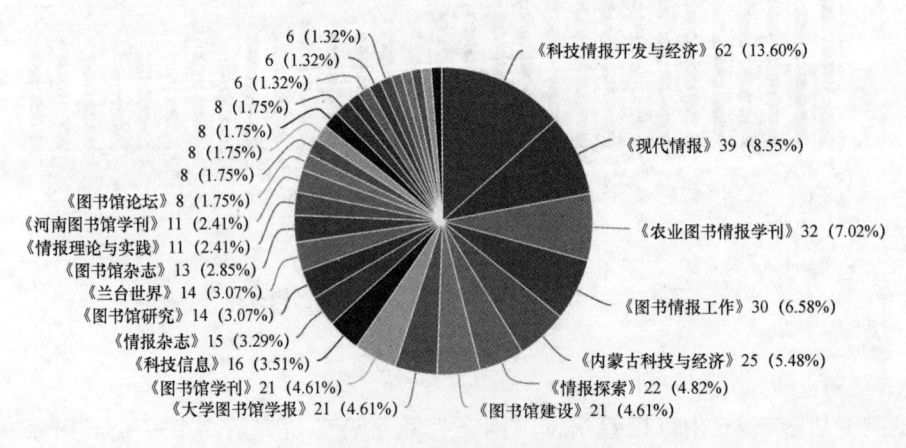

图 0-7 我国"数字资源"研究的期刊分布

6. 关键词分布分析

从图0-8中可以看出，国内数字资源研究涉及的主要关键词是电子资源、数字资源、高校图书馆、图书馆、利用率、数据库、数字图书馆等。

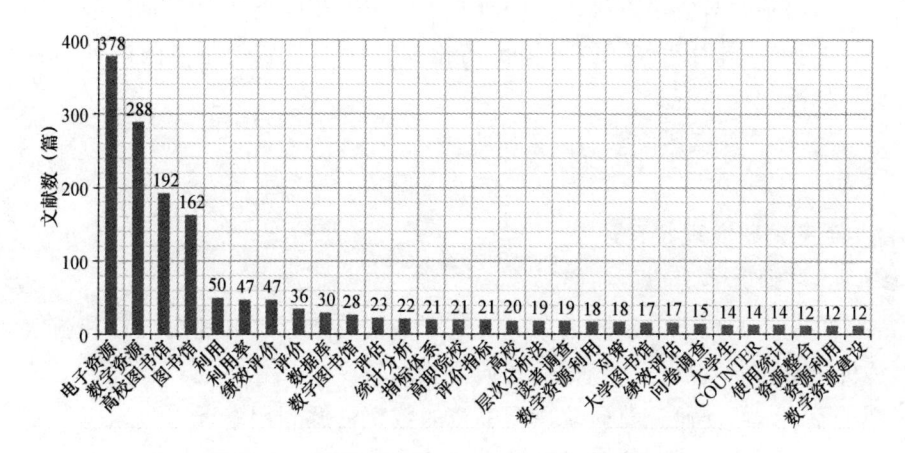

图0-8 我国"数字资源"研究的关键词分布

（二）主要研究方向

1. 数字资源统计研究

国内学者对数字资源使用统计的研究主要集中在四个方面：

• 制定电子资源使用统计标准，目前有国家图书馆制定的数字资源统计标准、中国高等教育文献保障系统（China Academic Library & Information System，CALIS）制定的高等学校图书馆数字资源计量指南。①

• 介绍美国研究图书馆协会（ARL）、国际标准化组织（ISO）、美国国家信息标准协会（NISO）、在线电子资源使用统计标准（COUNTER）等的内容与体系，介绍国际数字资源利用标准规范的起源、核心内容及其发展动向等。②

---

① 吕淑萍、罗云川：《图书馆数字资源统计标准和应用指南》，国家图书馆出版社2010年版。

② 曹磊：《图书馆统计标准比较——以 ISO 2789 与 NISO Z39.7 为例》，《图书馆杂志》2009年第11期；郭依群：《COUNTER——网络化电子资源使用统计的新标准》，《大学图书馆学报》2005年第2期。

• 从宏观层面分析电子资源使用统计的意义及可应用的领域，或分析统计存在的问题及解决措施。①

• 分析特定数据库的使用情况。②

2. 数字资源评价研究

国内学者对数字资源评价的研究主要集中在以下几个方面：

• 介绍国内外数字资源评价的相关情况，如彭康通对国内外 6 种评价标准统计指标进行了介绍。③

• 数字资源评价影响因素研究。④

（三）研究现状评述

这些研究具有以下特点：

第一，偏重于大学图书馆、公共图书馆数字资源的利用统计和绩效评价，对科研院所图书馆的有关研究相对较少。

第二，即使研究科研院所图书馆的数字资源利用情况，也以案例研究为主，数量较少，未形成体系。

第三，对科学院系统图书馆读者的利用需求了解不够全面。

实际上，由于科学院系统图书馆与公共图书馆面对的用户群体不同，导致其数字资源需求、建设、利用情况有所不同。另外，科学院与大学虽然都是科研机构，但其功能定位却并不一样，这也使得其图书馆数字资源相关情况存在差异。因此，本课题的立项和研究是十分必要的。

三 研究内容与思路

（一）研究内容

本课题旨在对数字资源统计、评价等进行研究的基础上，重点研究

---

① 梅海燕：《电子资源使用统计研究》，《大学图书馆学报》2006 年第 3 期。
② 刘佳音：《高校图书馆电子资源使用与用户检索行为统计分析——以 Science Direct 数据库为例》，《大学图书馆学报》2012 年第 2 期。
③ 彭康通：《图书馆数字资源使用统计指标构建与思考》，《图书馆界》2016 年第 4 期。
④ 徐革：《电子资源评价之重要影响因子的调查研究》，《大学图书馆学报》2006 年第 3 期。

影响数字资源利用的影响因素，然后以案例形式分析科学院图书馆的数字资源利用状况，为中国科学院系统图书馆在数字资源购买、建设和利用等方面提供指导意见和建议。主要研究内容如下：

1. 国内外相关研究调研

通过文献调查、网络调查等方式进行前期调研，弄清国内外数字资源计量统计、利用绩效评价的基本做法以及进行用户需求分析的方法和技术。

2. 数字资源利用数据获取、整理方法研究

探索调查问卷、图书馆访问日志、数据商提供等数字资源利用数据获取方法的可行性和有效性，总结归纳各类型统计数据的整理方法。

3. 数字资源利用影响因素研究

新环境下，分析学者的文献使用习惯、学科差异、科研合作、学术出版模式及科研评价等因素对数字资源利用的影响。

4. 数字资源利用状况实证研究

首先统计四大科学院图书馆的馆藏数字资源情况，完成馆藏数字资源摸底，最后调查数字资源利用情况。

（二）研究思路

本研究在相关研究成果基础上，采用理论研究与实证研究相结合、定性分析与定量分析相结合、抽样统计与整体推断相结合，以及问卷调查、内容分析、计算机辅助分析等方法来进行。本研究基本思路是：相关研究的文献调研（前期调研）→数字资源统计、评价、数据采集研究（方法研究）→数字资源利用影响因素研究（理论研究）→数字资源利用状况调查（实证研究）→数字资源建设的对策建议（对策研究）。本课题研究思路如图 0-9 所示。

四 研究难点与创新

本课题研究的重点和难点主要是：

第一，摸清四大科学院图书馆馆藏数字资源情况和利用状况是本研究的重点，因为只有真正了解数字资源建设情况和利用现状，才能更好

```
┌─────────────────────┐
│ 相关研究的文献调研  │
└──────────┬──────────┘
           │
┌──────────┴──────────┐    1. 研究数字资源统计标准
│ 数字资源统计、评价、├──  2. 研究数字资源评价指标
│ 数据采集研究        │    3. 研究数据资源利用数据采集方法
└──────────┬──────────┘
           │
┌──────────┴──────────┐    1. 文献使用习惯因素   2. 学科差异因素
│ 数字资源利用        ├──  3. 科研合作因素       4. 学术出版模式因素
│ 影响因素研究        │    5. 科研评价因素等
└──────────┬──────────┘
           │
┌──────────┴──────────┐    1. 基于第三方工具的利用状况调查
│ 数字资源            ├──  2. 基于数据库商的利用状况调查
│ 利用状况调查        │    3. 基于调查问卷的利用状况调查
└──────────┬──────────┘
           │
┌──────────┴──────────┐    1. 数字资源建设建议
│ 数字资源            ├──  2. 数字资源统计建议
│ 建设的对策建议      │    3. 数字资源利用建议
└──────────┬──────────┘
           │
┌──────────┴──────────┐
│ 项目研究总结        │
└─────────────────────┘
```

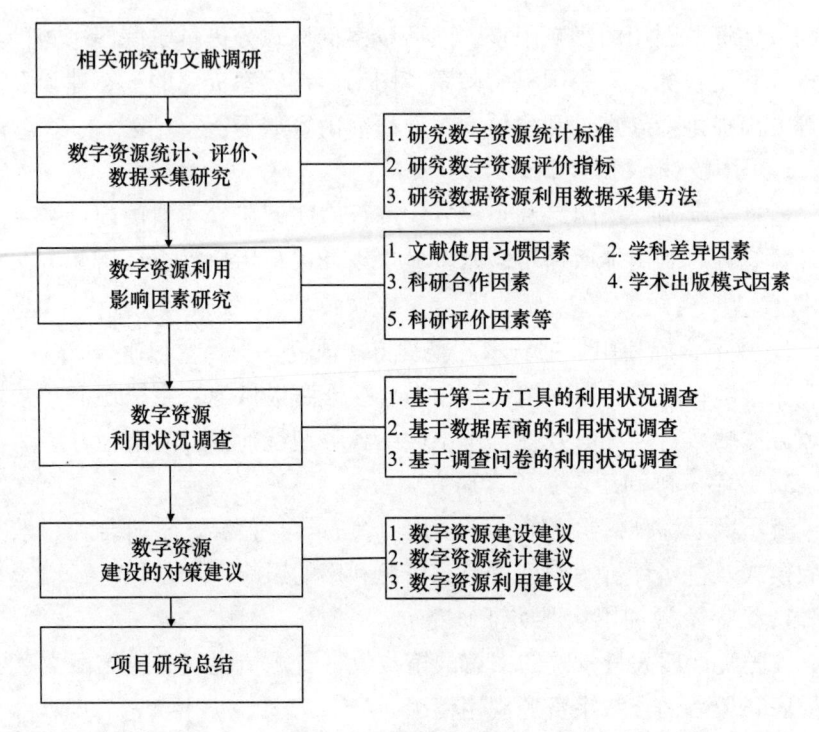

图 0-9　课题研究思路

地指导数字资源的购买和建设，并提高数字资源利用绩效。而此过程中怎样大量收集科学院系统图书馆的数字资源数据，从而完成数字资源状况调查就成为本课题的难点。

第二，由于科学院系统图书馆读者专业不同、群体庞大，而利用需求又很少直接表达出来，通过数据挖掘分析读者利用需求、预测数字资源建设、利用发展趋势就成为本课题的研究重点和难点。

本课题研究主要有两个创新之处：

第一，选题角度。目前，无论是国内还是国外，数字资源利用问题都是一个学科前沿领域和研究热点，也是政府管理部门及图书馆自身的迫切需要。

第二，系统性。在以往的研究中，已有学者对此问题进行了相关研究，本课题重在系统地调查科学院系统图书馆的馆藏数字资源情况及利用状况。

第一章　基本概念界定

一　科学院系统图书馆

（一）中国科学院图书馆

中国科学院图书馆即中国科学院文献情报中心。由于中国科学院、中国社会科学院、中国医学科学院以及中国农业科学院图书馆的名称各不相同，本报告将其统称为"某某科学院图书馆"，而不再采用其各自的准确名称。

1. 历史沿革

中国科学院文献情报中心建于 1950 年 4 月。1951 年 2 月，正式定名为"中国科学院图书馆"；1985 年 11 月，更名为"中国科学院文献情报中心"，同时保留"中国科学院图书馆"的名称；2001 年 10 月，进入中国科学院知识创新试点工程序列；2006 年 3 月，确定为中国科学院国家科学图书馆（筹）；2014 年 3 月 19 日，正式确定为中国科学院文献情报中心。

2. 机构定位

中国科学院文献情报中心立足中国科学院、面向全国，主要为自然科学、边缘交叉科学和高技术领域的科技自主创新提供文献信息保障、战略情报研究服务、公共信息服务平台支撑和科学交流与传播服务，同时通过国家科技文献平台和开展共建共享为国家创新体系其他领域的科研机构提供信息服务。①

---

① 中国科学院图书馆：《中心介绍》，2017 年 4 月 13 日（http://www.las.cas.cn/gkjj/）。

3. 业务方向

中国科学院文献情报中心应科学研究的需求而发展，伴随中国科学院和我国科技事业的繁荣而成长壮大。经过60余年的发展，不断调整业务工作重心，经历了从单纯的图书供应与管理，到图书情报一体化，再到面向科技创新一线和科技管理决策，以数字化网络化服务为主，同时提供文献信息服务、情报研究服务、科学传播服务、产业信息服务的发展过程[①]，业已成为一个以数字化网络化服务为主和以知识化服务为特征的现代化国家科学图书馆。

4. 部门设置

中国科学院文献情报中心的组织机构如图1-1所示。中国科学院文献情报中心共有13个部门，分别是：信息系统与知识计算中心、资源建设与知识组织中心、情报分析与知识产品研发中心、用户服务与知识传播中心、图书馆与知识学习中心、院史馆与文化交流中心、知识技术研发中心、知识服务创业中心、科技期刊与知识服务中心、综合办公室、业务管理处、人力资源处和财务资产处。

5. 运行机制

中国科学院文献情报中心采用分中心制度。除设立在北京的中国科学院文献情报中心外，还设有成都中心、武汉中心、兰州中心。每个中心，下设特色分馆，特色分馆下设研究所图书馆。

6. 人员情况

该中心现有职工400余人，馆藏图书1145万余册（件）。近年来，该中心大力加强网络化、数字化文献资源建设，启动了国家科学数字图书馆建设项目，已逐步完成了从传统图书馆向数字图书馆的模式转变，开始走上知识情报研究与知识服务中心的发展道路。

7. 其他

中国科学院文献情报中心于1987年成为图书馆学、科技情报硕士学位授予点[②]，目前该中心是图书馆学和情报学两个学科的硕士学位和

---

① 中国科学院图书馆：《主任致辞》，2017年4月13日（http://www.las.cas.cn/gkjj/gzzc/）。

② 李莲：《中国科学院文献情报中心获硕士学位授予权》，《图书情报工作》1987年第2期。

博士学位授予单位，现有在读研究生近 100 人；常年接收高级访问学者和组织专业继续教育。2012 年获批图书馆学、情报学博士后科研流动站。

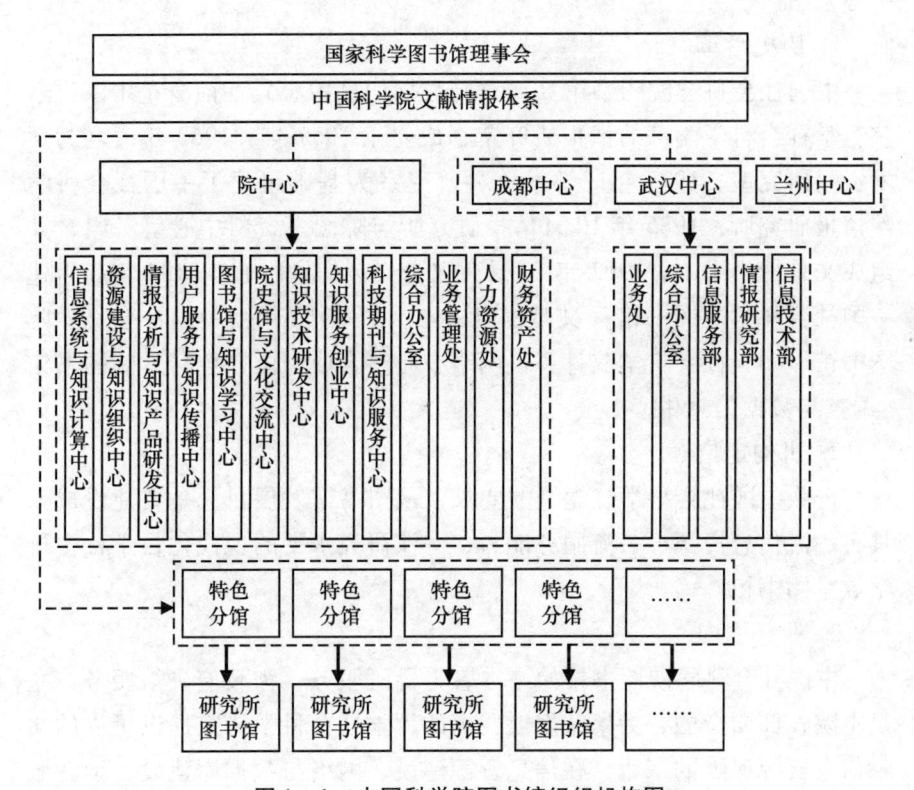

图 1-1　中国科学院图书馆组织机构图

资料来源：中国科学院图书馆：《组织机构》，2017 年 4 月 13 日（http://www.las.cas.cn/gkjj/zzjg/）。

中国科学院文献情报中心是国际图书馆协会与机构联合会（IFLA）的重要成员。近年来，该中心积极组织、参与高层次专门化国际学术交流活动，目前已经与美国、德国、韩国、俄罗斯等多个国家的文献情报机构建立了稳定的合作关系。

本书中，中国科学院图书馆是指中国科学院文献情报体系中的院中心，即位于北京的中国科学院文献情报中心。

（二）中国社会科学院图书馆

中国社会科学院图书馆即中国社会科学院图书馆（调查与数据信息中心）。

1. 历史沿革

中国社会科学院图书馆（调查与数据信息中心）的前身是中国科学院哲学社会科学学部的情报研究室，成立于1957年；1963年改名为学术资料研究室；1977年以学术资料研究室为基础组建了中国社会科学院情报研究所；1985年10月情报研究所与院图书资料中心筹备组合并组成文献情报中心；1992年10月改名为文献信息中心；1994年起组建中国社会科学院图书馆（文献信息中心）。[①] 2013年由中国社会科学院图书馆、中国社会科学院计算机网络中心整合成中国社会科学院图书馆（调查与数据信息中心）。

2. 机构定位

按照中国社会科学院党组的要求，该图书馆发展目标是要建设成为具有一流信息资源、一流服务能力、一流研究水平的现代化哲学社会科学数字图书馆。

3. 业务方向

中国社会科学院图书馆始终本着为科研服务，为政府决策服务，立足本院，面向全国，为繁荣发展我国的哲学社会科学研究提供可靠的文献信息资源保障的宗旨，在信息资源建设、网络与数据库建设、读者服务、文献整理与开发、信息研究与服务、图书馆学情报学理论研究等各个方面不断取得新的成绩。

4. 部门设置

中国社会科学院图书馆总馆共14个部门，分别是：文献采编部、典藏流通部、文献信息研究室、内网部、网络安全部、编辑部、期刊部、古籍特藏部、参考咨询部、数据网络部、国际书刊交换部、科研业务处、人事处（党委办公室）和办公室。

---

① 中国社会科学院图书馆：《历史沿革》，2017年4月13日（http：//www.lib.cass.org.cn/about/index.htm）。

5. 运行机制

2008 年，中国社会科学院制定图书馆体制机制改革方案，确定了以建立和完善总分馆制为核心，规划组建 5 个分馆，形成总馆—分馆—所馆（专业书库、所资料室）三级文献信息保障体系。[①]"总分馆制"是指由同一个主体出资建设、同一个主管机构负责管理的图书馆群，其中处于群体核心地位的一个图书馆作为总馆，而其他处于从属地位的图书馆作为分馆，在资源建设与用户服务方面各有分工，履行各自的职能。分馆在行政关系上隶属于总馆，或与总馆一起隶属于同一个主管部门，但在业务上接受总馆管理与指导。

本书中，中国社会科学院图书馆是指中国社会科学院图书馆（调查与数据信息中心），即中国社会科学图书馆总馆。

（三）中国医学科学院图书馆

中国医学科学院图书馆即中国医学科学院/北京协和医学院的医学信息研究所[②]图书馆。

1. 历史沿革

中国医学科学院图书馆前身是创办于 1917 年[③]的北京协和医学院[④]图书馆。[⑤]"1956 年中国医学科学院成立，该馆与前中央卫生研究院图书馆合并改称中国医学科学院图书馆。1985 年中国协和医科大学恢复办学，因该校与中国医学科学院是统一的领导，平行的机构，所以又增

[①] 杨沛超：《深化体制机制改革创新专业图书馆服务——中国社会科学院图书馆的实践与思考》，《图书情报工作》2013 年第 22 期。

[②] 医学信息研究所前身是 1958 年成立的中国医学科学院情报研究室，1974 年与中国医学科学院图书馆合并成立了医学情报研究所，1993 年更名为医学信息研究所。

[③] 王兆令认为是 1921 年建立的北京协和医学院图书馆。见王兆令《中国医学科学院协和医科大学图书馆简介》，《医学图书馆通讯》1994 年第 4 期。

[④] 北京协和医学院（Peking Union Medical College）是中华人民共和国国家卫生和计划生育委员会直属的唯一一所重点医科大学，与中国医学科学院院校一体，是中国国家级医学科学学术中心和综合性科学研究机构。北京协和医学院由美国洛克菲勒基金会于 1917 年捐资创办，学校历经"私立北平协和医学院""中国协和医学院""中国首都医科大学""中国协和医科大学"等多个历史阶段，于 2007 年 5 月 18 日正式复名为北京协和医学院。

[⑤] 中国医学科学院图书馆：《医学信息研究所/图书馆概况》，2017 年 4 月 13 日（http://www.imicams.ac.cn/publish/default/sggk/）。

加中国协和医科大学图书馆名称,此乃为医科院和协和医大共有的图书馆。"[1]

2. 机构定位

加强医药卫生信息资源建设与服务工作,发挥国家医学图书馆作用,在做好传统信息服务的基础上,积极开展学科化和个性化的知识服务,为科技创新提供更加方便高效的信息支撑,为科技创新主体和医、教、研人员提供全面的医学信息服务。

3. 业务方向

结合国家医学领域信息创新服务需要,紧密围绕数字图书馆建设、发展及服务利用中的前沿问题与关键技术开展研究,研发医学信息服务产品,为推动国内数字图书馆的可持续发展提供理论支持与实践指导。数字图书馆建设与管理、数字图书馆关键技术、数字资源标准规范、医学文献相关数据库及知识服务平台建设与服务是该图书馆的主要业务方向。

4. 部门设置

中国医学科学院图书馆的组织机构如图1-2所示。中国医学科学院图书馆分为职能管理部门、资源建设与服务、医学信息与情报研究和编辑出版四部分,下设图书馆业务部、资源建设部、信息服务部、典藏与流通部、医学信息学理论方法研究室、医学知识组织研究室、信息技术部等。

5. 运行机制

该图书馆是中国医学科学院和北京协和医学院的图书馆,和卫生政策与管理研究中心是平行机构,其中医药科技战略研究室、医学信息分析评价研究室、重大疾病防治信息研究室及公共卫生信息研究室是图书馆和卫生政策与管理研究中心共同建设的部门。

6. 其他

中国医学科学院/北京协和医学院医学信息研究所于1988年被国务院学位委员会批准为科技情报硕士学位授予点,主要围绕医学信息学、数字图书馆、医学信息分析等方面进行研究。

---

[1] 王兆令:《中国医学科学院协和医科大学图书馆简介》,《医学图书馆通讯》1994年第4期。

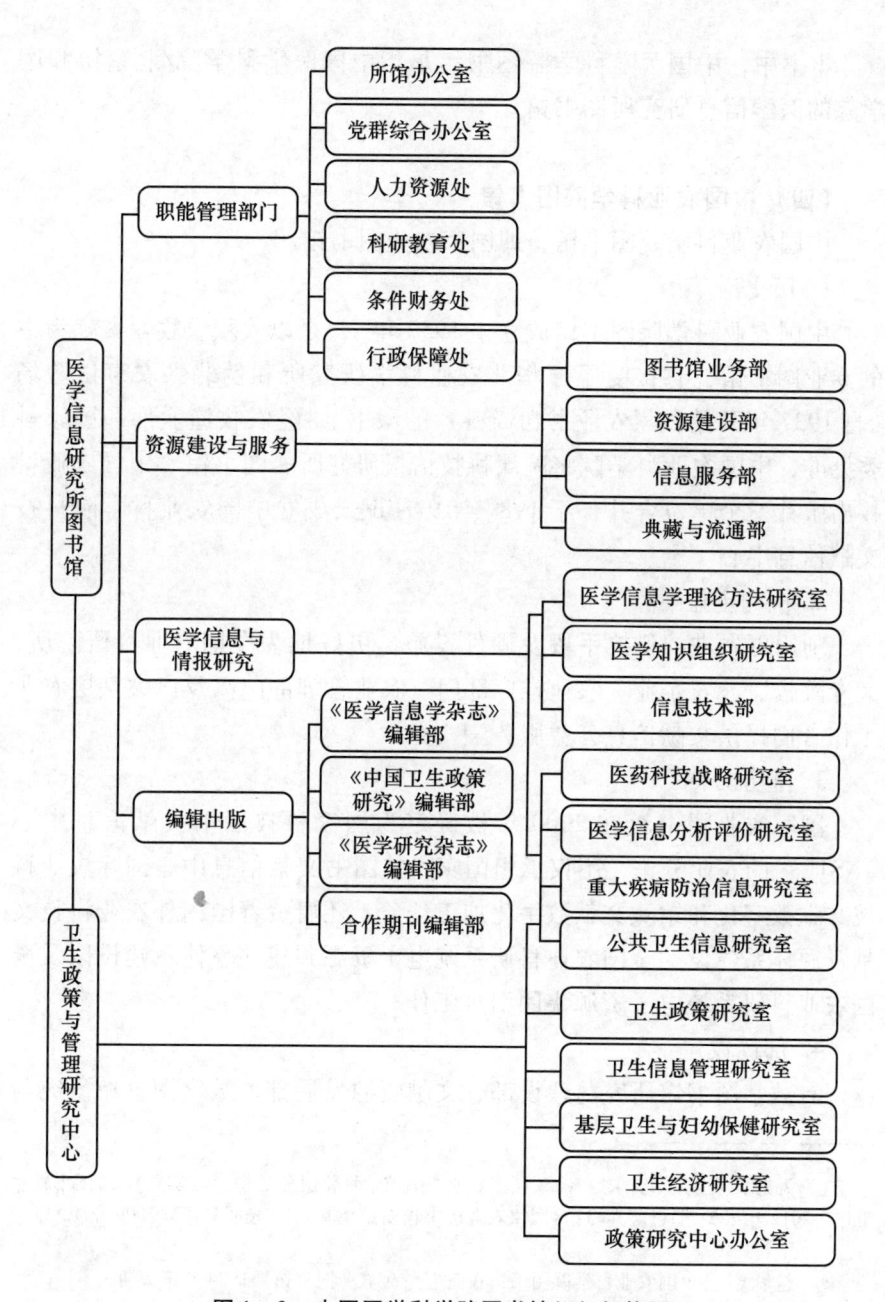

```
                                    ┌─ 所馆办公室
                                    ├─ 党群综合办公室
                        ┌─ 职能管理部门 ├─ 人力资源处
                        │           ├─ 科研教育处
                        │           ├─ 条件财务处
                        │           └─ 行政保障处
                        │
          医学信息       │           ┌─ 图书馆业务部
          研究所图书馆 ──┤─ 资源建设与服务 ├─ 资源建设部
                        │           ├─ 信息服务部
                        │           └─ 典藏与流通部
                        │
                        │           ┌─ 医学信息学理论方法研究室
                        ├─ 医学信息与 ├─ 医学知识组织研究室
                        │  情报研究   └─ 信息技术部
                        │
                        │           ┌─ 《医学信息学杂志》编辑部
                        └─ 编辑出版   ├─ 《中国卫生政策研究》编辑部
                                    ├─ 《医学研究杂志》编辑部
                                    └─ 合作期刊编辑部

                                    ┌─ 医药科技战略研究室
                                    ├─ 医学信息分析评价研究室
                                    ├─ 重大疾病防治信息研究室
          卫生政策与 ─────────────────┤─ 公共卫生信息研究室
          管理研究中心                ├─ 卫生政策研究室
                                    ├─ 卫生信息管理研究室
                                    ├─ 基层卫生与妇幼保健研究室
                                    ├─ 卫生经济研究室
                                    └─ 政策研究中心办公室
```

图 1-2 中国医学科学院图书馆组织机构图

资料来源：中国医学科学院图书馆：《医学信息研究所/图书馆概况》，2017 年 4 月 13 日（http：//www.imicams.ac.cn/publish/default/sggk/）。

本书中，中国医学科学院图书馆是指中国医学科学院/北京协和医学院的医学信息研究所图书馆。

（四）中国农业科学院图书馆

中国农业科学院图书馆，即国家农业图书馆。[①]

1. 历史沿革

中国农业科学院图书馆成立于1957年[②]，是以收藏农牧业文献为主的专业图书馆，它接受了原华北农业科学研究所和伪北平农事试验场（自1937年开始积累农业书刊资料）的藏书。"经农牧渔业部和国家科委批准，中国农业科学院将院属科技情报研究所、图书馆、中国农业科技出版社三个单位合并，于1987年9月正式成立中国农业科学院科技文献信息中心。"[③]

2. 机构定位

利用更先进的科技手段及硬件设施，更好地为全国农业科研院所、大专院校、涉农企业、农业推广部门、农业管理部门以及广大基层农业工作者们提供文献信息公益服务。[④]

3. 业务方向

国家农业图书馆在2000年被确定为国家科技图书文献信息中心（NSTL）的农业分馆，不仅承担国家科技图书文献信息中心国际农业科技文献数字化和馆藏文献数字化加工任务，还肩负着国内外农业科技文献资源体系建设、全国农业科研系统电子资源共建共享体系建设以及全国农业科研系统电子资源集团引进工作。

4. 部门设置

有数字图书馆研究与建设部、文献资源发展部、数字图书馆研究与

[①] 孟宪学、皮介郑、朱遐等：《国家农业图书馆学科化服务的探索与实践》，《图书情报工作》2012年第21期；胡其峰：《国家农业图书馆新馆奠基》，《光明日报》2009年12月17日。

[②] 赵华英：《中国农业科学院图书馆在前进》，《农业图书》1984年第2期。

[③] 赵华英：《中国农业科学院科技文献信息中心成立》，《图书情报工作》1988年第1期。

[④] 中国农业科学院图书馆：《国家农业图书馆总体概况介绍》，2017年4月13日（http://www.nais.net.cn/publish/default/bgjs/）。

建设部等部门。

5. 运行机制

中国农业科学院图书馆既是中国农业科学院的院属图书馆，又承担着国家农业图书馆的职责。

本书中，中国农业科学院图书馆是指国家农业图书馆。

（五）地方科学院图书馆

四大科学院图书馆承担的任务与扮演的角色各不相同，运行机制也不尽相同。每个类型的科学院均有自己的图书馆，但各科学院图书馆之间没有明确的上下级关系和隶属关系。如中国科学院图书馆和山东省科学院图书馆、中国社会科学院图书馆和山东省社会科学院图书馆之间均无隶属关系。

二　数字资源

（一）数字资源定义

数字资源的同义词有电子资源、数字馆藏、电子信息、电子出版物等多种词汇。

早在1977年，国际图联（IFLA）出版的《国际标准书目著录（非书资料）》［ISBD（NBM）］中就提到了有关电子资源的相关概念，当时称为"机读数据"（machine readable data）。历经几次修订，国际图联出版的《国际标准书目著录（电子资源）》［ISBD（ER）］，使用"电子资源"一词代替以前的词汇。①1997年，美国国会图书馆给出电子资源的最初定义："电子资源是指经过由计算机操作而呈现的作品，其利用方式包括直接获取和远程终端利用。有些尚需借用与计算机相连的外围，如CD-ROM光盘驱动器。"②

《GB/T 3792.9-2009〈文献著录第9部分：电子资源〉应用指南》

---

① 杨慧、刘峥：《GB/T 3792.9-2009〈文献著录第9部分：电子资源〉应用指南》，国家图书馆出版社2011年版，第1页。

② Library of Congress. Announcement of Draft Interim Guidelines for Cataloging Electronic Resources. ［2017-04-22］. https://www.loc.gov/catdir/cpso/elec_res.html.

中指出:"电子资源,也称为数字化资源或数字资源。电子资源是伴随着计算机技术、信息技术及网络技术的发展而产生的一种新型文献产品,是以数字形式发布、存取、利用的信息资源。"①《文献著录第9部分:电子资源》(GB/T 3792.9-2009)规定电子资源的范围包括:"电子数据(由数字、字符、图形、图像、声音或其组合构成的信息)、程序(指令或用于执行某种任务的程序)以及电子数据和程序的组合体(联机服务、交互式多媒体)。"《图书馆数字资源统计规范》(WH/T 47-2012)将数字资源定义为"以数字格式存在的各种媒介信息"。

在2007年《高等学校图书馆数字资源计量指南》修订版中,数字资源是指"图书馆引进(包括购买、租用和受赠)或自建(包括扫描、转换和录入)的,拥有磁、光介质或网络使用权的数字形态的文献资源"②。2010年出版的《图书馆数字资源统计标准和应用指南》中,将数字资源定义为"经过选择、组织和加工处理,以数字格式存在的各种媒介信息"③。而在2013年出版的《国家图书馆数字资源对象管理规范》中,数字资源的定义是"以数字形式发布、存储和利用的信息资源"④。

本书中,采用《高等学校图书馆数字资源计量指南》修订版中对数字资源的定义。

(二)数字资源类型

图书馆数字资源类型可以按照载体类型、资源类型、资源存取方式、信息加工层次、出版形式等来划分。⑤

---

① 杨慧、刘峥:《GB/T 3792.9-2009〈文献著录第9部分:电子资源〉应用指南》,国家图书馆出版社2011年版,第1页。

② 教育部高等学校图书情报工作指导委员会、高等教育文献保障系统(CALIS)管理中心:《高等学校图书馆数字资源计量指南》,2017年4月22日(http://www.scal.edu.cn/tjpg/201311191006)。

③ 吕淑萍、罗云川:《图书馆数字资源统计标准和应用指南》,国家图书馆出版社2010年版,第5页。

④ 徐周亚、龙伟:《国家图书馆数字资源对象管理规范》,国家图书馆出版社2013年版,第4页。

⑤ 杨慧、刘峥:《GB/T 3792.9-2009〈文献著录第9部分:电子资源〉应用指南》,国家图书馆出版社2011年版,第2—4页。

1. 按照载体类型划分

按照载体类型，可将数字资源划分为磁盘型、光盘型和网络型。

2. 按照资源类型划分

按照资源类型，即按照资源内容所属的文献类型或按照资源存储内容的表现形式划分，可将数字资源划分为电子图书、电子连续出版物、数据库、程序（软件）、多媒体资料、网页等。其中电子图书包括各类专著、会议录、工具书等，电子连续出版物可以分为电子期刊、电子报纸等。

3. 按照资源存取方式划分

按照数字资源的存取特点和访问方式的不同进行划分，可将数字资源划分为本地访问（直接访问）和远程访问，或称为单机访问和网络访问。

4. 按照信息加工层次划分

按照信息加工层次的不同，可将数字资源划分为一次文献、二次文献和三次文献。一次文献包括电子图书、电子期刊以及研究报告、法律法规等。文献索引数据库、题录数据库、书目数据库等则是二次文献或三次文献。

5. 按照出版形式划分

按照不同的出版形式，可将数字资源划分为电子出版物和非电子出版物，商业化数字资源和非商业化数字资源。正式的电子出版物或商业化数字资源通常是由数据库商或出版机构出版发行的数字资源，而非电子出版物则是由个人或团体在网上自由创作并发布的数字资源。

本书中，以《高等学校图书馆数字资源计量指南》中对数字资源类型的划分为基础来进行研究。"根据目前高校图书馆的实际情况，数字资源划分为四种类型：电子图书（包括与图书类似的出版物）；电子期刊（包括与期刊类似的连续出版物）；二次文献数据库（包括题录、文摘、索引等）；其他数据库。"[①]

---

① 教育部高等学校图书情报工作指导委员会、高等教育文献保障系统（CALIS）管理中心：《高等学校图书馆数字资源计量指南》，2017 年 4 月 22 日（http：//www.scal.edu.cn/tjpg/201311191006）。

（三）其他相关概念

本书中，还出现一些与数字资源相关的概念，部分相关概念的界定如下。①

1. 数字馆藏

图书馆馆藏中所有的数字资源，包括图书馆本地拥有的与获得一定期限使用的数据库和数字文献。

2. 数字馆藏量

本地拥有的与已经获得使用权、至少有一定使用期的某一特定类型数字资源的量。

3. 数字文献

由图书馆购买、数字化或通过其他途径获得的，以数字形式存在的带有特定内容的信息单元。

4. 数据库

数字资源的描述性记录或者内容单元的集合（包括文本、图片、音频、视频、工具软件等），并带有统一的用户界面及检索、处理数据的软件。

5. 全文数据库

包含文本型一次文献的完整或基本部分的数据库，其内容单元为非数值/事实形式的一次文本文献单元，如图书、期刊、报纸、档案等。

6. 文摘/索引数据库

包含文摘、索引、目录、题录等二次文献的数据库，用于分析和揭示关于某一学科或主题的参考文献。主要由全文组成的数据库不包括在内。

7. 数值/事实数据库

包含描述性、事实性信息或者数值数据的数据库，能够直接提供可用的事实和数据，如工具书、表谱、图录、科学数据、统计资料等。

8. 多媒体数据库

包含有文本、图片、音频、视频等组合而成的文献、提供交互利用

---

① 《图书馆数字资源统计规范》（WH/T 47 – 2012）。

的数据库。

9. 工具型数据库

不仅提供数字资源内容，而且提供交互式和个性化的技术支持，供检索、存储、分析或管理用户个体相关研究信息的数据库。

10. 复合型数据库

以文本、图片为主，包含多种类型内容单元，且各种内容单元权重均等或无法明确分割的数据库。

11. 免费网络资源

没有限制获取的网络资源。

第二章　数字资源的统计、评价与数据采集

一　数字资源统计标准

数字资源的统计可以分为数字资源馆藏统计与数字资源使用统计两种[①]，本书重点对数字资源使用统计情况进行讨论。数字资源的使用统计涉及图书馆、数据库出版商或服务商两个方面。通过数字资源使用统计可以对数字资源进行科学的使用评价分析，了解图书馆订购的数字资源的利用效率，跟踪读者的使用行为，分析读者的需求规律，从而有效地调整数字资源建设策略和服务策略，为决策提供依据。同时，数字资源使用统计也可有效评估数据库质量和服务绩效，对数据库商亦是一个很好的激励和推动手段。因此，无论是对图书馆还是对数据库商，数字资源使用统计都具有重要意义。

（一）国外相关统计标准

国际标准化组织（ISO）、美国国家信息标准协会（NISO）、美国研究图书馆协会（ARL）、在线电子资源使用统计标准（COUNTER）、图书馆联盟国际联合体（ICOLC）等很多组织、机构对数字资源使用统计进行了探讨和研究，并提出了相关的指南、手册、标准等。其中COUNTER项目委员会的网络数字资源在线使用统计（COUNTER）得到了广泛接受，逐渐成为国际化标准。

[①] 梁超：《浅析国内图书馆数字资源统计的具体做法》，《四川图书馆学报》2016年第2期。

1. ISO2789

ISO2789（图书馆统计国际标准）。ISO2789 是由国际标准化组织（ISO）的技术委员会 ISO/TC46 下属的子委员会 SC8 和国际图书馆协会联合会（IFLA）一起为图书馆统计制定的国际标准。该标准的第一个版本颁布于 1974 年。2003 年修订出版 ISO2789 – 2003（E），在承袭了 1991 年版本对传统图书馆服务统计测量的内容基础上，同时又从电子服务类型、使用统计、附加调查方法三个方面对数字资源、数字资源服务及自动化提供了相关统计测量标准。① ISO 2789 – 2013 是现行的图书馆统计国际标准。②

2. NISO Z39.7

NISO Z39.7（信息服务与使用：图书馆与信息服务机构统计指标数据字典）。NISO Z39.7 是美国国家信息标准协会（NISO）颁布的关于图书馆基础统计的数据标准，于 1968 年颁布，分别于 1974 年、1983 年、1995 年和 2004 年进行了修订，2013 年修订的最新版本为 NISO Z39.7 – 2013。NISO Z39.7 – 2004 在第四部分到第七部分，列出数字资源评价相关的内容，设有 9 个大指标，划分出 20 个小指标。NISO Z39.7 – 2013 在接受以前版本的建议和意见基础上进行修订，与 2004 版最明显的改变是电子资源计量与测量方法的整合，使之比以前版本更易于使用。③

3. E-Metrics

E-Metrics 项目④由美国研究图书馆学会（ARL）发起，旨在提出一套评价标准来满足其成员馆对数字信息资源评价的需要。⑤ 与上述两个

---

① 刘蔚、王长宇：《ISO2789、NISOZ39.7 和 E-METRICS 数字资源评价标准比较》，《图书馆学刊》2010 年第 8 期。

② International Organization for Standardization. ISO 2789：2013 Information and documentation—International library statistics. ［2017 – 04 – 23］. https：//www. iso. org/standard/60680. html.

③ National Information Standards Organization. Z39.7，*Information Services and Use Metrics & Statistics for Libraries and Information Providers-Data Dictionary*. ［2017 – 04 – 23］. http：//www. niso. org/workrooms/z39 – 7/.

④ Association of Research Libraries. E-Metrics：Measures for Electronic Resources. ［2017 – 04 – 23］. http：//old. arl. org/stats/initiatives/emetrics/index. shtml.

⑤ L. Banwell, "E-metrics for Library and Information Professionals：How to Use Data for Managing and Evaluating Electronic Resource Collections"，*Journal of Librarianship and Information Science*，2007：112 – 113. P. Juznic, "E-metrics for Library and Information Professionals：How to Use Data for Managing and Evaluating Electronic Resource Collections"，*Journal of Documentation*，2007：426 – 428.

标准不同，E-Metrics 项目的历史较短，并专注于图书馆中数字资源的评价研究，而没有对传统信息资源或图书馆的其他方面进行探讨。该项目从 2000 年 5 月持续到 2001 年 12 月，分三个阶段进行。第一个阶段（2000.5—2000.10）：弄清当前 ARL 成员馆有关数字资源统计数据、评价指标、处理方法及服务活动的情况。第二个阶段（2000.11—2001.6）：进行统计数据和评价指标的推荐、统计数据收集文件的确认及评价指标的测试。第三个阶段（2001.7—2001.12）：确定评价指标与教育产出研究及技术设施之间的关系。

4. COUNTER

COUNTER[①] 是规范电子资源使用统计报告数据处理、审核和提交的国际化标准，于 2002 年由高校、出版界和中间商共同发起，其目的是为在线信息服务商和用户提供可靠的、一致的、兼容的使用统计标准和方案，并获得了大部分国际著名学术出版机构的支持。2012 年 4 月，COUNTER Online Metrics 公司发布第四版《COUNTER 电子资源使用统计实施规范》。第四版 COUNTER 是一个单独文本，集成在线期刊、数据库、在线图书及多媒体内容等电子资源的使用统计规范，是对原有的《COUNTER 在线期刊及数据库使用统计实施规范》（第三版）及《COUNTER 在线图书和参考资料使用统计实施规范》（第一版）的升级与整合。新版 COUNTER 在文档结构、术语及测量指标、数据元素、使用报告等方面都有新变化，如在使用报告方面，新增期刊使用报告 JR1 GOA（金色开放获取）、期刊使用报告 JR3 Mobile（应用移动设备完成的各项成功请求量）、平台使用报告 1（代替三版中的数据库使用报告 3）、多媒体使用报告、题名使用报告、图书馆联盟使用报告，并删除图书使用报告。电子资源销售商被要求在 2013 年 12 月 31 日前应用新版实施规范。

（二）国内相关统计标准

国内数字资源使用统计的标准规范主要有两个：一是《高等学校图

---

① COUNTER. Counting Online Usage of NeTworked Electronic Resources. [2017-04-23]. https://www.projectcounter.org/about/counter-for-libraries/.

书馆数字资源计量指南》；二是《图书馆数字资源统计规范》（WH/T 47-2012）。

1. 《高等学校图书馆数字资源计量指南（2007年）》[①]

按照电子图书、电子期刊、二次文献数据库和其他数据库四种数字资源的类型分别按中、外文文种进行计量。数据库个数以供应商分割的最小销售单元为计量单位；同一平台的不同数据库应分别计量，但不同平台的同一数据库只计为一个库。混合型数据库（含有两种以上数字资源类型）中的电子图书、电子期刊及二次文献分别与电子图书、电子期刊及二次文献合并计量；但该数据库的个数不重复计量。

- 电子图书的计量

电子图书以数据库个数和电子图书册数为计量单位；会议论文、研究报告、标准等按数据库个数统计。

- 电子期刊的计量和统计

电子期刊以数据库个数、电子期刊种数和份数为计量单位；以种为计量单位时，不同数据库中的同种电子期刊计为一种。以份为计量单位时，总份数为不同数据库中的期刊数之和。

- 二次文献数据库的计量

二次文献数据库以数据库个数为计量单位，自建二次文献数据库同时以记录条数和字节量为计量单位。

- 其他数据库的计量

其他数据库以数据库个数为计量单位，自建其他数据库同时以记录条数为计量单位；数字多媒体资源中的流媒体资源按小时计，其他按字节量计。

2. 《图书馆数字资源统计规范》（WH/T 47-2012）

《图书馆数字资源统计规范》（WH/T 47-2012）将数字资源统计指标分为四个方面。

- 数字馆藏统计

分为两部分。第一部分是数字馆藏量统计，包含对数据库数量、数

[①] 教育部高等学校图书情报工作指导委员会、高等教育文献保障系统（CALIS）管理中心：《高等学校图书馆数字资源计量指南（2007年）》，2017年4月10日（http://www.scal.edu.cn/tjpg/201311191006）。

据库内容单元数量、数字文献数量、数据库容量、数字文献容量五项内容进行统计。第二部分是数字馆藏发布量统计，包含对数据库发布数量、数据库内容单元发布数量和数字库发布容量三项内容进行统计。

- 数字资源服务统计指标

分为两部分。第一部分是数字馆藏服务统计，包含对数字馆藏当前用户和数字馆藏使用情况两项内容进行统计。第二部分是数字资源培训服务统计，包含对培训服务当前用户、培训服务次数、培训服务时间和培训服务资料数量四项内容进行统计。

- 数字资源相关设施统计指标

包含对数字资源采集与加工设施、数字资源存储设施、数字资源管理设施、数字资源服务设施、数字资源网络设施、相关物理空间和其他相关设施七项内容进行统计。

- 数字资源经费统计指标

包含对引进数字资源预算/支出、自建数字资源预算/支出、数字资源相关设施预算/支出、数字资源培训服务预算/支出和其他相关预算/支出五项内容进行统计。

（三）现有统计标准特点

目前，国内外数字资源利用统计标准还存在以下几方面特点。[①]

1. 统计指标差别较大

利用统计的量化指标千差万别，各自为政。例如，有的统计指标叫"访问量"，有的叫"点击率"，有的叫"登录次数"，有的叫"会话次数"，有的即使是同一名词，但使用的统计方法也不一样。

2. 统计报告内容相对简单

数据库商提供的统计报告，大多数都是一个简单的表格，有的甚至仅提供一个下载次数等指标的数字，使得统计报告简单、不全面也不规范。这样的统计报告一方面没有对所使用的量化指标和统计方法进行说明，另一方面也缺少对使用情况的分析，如最受欢迎的资源排名，下载

[①] 崔宏强、艾致：《数字资源的使用统计及标准化研究》，《河南图书馆学刊》2013年第10期。

最多的电子书、电子期刊等。

3. 缺乏对资源状况的统计

资源状况的统计是图书馆馆员需要了解的，只有对数据库进行全面了解，才能更好地向读者推荐，提高图书馆参考咨询服务的效率。图书馆馆员需要了解所购买的数据资源哪些模块能访问，这些模块包括什么类型的资源，属于什么学科，主要适用的对象，以及更新频率等，但大多数数字资源提供商都不提供这些内容。

4. 使用统计透明度低

有一些数字资源统计只能由数据库商出具，而不给图书馆提供数据统计的接口，这样的统计结果透明度较低。如有的数据库商会虚报访问量来证明自己的产品使用率高，因而这样的统计报告可信度较低。不将数字资源提供给图书馆馆员进行统计的原因有以下两方面：有的数字资源使用统计并没有 Web 可视化接口，需要数据库管理员通过 SQL 语句查询得到，这对数据库管理员的要求较高；有的数字资源权限设计不合理，开放接口就意味着能看到其他单位的使用情况，而这被数据库商认为是商业秘密。

二　数字资源评价指标

（一）国外相关评价指标

1. 国外数字资源评价项目

数字资源的评价多以数字资源统计为基础，兼具评价指标。欧美国家图书馆界对数字资源的评价基本以项目为主，到目前为止，涉及数字资源评价的项目如表 2-1 所示。

表 2-1　　　　　　　国外主要数字资源评价项目

序号	项目名称	研发时间	研究者	组织机构	项目成果
1	学术网络环境评估项目	1996 年	Charles R. McClure 和 Cynthia Lopata	CNI（Coalition for Networked Information，网络信息联盟）	从四个方面对网络服务进行评价：网络类型、网络服务、网络服务的成本及其对教学研究的影响

续表

序号	项目名称	研发时间	研究者	组织机构	项目成果
2	基于网络的索引、文摘及全文资源使用统计评价指标指南	1998年出版，随后多次修订	图书馆联盟国际联盟	ICOLC（International Coalition of Library Consortia，图书馆联盟国际联盟）	把网络统计和绩效评价合并成为多种类型图书馆的统计数据，为其后很多电子资源使用统计和绩效评估有关研究的重点参考对象
3	欧洲图书馆绩效评价和质量管理系统项目E-QUINOX	1998年开始，2002年颁布	英国曼彻斯特城市大学图书馆与信息管理中心	欧洲委员会	由主要包括电子资源使用、费用、配套设施、用户培训、用户满意度等五个方面14个指标组成的图书馆电子服务绩效评价指标体系
4	网络化环境下公共图书馆统计和绩效测度项目	1998年开始，2001年颁布	John Bertot 和 Charles McClure	IMLS、MCLIS	制定一套核心的能够用以描述公共图书馆网络化资源和服务使用情况的统计和绩效指标
5	E-Metrics 电子图书馆评价项目	2000年至2004年	佛罗里达州立大学信息使用管理及政策研究所	OCLC/First Search，Elservier 公司	研究电子资源的利用统计和绩效评价，重点是数据库的利用统计分析，以此为基础再对电子资源进行系统化评估
6	在线网络电子资源使用统计 COUNTER	2002年	Richard Gedye	图书馆、电子期刊出版商及文献数据库集成商联合组织	研制一系列能被大家普遍接受的、国际化的实施规范，用以管理不同种类数字资源的联机使用，并对记录和交换这些数据的指标和途径进行规范化
7	国际图书馆统计数据标准 ISO2789	2003年发布，随后多次修订	国际标准化组织机构	ISO（International Organization for Standardization，国际标准化组织）	主要针对的是图书馆除传统服务外的数字资源服务的统计及评价，标准指定了图书馆数字资源和数字资源服务使用的不同形式
8	EVALUED (an evaluation model for electronic library developments)	2001年至2004年	中央英格兰大学信息研究中心（CIBT）承担	中央英格兰大学信息研究中心（CIBT）	为电子图书馆评估开发一个通用模型，同时提供图书馆评估的培训和推广。现项目的研究成果是一套电子图书馆评价工具，这个工具套集为高等教育机构员工进行电子信息服务评估提供支持性信息服务

续表

序号	项目名称	研发时间	研究者	组织机构	项目成果
9	ARL数字图书馆服务质量评估项目Digi-QUALTM	2003年	ARL（Association of Research Libraries，美国研究图书馆学会）	ARL（Association of Research Libraries，美国研究图书馆学会）	根据用户对数字资源服务的期望进行电子化服务质量的评估，是一种定性与定量结合的评估工具，建立了数字图书馆的服务质量评估项目Digi-QUALTM
10	网络电子信息服务影响评估工具MINES	2003年	Brinley Franklin和Terry Plum等	ARL（Association of Research Libraries，美国研究图书馆学会）	基于用户使用基础上的网络化服务评估工具，其基础原理是人口统计学，通过网络随机问卷调查，得出数字资源十分支持学术研究、教育或对其他主要的学术研究发挥作用
11	信息服务和利用：图书馆计量NISO Z39.7-200X	1968年颁布，随后多次修订	图书馆和数据库商家	NISO（National Information Standards Organization，美国国家信息标准协会）	制定了一个用于图书馆相关统计和评估的标准，在图书馆总体评估框架下充分考虑了数字环境下关于数字资源的一些新评估项目的需求

资料来源：根据覃凤兰《高校图书馆数字资源绩效评价》（武汉大学出版社2015年版）等内容进行整理。

2. 国外数字资源评价特点

国外数字资源评价研究主要有以下特点[①]：

● 数字资源评价项目多由图书馆联盟等大型机构来实施，这样一来，参与的图书馆越多，评价数据收集的越全。

● 评价指标以定量指标为主，定量方法使用的比较多。

● 这些评价指标体系的构建一般是根据实际需要制定的，制定后会投入使用，实践性强。

（二）国内相关评价指标

1. 数字资源评价的类型

目前，国内图书情报界对于数字资源的评价分为两大类：一是对各

---

① 刘爽、王清晨、刘凡儒：《国外图书馆电子资源绩效评价项目及指标体系初探》，《农业图书情报学刊》2016年第5期。

类数字资源质量的评价；二是对数字资源服务绩效的评估。[①] 对质量的评价，一般注重信息资源自身的价值，如学术性、权威性等。对服务绩效的评估，多侧重于实际使用效果，如利用率、服务与管理成本等。

2. 数字资源评价指标

我国有很多学者构建了数字资源质量评价体系，如唐琼等构建了基于用户满意度和数据库可用性的数字资源服务绩效评价指标体系。基于用户满意度的数字资源质量评价指标体系如表2-2所示。

表2-2　　　基于用户满意度的数字资源质量评价指标体系

一级指标	二级指标
数字资源体系状况	数字资源种类满足用户需求情况
	数字资源数量满足用户需求情况
	检索数字资源的方便程度
图书馆网站对数字资源的揭示	通过图书馆网站了解数字资源的情况
	数字资料分类、组织的有序性
	查找数字资源的方便性
数字资源培训情况	对各类型数字资源的培训
	对本学科数字资源的培训
数字资源建设意见交流渠道	图书馆及时接到用户提出的意见或建议情况
	图书馆及时回复用户提出的意见或建议情况
用户价值感	数字资源对科研活动的重要性
	搜索引擎对科研活动的重要性
用户满意度	对数字资源的满意度
	数字资源符合用户期望程度

资料来源：根据唐琼、张新鹤《基于用户满意度的图书馆电子资源质量评价模型研究》（《图书馆杂志》2007年第7期）中的相关内容进行整理。

基于数据库可用性的数字资源质量评价指标体系如表2-3所示。

---

① 索传军：《论数字资源评价／评估研究》，《图书情报工作》2004年第11期。

表 2-3　　基于数据库可用性的数字资源质量评价指标体系

一级指标	二级指标
有效性	等待和响应速度
	检索结果的数量
	检索结果的相关性
	全文数量满足需求的程度
易用性	检索方法的难易程度
	界面术语易于理解的程度
	用户定位信息的方便程度
易学性	学会使用的难易程度
	记住使用方法的难易程度
可控性	对检索结果加以限制并进行二次检索的方便程度
	对检索结果进行个性化设置的方便程度
	对检索结果进行处理的方便程度
帮助功能	理解和使用帮助工具的难易程度
	通过帮助信息解决使用时所遇问题的有效程度

资料来源：根据唐琼、张新鹤《基于可用性的电子资源质量评价指标体系研究》(《图书馆理论与实践》2007 年第 5 期) 中的相关内容进行整理。

我国还有很多学者构建了数字资源服务绩效评估体系，贺秀英等于 2016 年构建的数字资源服务绩效评价指标体系如表 2-4 所示。

表 2-4　　数字资源服务绩效评价指标体系

一级指标	二级指标	三级指标
数字资源投入	资源类型	全文电子期刊数据库
		文献数据库（文摘、索引等）
		电子图书
		视频等其他数据库
	采购成本	数据库价格
		数据库软硬件购置成本

续表

一级指标	二级指标	三级指标
数字资源产出	使用效益	数据库登录次数
		用户检索次数
		全文下载量
	学术效益	学术刊物上发表的论文
		申请（授权）的专利
		获得国外奖励
		著作
		会议报告
		争取经费
	经济效益	馆际互借
		科技查新
		检索收录查询

资料来源：根据贺秀英、王晓文、呼翠侠《基于模糊语义法的高校图书馆电子资源绩效评价研究》（《情报理论与实践》2016年第2期）中的相关内容进行整理。

3. 数字资源评价的步骤

数字资源评价是一个系统工程，主要包括三部分内容[①]：

● 建立评价指标体系，即构建一个由一系列相互联系的统计指标所形成的用于分析和评价的指标整体。

● 确定综合指数，指对统计指标的分类、汇总、分析和评估，如指标分类、数学模型的建立、指标的选择和应用、指标值的确定、参照物的选择等。

● 数据积累采集。对数字资源进行科学、合理的评估，需要相当一段时间数据的积累和分析，以及反复实践和应用。

4. 数字资源评价的影响因素

数字资源评价的影响因素主要包含五方面内容。[②]

[①] 肖珑、张宇红：《电子资源评价指标体系的建立初探》，《大学图书馆学报》2002年第3期。

[②] 徐革：《电子资源评价之重要影响因子的调查研究》，《大学图书馆学报》2006年第3期。

- 数据库内容。包括数据库类型、收录的数据量、收录内容时间跨度、本研究学科覆盖率、核心期刊收录率、内容更新频率及同类数据库间重复程度等。
- 数据库检索系统。包括系统检索功能、操作简易程度、检索速度、检索技巧应用、检索结果处理是否方便、阅读界面是否友好、用户帮助和培训、查全率和查准率等。
- 数据库利用。包括数据库登录次数、用户检索次数、用户人均使用次数、目标读者使用率、学科使用率、读者所需数据可得性、人均全文下载量、用户满意度等。
- 数据库效用。数据库价格、数据库软硬件购置成本、年涨价幅度、读者人均服务成本、数据库次均服务成本、全文利用成本等。
- 数据提供商服务。免费试用时间、并发用户数量控制、数据传递和访问方式、数据库存档方式是否符合本单位要求、数据库统计功能是否完善、数据库非法下载控制等。

5. 数字资源评价指标

国内外各数字资源评价标准统计指标如表2-5所示。

表2-5 各数字资源评价标准统计指标情况

序号	ISO2789	NISO Z39.7	E-Metrics	COUNTER	信息与文献图书馆统计	图书馆数字资源统计规范
1	检索会话数	检索会话数	数据库登录会话数量	登录数/会话数	会话次数	数字馆藏当前用户数
2	文献下载数	记录使用数（包含下载次数）	数据库查询检索数量	检索数/查询数	会话时间	数据库访问量
3	记录下载数	检索（提问）数	数据库项目请求数量	被拒绝会话数	被拒会话（受阻进入次数）	数据库下载量
4	虚拟访问数	虚拟访问数	图书馆网页虚拟访问数量		下载内容的数量	数据库检索量
5	检索会话时间	虚拟参考服务数			下载记录的数量	数据库被拒访问量

续表

序号	ISO2789	NISO Z39.7	E-Metrics	COUNTER	信息与文献图书馆统计	图书馆数字资源统计规范
6	被拒访问会话数	被拒访问会话数			检索次数	
7	检索次数				虚拟访问次数	
8	通过互联网访问的会话数				互联网会话次数	
指标数	8项	6项	4项	3项	8项	5项

资料来源：彭康通：《图书馆数字资源使用统计指标构建与思考》，《图书馆界》2016年第4期。

6. 国内数字资源评价特点

国内对数字资源的评价研究可归纳为三种。[①]

- 综述性的研究。这类研究表现为通过文献计量分析、归纳分析的方法分析国内外的相关研究，提出存在的问题和不足，为今后的研究提供参考，这类研究也包括对国外关于资源评价的项目、标准、评价方法的介绍。[②]

- 对数字资源评价方法和评价模式的研究，包括层次分析法、模糊评价法、德尔菲法等，基于 BP 网络模型、结构方程、多属性决策、日志统计数据等评价数字资源的质量、成本、使用等。[③]

- 提出具体的评价指标体系，比如高校图书馆数字资源评价指标体系、公共图书馆评价指标体系等。[④]

---

① 龙立霞：《基于有向树原理的数字资源评价方法研究》，《科学咨询》（科技·管理）2016 年第 5 期。
② 游毅：《国内数字资源评价研究综述》，《图书情报工作》2008 年第 3 期。
③ 徐革：《重构电子资源综合评价指标的主成分分析法》，《图书情报工作》2004 年第 2 期。
④ 向英明、谭艺曼、林欢：《电子资源综合评价指标体系及其数学模型的研究》，《图书馆杂志》2004 年第 1 期；唐琼、张新鹤：《基于用户满意度的图书馆电子资源质量评价模型研究》，《图书馆杂志》2007 年第 7 期。

(三) 现有评价指标特点

国内外关于数字资源评价方面的研究成果在研究内容、研究方法、研究团体方面都存在着差异。[①]

在研究内容和方法方面，国外对评价指标体系的建立及其有关标准的制订比较完善，在进行理论研究的同时，侧重于应用和对实践的指导，对于评价指标的获取、统计分析和验证研究较为深入具体。国内的研究也提出了一些评价指标体系和评价模型，有的指标体系虽然比较完整，但遗憾的是没有形成可应用于实际评价工作的模型。

在研究团体方面，国外的研究以学会、协会和学术团体的研究居多，项目的研究大多由多个图书馆参与，而国内的研究缺乏研究团体，以独立研究为主，研究者多是图情领域的教学和从业人员。

另外，国内外数字资源的评价方法和评价指标的选取，都以提出一般意义的方法和指标为主，但各类型的图书馆读者对数字资源有不同的需求，因此，在具体评价的过程中，要结合实际情况，制定评价指标。

三 统计、评价数据的采集

数字资源使用评价需要多方面的数据，一般有厂商提供数据库使用统计数据和图书馆自行搜集统计数据两种方法。[②]

(一) 数据库厂商提供的数据

各数据库厂商提供的使用统计数据，会因各种因素，不完全准确，使图书馆面临诸多问题。

- 不同的厂商所提供的统计数字因统计方式的不同而无法互相比较，这是图书馆在评估各数据库使用量时会面临的问题。
- 统计指标定义不明确。如"search"在多数数据库内被定义为用

[①] 韩曾丽、赵蕾霞、曹哲：《高校图书馆数字资源评价指标体系构建及问题分析》，《图书情报导刊》2016 年第 9 期。

[②] 胡燕菘：《图书馆数字资源使用评价研究》，《中国图书馆学报》2005 年第 4 期。

户发送检索式的次数，但有些数据库却用"query"来表示同样含义的指标，而有的数据库则同时使用"search"和"query"，二者的含义和区别并不明确。

- 提供的使用信息不完整。以电子期刊为例，使用者可以从各种不同的来源获取同一期刊信息，例如 *Science* 在线全文，可以直接从出版社网页链接下载，也可以从商业数据库中下载。如果图书馆不能整合所有统计来源信息，则只能按照单一来源进行统计。
- 当图书馆进行数字资源推广时，统计数据通常会在进行推广的月份快速增长，因此单月的使用统计无法反映正常使用者的需求。
- 数字资源的检索接口也会影响使用统计。例如，图书馆自动化系统是否可链接到在线全文？是否需要先注册才可使用？是否要通过多层点选才可链接到全文？这些因接口因素造成的使用上的方便与否也影响了统计数据。
- 数据库计价模式也会影响使用者的使用意愿，因此数据库是单篇使用计价模式还是无限使用次数方式的问题也应列入评估使用统计的考虑范围。
- 部分厂商提供的统计数据只统计了使用次数或全文下载次数，因此无法了解使用者的在线检索行为及检索内容。

（二）图书馆自搜集数据

图书馆自行搜集统计数据的方法主要包括以下几种方法：
- 建立链接数字资源的网页；
- 在网页服务器使用特殊软件；
- 通过联机目录使用特殊软件；
- 使用独立的数据库系统；
- 使用代理主机。

网站统计数据是目前图书馆最常使用的评价工具之一，通常以使用率的高低来决定数字馆藏的价值，高使用率成为采购决策的重要依据。然而高使用率并不一定能保证资源内容的质量，它只是评价项目之一。要了解使用者对数字资源的使用过程与感受，并判断资源是否具有效益，需要更充分的数据。

第三章　数字资源利用的影响因素

当前网络环境下，笔者认为学者的文献使用习惯、学科差异、科研合作、学术出版模式及科研评价等方面会影响数字资源的利用情况。

一　文献使用习惯因素

学术研究有继承性和关联性的特点。学者在论文选题、论证和撰写的过程中需要参阅大量文献，对于一篇完整的学术论文来说，著录参考文献是不可或缺的。通过文中著录的参考文献，可分析出各学科领域文献使用情况。20 世纪 80 年代，张大澄等以访谈、调查问卷、借阅量统计等方法对期刊、图书等文献资源利用情况进行过分析。刘雪松发现体育学科期刊中图书类引文占 31.13%，期刊类引文占 59.38%，其他类型文献占 9.50%。[1] 俞以勤等对 235 篇博士学位论文的参考文献进行分析发现，自然科学领域学者更加偏向于使用期刊，期刊占参考文献总量的 79.68%，图书仅占 11.36%，两者合计达到 91.04%。[2] 姚蓉等以 776 篇全国优秀博士学位论文为统计来源，就文献类型等内容进行统计分析发现，这些全国优秀博士学位论文参考文献涵盖所有文献类型，其中期刊占总引文量的 73.61%，图书占总引文

---

[1]　刘雪松:《2004 年 12 种体育核心期刊参考文献统计与分析》,《体育学刊》2005 年第 5 期。

[2]　俞以勤、余农、龚裕等:《对 1999—2004 年全国优秀博士学位论文文后参考文献的统计与分析》,《现代情报》2007 年第 6 期。

量的21%。[1] 我国台湾地区学者黄慕萱等汇总了24例西方学者对人文社会科学领域引文来源的统计文章，发现其中许多统计结果显示人文社会科学研究的主要引用源是图书，而非自然科学的主要引用源——期刊。这些统计涉及哲学、经济学、管理学、政治学、法学、社会学、图书情报学、人类学、历史学、宗教学、语言学、艺术、音乐等学科。除了心理学、经济学和法学的期刊引文占50%以上，其余学科多为10%—30%，而对图书的引用大多学科的统计数字显示占50%以上，其中政治学、哲学、宗教学、音乐等学科高于80%。[2] 李香艳等对食品研究领域期刊论文的参考文献分析中，期刊引文占67.86%，图书引文占24.59%。[3]

Earle等比较了英国社会科学、科学与技术学者使用文献的差异，发现社会科学学者引用的参考文献主要是图书，而在科学与技术领域则是由期刊主导。[4] Glanzel等的研究表明，80%的自然科学领域的期刊使用率超过70%，社会科学领域的期刊使用率则远低于自然科学。[5] Schaffer发现，在"软"社会科学（softer social sciences）领域，如心理学，期刊的使用率是79%，图书的使用率仅为18%。[6] Krampen等对2009—2011年德语国家学者心理学学术论文引用的参考文献类型进行统计分析发现，德国学者使用期刊的比例是57%—61%，图书的使用率是22%—24%，并且期刊和图书的使用率均呈增长趋势。[7] 至于学科

---

[1] 姚蓉、廖永霞：《全国优秀博士论文参考文献分析与研究》，《图书馆建设》2007年第6期。

[2] M. Huang, Y. Chang, "Characteristics of Research Output in Social Sciences and Humanities: From a Research Evaluation Perspective", *Journal of the American Society for Information Science and Technology*, 2008: 1819–1828.

[3] 李香艳、庞海珍：《从文后参考文献看我国食品科技人员的文献情报需求》，《现代情报》2004年第11期。

[4] P. V. B. Earle, "Social Science Literature Use in the UK as Indicated by Citations", *Journal of Documentation*, 1969: 123–141.

[5] W. S. U. Glanzel, "A Bibliometrics Study of Reference Literature in the Sciences and Social Sciences", *Infromation Processing and Management*, 1996.

[6] T. Schaffer, "Psychology Citations Revisited: Behavioral Research in the Age of Electronic Resources", *Journal of Academic Librarianship*, 2004: 354–360.

[7] G. Krampen, P. Weiland, J. Wiesenhuetter, "Citation Success of Different Publication Types: a Case Study on All References in Psychology Publications from the German-Speaking Countries (D-A-CH-L-L) in 2009, 2010, and 2011", *Scientometrics*, 2015: 827–840.

使用文献差异出现的原因，Jones 等认为自然科学是"硬科学"，人文社会科学是"软科学"①，一个属于世界性研究，一个偏重区域性研究。②

（一）数据与方法

1. 数据来源

本书以中国社会科学院建设的《中国人文社会科学引文数据库（CHSSCD）》为基础，以我国大陆地区主办的人文社会科学 23 个学科的 751 种学术期刊为数据来源，以这些期刊在 2004—2013 年发表的 131 万篇论文为样本，以样本论文中著录的 1282 万条参考文献为分析对象，构建了本书的数据来源和统计样本，如表 3-1 所示。③ 在 2014 年 11 月 18 日国家新闻出版广电总局公示的第一批学术期刊名单中，我国大陆地区主办的人文社会科学学术期刊共计 2043 种，除去 31 种英文、藏文、蒙古文等期刊外，中文期刊共计 2012 种。本书来源期刊数量占人文社会科学中文学术期刊的三分之一。

2. 统计方法

统计参考文献数量时，包括论文中以脚注和尾注两种形式列出的参考文献数量。在统计各文献类型数量时，以论文参考文献中作者给出的文献类型标志代码为主要判断依据，如"张晓林、曾燕、李麟等：《开放学术信息资源环境的挑战及其应对策略》[J]，《图书情报工作》2012 年第 19 期，第 5—12、17 页"中的"J"代表该文献类型是期刊。④ 当参考文献中未标注标志代码时，则通过人工核实校对的方式来辅助辨别文献类型。本书主要对期刊、图书、报纸和学位论文四种类型的文献进行了分析，各类型文献的使用率如表 3-1 所示。

---

① Jones, Clyve, "The Characteristics of the Literature Used by Historians", *Journal of Librarianship*, 1972, 4 (3): 137–156.

② Éric Archambault, Étienne Vignola-Gagné, G. Côté, V. Larivière, Y. Gingrasb, "Benchmarking Scientific Output in the Social Sciences and Humanities: The Limits of Existing Databases", *Scientometrics*, 2006, 68 (3): 329–342.

③ 荆林波、吴敏、姜庆国等：《马克思主义理论学科期刊评价报告》，中国社会科学出版社 2015 年版。

④ 中华人民共和国国家质量监督检验检疫总局、中国国家标准化管理委员会：《信息资源的内容形式和媒体类型标识》，2013 年。

表 3-1　我国人文社会科学领域各类型文献使用率统计

年份	图书	期刊	报纸	学位论文	其他	样本期刊数量	论文数量	参考文献数量	篇均参考文献数量
2004	40.10	26.64	3.00	0.53	30.10	676	117599	784758	6.67
2005	39.20	27.38	2.86	0.71	30.34	672	120775	875870	7.25
2006	37.12	28.09	3.04	0.91	31.46	685	125625	998582	7.95
2007	35.12	28.30	2.78	1.45	33.32	698	133475	1164644	8.73
2008	33.81	29.63	2.65	1.99	33.33	698	134710	1250239	9.28
2009	32.51	30.91	2.54	2.73	33.14	699	135148	1346035	9.96
2010	29.81	32.15	2.42	3.09	34.55	724	133457	1384618	10.38
2011	29.08	32.85	2.40	3.55	34.45	723	132780	1445557	10.89
2012	34.59	45.25	2.51	8.53	16.26	732	142008	1664050	11.72
2013	34.44	43.74	2.52	7.68	17.92	733	136870	1914231	13.99
平均/合计	34.03	33.95	2.63	3.12	28.50	750*	1312447	12828592	9.77

注：该表中"*"表示的是共计750种不同的期刊，不同年份的期刊来源略有差异。这750种期刊中有733种来源期刊名单及其所属学科分类与中国社会科学评价中心发布的《中国人文社会科学期刊评价报告（2014）》相同，另外17种期刊分别是《当代思潮》、《国有资产管理》、《津图学刊》、《人民司法》、《新世纪图书馆》、《中国信息导报》、《中国俄语教学》、《国际贸易》、《环境科学动态》、《吉林师范大学学报》（人文社会科学版）、《企业管理》、《云南大学学报》（法学版）、《佛山科学技术学院学报》（社会科学版）、《经济导刊》、《理论前沿》、《人民检察》和《中国党政干部论坛》。

（二）使用习惯分文献类型分析

总体来看，我国人文社会科学学术论文的篇均参考文献数为9.77篇，2004年为6.67篇，2013年为13.99篇，篇均参考文献数量在逐年增多，呈线性增长趋势，如图3-1所示。2004—2013年10年间，虽然统计用期刊数量略有增加，这些期刊发表的论文数量略有增长（见表3-1），但篇均参考文献数量的增加是不容忽视的。

在我国人文社会科学领域，图书是使用率（34.03%）最高的文献类型。这与我国台湾地区学者黄慕萱的研究结论相同，差别仅为我国台湾地区人文社会科学领域图书的使用率略高于我国大陆地区的图书使用

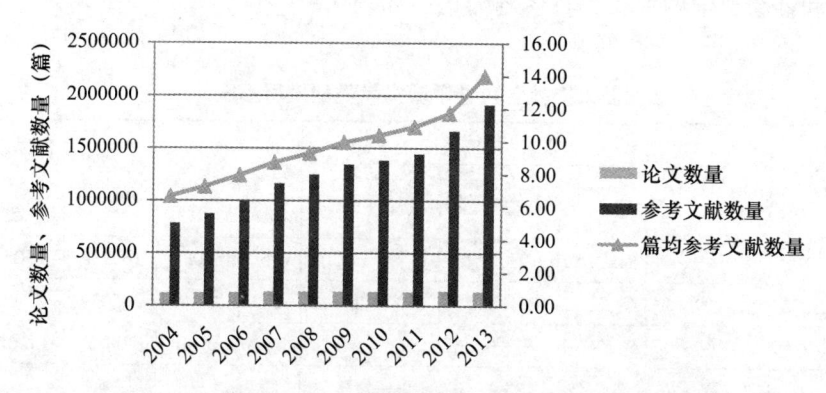

率。与 Earle 等国外学者得出的结论也是相似的。

图 3-1　我国人文社会科学领域论文与参考文献数量情况
（2004—2013 年）

期刊使用率（33.95%）略低于图书，是我国人文社会科学领域使用率排名第二的文献类型，与图书使用率合计达到 67.98%。期刊使用率虽然略低于图书使用率，但期刊使用率呈上升的趋势，并且自 2010 年开始超过图书使用率。学位论文的使用率是 3.12%，报纸的使用率是 2.63%。其他类型文献使用率合计为 28.50%。

（三）使用习惯分学科分析

从学科角度来看，不同学科使用的文献类型有所不同。以 2009 版国家标准《学科分类与代码》（GB/T 13745-2009）为主要分类依据，《中国人文社会科学期刊评价报告（2014）》将我国人文社会科学划分为 23 个学科，其中由于综合期刊的特殊性，设置了"综合人文社会科学"作为期刊分类。这也是本书对人文社会科学进行分类的依据。但是，"根据我国现行的学术体制和学科分类，我们习惯于把所有的学科分为人文社会科学（文科）与自然科学（理工科）两大类，这种分类其实是有问题的：人文学科与社会科学是很不相同的东西，将它们笼而统之地称为人文社会科学、甚至将人文学科完全并入社会科学是很不恰当的"[①]。结合

---

① 汪信砚：《人文学科与社会科学的分野》，《光明日报》2009 年 11 月 14 日。

余小茅等[1]学者的观点，本书将人文社会科学的22个学科划分成人文学科和社会科学两大类，具体划分情况如表3-2所示。

表3-2　我国人文社会科学领域文献类型使用率统计

类序号	学科	图书	期刊	报纸	学位论文	其他	期刊数量	论文数量	参考文献数量	篇均参考文献数量
人文1	哲学	64.91	20.12	1.45	0.43	13.08	15	20081	165232	8.23
人文2	文学	58.72	21.27	3.29	0.31	16.41	24	33844	285029	8.42
人文3	宗教学	58.66	15.72	0.86	0.56	24.20	2	2780	40817	14.68
人文4	马克思主义理论	56.24	24.40	6.25	0.30	12.81	14	27443	159691	5.82
人文5	民族学与文化学	50.71	29.85	2.65	0.81	15.98	27	45221	396031	8.76
人文6	艺术学	50.38	26.23	3.48	0.74	19.17	16	25097	161947	6.45
人文7	历史学	49.90	19.19	4.45	0.49	25.96	32	29818	471478	15.81
社会1	法学	49.21	27.56	3.68	0.65	18.90	32	45776	586216	12.81
社会2	政治学	46.60	30.29	6.63	0.60	15.88	68	99281	693086	6.98
人文8	语言学	41.91	42.81	0.50	1.59	13.20	32	31072	292481	9.41
人文9	考古学	39.99	37.20	1.91	0.72	20.17	18	19464	242660	12.47
社会3	教育学	38.08	44.33	3.17	1.69	12.73	33	65277	385176	5.90
不归类	综合性人文社会科学	31.48	18.28	2.05	0.43	47.75	187	386391	5477819	14.18
社会4	社会学	28.60	53.79	3.47	1.22	12.91	15	13816	129511	9.37
社会5	新闻学与传播学	28.60	49.69	6.04	0.76	14.90	11	29246	139609	4.77
社会6	体育学	28.40	58.15	2.18	2.38	8.89	14	33427	286180	8.56
社会7	经济学	24.43	61.52	2.93	1.48	9.65	109	211020	1361569	6.45
社会8	管理学	20.70	68.44	1.73	1.93	7.20	25	56226	451509	8.03

---

[1] 余小茅：《教育学：以人文学科为学科原点的社会科学》，《山西大学学报》（哲学社会科学版）2014年第6期；胡立耘：《"人文学科"、"社会科学"及其通称术语的由来与非规范性现象探讨》，《宁夏社会科学》2005年第5期；李醒民：《知识的三大部类：自然科学、社会科学和人文学科》，《学术界》2012年第8期。

续表

类序号	学科	各类型文献使用率（%）					期刊数量	论文数量	参考文献数量	篇均参考文献数量
		图书	期刊	报纸	学位论文	其他				
社会9	统计学	20.22	70.25	0.76	1.56	7.21	4	8793	35727	4.06
社会10	人文地理学	19.51	69.12	1.50	2.37	7.49	12	20447	231726	11.33
社会11	图书馆、情报与档案学	15.28	64.32	1.29	1.66	17.45	31	84466	619598	7.34
社会12	环境科学	13.72	77.51	0.61	2.26	5.91	5	12629	107082	8.48
社会13	心理学	10.79	80.55	0.14	2.92	5.60	7	10832	108418	10.01
	合计	34.03	33.95	2.63	0.89	28.50	733	1312447	12828592	9.77

1. 人文学科图书使用率高

在22个学科中，使用图书最多的3个学科都属于人文学科，分别是哲学、文学和宗教学，图书使用率分别为64.91%、58.72%和58.66%。图书使用率最低的3个学科都属于社会科学，分别是心理学（10.79%）、环境科学（13.72%）和图书馆、情报与档案学（15.28%）。图书使用率超过平均值（34.03%）的有12个学科，其中9个属于人文学科，分别是哲学、文学、宗教学、马克思主义理论、民族学与文化学、艺术学、历史学、语言学和考古学，仅法学、政治学和教育学3个属于社会科学。

2. 社会科学期刊使用率高

使用期刊最多的3个学科均属于社会科学，分别是心理学（80.55%）、环境科学（77.51%）和统计学（70.25%）。期刊使用率最低的3个学科均为人文学科，分别是宗教学（15.72%）、历史学（19.19%）和哲学（20.12%）。期刊使用率超过平均值（33.95%）的有13个学科，其中11个属于社会科学，分别是心理学，环境科学，统计学，人文地理学，管理学，图书馆、情报与档案学，经济学，体育学，社会学，新闻学与传播学，以及教育学，属于人文学科的仅语言学和考古学2个学科。

3. 图书和期刊的使用具有一定互斥性

按照图书使用率降序排列，22个学科图书与期刊使用率变化如图

3-2所示。从图3-2可清晰地看出,图书使用率高的,期刊使用率较低;期刊使用率高的,图书使用率较低;随着图书使用率的降低,期刊使用率逐渐增加。心理学、环境科学和统计学是期刊、图书使用率差别最大的三个学科,使用率差别分别为69.76%、63.79%和50.03%;教育学、考古学和语言学这三个学科是期刊、图书使用率差别最小的三个学科,差别分别为6.25%、2.79%和0.90%。

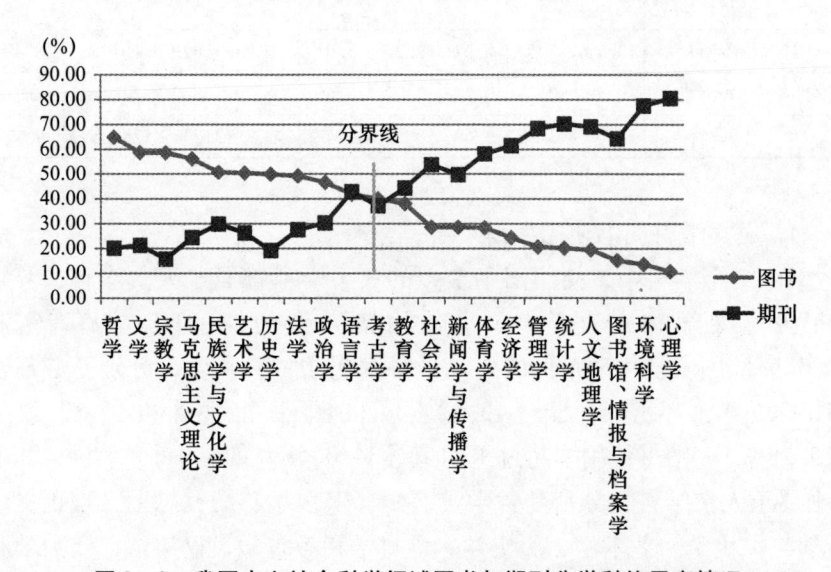

图3-2 我国人文社会科学领域图书与期刊分学科使用率情况

4. 报纸和学位论文使用率也存在学科差异性

在22个学科中,报纸使用率最高的3个学科是政治学(6.63%)、马克思主义理论(6.25%)和新闻学与传播学(6.04%),使用率最低的3个学科是心理学(0.14%)、语言学(0.50%)和环境科学(0.61%)。报纸平均使用率是2.63%,其中人文学科和社会科学的报纸平均使用率分别为2.76%和2.63%,人文学科的报纸使用率略高。

22个学科中,学位论文使用率最高的3个学科是心理学(2.92%)、体育学(2.38%)和人文地理学(2.37%),使用率最低的3个学科是马克思主义理论(0.30%)、文学(0.31%)和哲学(0.43%)。学位论文平均使用率是0.89%,其中人文学科和社会科学的报纸平均使用率分别为 0.66% 和 1.65%，社会科学的学位论文使用率相对较高，是人文学科学位论文使用率的 2.5 倍。

从图 3-3 可以清晰地看出，人文学科和社会科学对于不同类型文献的使用有较大差异。人文学科除图书使用率普遍高于社会科学外，期刊、学位论文、报纸的使用率都小于社会科学。

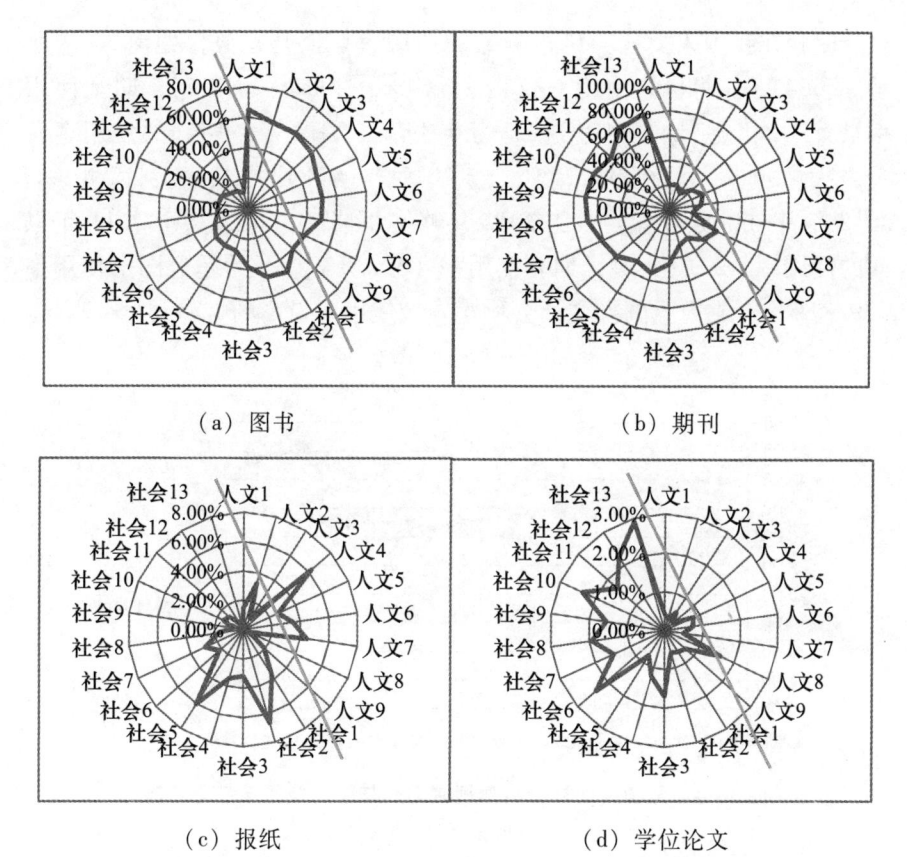

(a) 图书　　(b) 期刊

(c) 报纸　　(d) 学位论文

图 3-3　我国人文社会科学领域四种文献类型的分学科使用率情况

（四）使用习惯趋势分析

1. 图书与期刊的使用趋势分析

图书在我国人文社会科学领域使用率呈下降趋势，如图 3-4 所示。2004 年，图书的使用率为 40.10%，也就是说在 2004 年发表的 117599

篇论文的784758条参考文献（见表3-1）中，有314727条来自图书。2004—2011年，图书使用率呈直线下降趋势，环比下降率为1.58%。2012年，图书的使用率出现增长，但与2011年的环比增长率仅为5.52%。2013年，图书使用率比2012年又略有下降。虽然图书的使用率略有下降，但目前看来，图书仍然是我国人文社会科学领域使用的重要文献类型。

期刊在我国人文社会科学领域的使用率呈上升趋势，如图3-4所示。2004年，期刊的使用率仅占26.64%。2004—2011年，期刊使用率呈直线增长趋势，环比增长率为0.89%。2012年，期刊的使用率有一个大幅增长，达到45.25%，与2011年的环比增长率为12.40%。2013年，期刊使用率虽然比2012年略有下降，但也远高于2011年以前的使用率。2010年时，期刊使用率（32.15%）开始超过图书使用率（29.81%），成为我国人文社会科学领域使用率最高的文献类型。

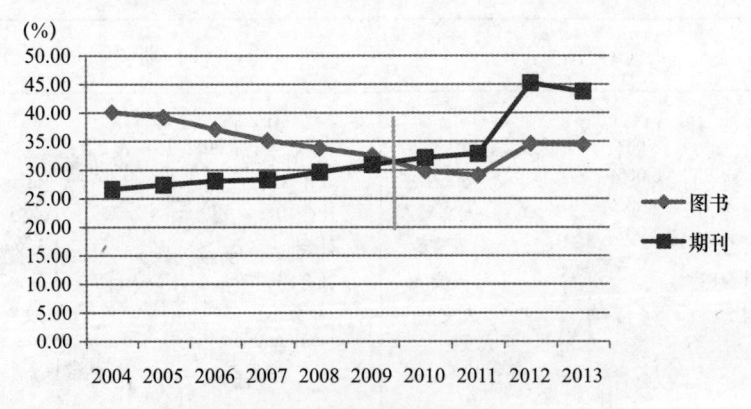

图3-4 我国人文社会科学领域期刊与图书使用率变化趋势
（2004—2013年）

2. 学位论文与报纸的使用趋势分析

学位论文的使用率在逐年增加，学位论文的价值越来越受到学者的注意，如图3-5所示。2004年，学位论文的使用率仅占0.53%，也就是说在2004年发表的117599篇论文的784758条参考文献（见表3-1）中，只有23530条来自学位论文。2004—2011年，学位论文的使用率呈直线增长趋势，环比增长率为 0.43%。

报纸在我国人文社会科学领域的使用率基本保持稳定，但略有下降趋势，如图 3-5 所示。2004 年，报纸的使用率为 3.00%，2011 年则降到 2.40%。2012 年、2013 年又略有上升。

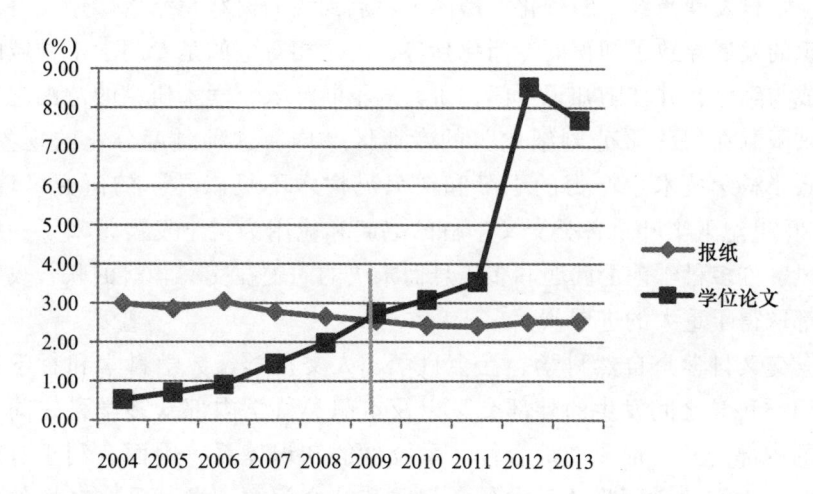

图 3-5　我国人文社会科学领域报纸与学位论文使用率变化趋势
（2004—2013 年）

（五）讨论

本书分析了我国人文社会科学领域的文献使用特征。总体来看，图书是在人文社会科学领域使用率最高的文献类型，期刊次之；从学科角度看，每个学科主要使用的文献类型是不一样的，人文学科学者侧重使用图书，社会科学学者侧重使用期刊，学位论文和报纸的使用也存在学科差异；从使用趋势看，期刊、学位论文的使用率呈上升趋势，图书和报纸的使用率则略有下降。

因此，图书馆在进行信息资源采购工作时，应注意学科间文献使用差异。在进行图书的订购时，要特别注意满足人文学科学者的需求；订购期刊时，则要深入了解社会科学特别是自然科学领域学者的想法；在学位论文被越来越多的人认可的情况下，图书馆也要注意对学位论文资源的收集整理。

二 学科交叉演化因素

(一) 学科交叉的背景与现状

学科发展历经不断分化,形成了由点到线的树状化结构。近代科学知识的发展导致了知识的专门化趋势,与之相对应的是专门学术领域的形成与细分,并伴随知识专门化研究的不断深入,学术研究的范围越来越被限制在"无限分割细化"的专业区域内,这种过度分化的现象,导致了科学技术生产力的下降和"只见树木不见森林"的研究窘境。至 20 世纪下半叶,各类交叉学科的兴起和应用为科学发展带来了一股新风,许多科学前沿问题和多年悬而未决的问题在交叉学科的联合攻关中都取得了重大的进展。[①]

交叉科学是自然科学、社会科学、人文科学、数学科学和哲学等大门类科学之间发生的外部交叉以及本门类科学内部众多学科之间发生的内部交叉所形成的综合性、系统性的知识体系,因而有利于有效地解决人类社会面临的重大科学问题和社会问题,尤其是全球性的复杂问题。[②] 1984 年 12 月,中国科学院研究生院和中国社会科学院研究生院在北京召开了题为"现代自然科学和社会科学"的联席学术讨论会,探讨的主题之一就是自然科学和社会科学的结合与渗透问题。1985 年 4 月,在钱学森、钱三强、钱伟长等学者的倡导下,中国科学技术培训中心会同中国科学技术协会所属的 17 家学会、研究会在北京召开了全国首届交叉科学学术讨论会,并于 1986 年在天津创办了《交叉科学》杂志,至此,交叉学科在各个科学领域中的生命力都得到了充分的证明。1995 年,一个非常著名的考古学领域的交叉学科项目——断代工程也给了我们很多提示,和其他社会科学不同,考古学的产生本身就得益于多学科的发展。伴随着学科研究的不断深入和交叉学科研究在重大现实问题研究中发挥的重要作用,相关学科也逐渐

[①] 郑晓瑛:《交叉学科的重要性及其发展》,《北京大学学报》(哲学社会科学版) 2007 年第 3 期。

[②] 钱学森:《交叉科学:理论和研究的展望》,《机械工程》1985 年第 3 期。

构成网络化结构。① 尽管如此，人们对交叉学科的学术性、生命力、学科可持续发展的认识还存在观望甚至质疑的态度，认为只有经过了几十年甚至上百年经典遗传下来的自然科学才是科学，而广泛的应用性交叉学科特别是与面向人文与社会现实问题需要的人文社会科学却也仅仅是暂时一用，难登科学的大堂。进入 21 世纪以来，从"自然科学与社会科学的两个同等重要"到繁荣发展哲学社会科学的创新工程，再到"双一流"建设，我国人文社会科学的发展和研究正一步一步地走向深入，学科建设日渐被各界重视，在此情况下，讨论交叉学科的发展特别是人文社会科学领域的学科交叉情况也就显得尤为重要，对人文社会科学学科建设与发展、解决社会重大现实问题和人类迫切需求等方面，均具有重要的理论与现实意义。

随着社会经济的不断发展，学科之间的界线逐渐被打破，文、理、工、管等学科之间相互渗透、交叉、融合已经成为一种潮流和趋势。许多现实的问题需要综合运用多个学科领域的知识，这种需求促进了学科之间通过理论、方法及技术上的交叉融合，形成新的交叉学科。由于学科之间的交叉关系日益深化，学科交叉也逐渐成为国内外学术界研究的对象。②

自 20 世纪 60 年代以来，国际上交叉科学研究日趋繁荣，各种交叉科学研究机构、研究中心和学术团体纷纷成立。1970 年 9 月 7 日，一个以"跨学科"为主题的国际学术讨论会在法国尼斯大学召开，该会对跨学科研究、跨学科教育问题作了系统、全面的探讨，会后出版了文集《跨学科学——大学中的教学和研究问题》，标志着对"跨学科"的研究正式确立。③ 经过前期的理论研究阶段，发展到目前的实证研究阶段。Rhoten④

---

① 陈丽璘：《美国研究型大学促进交叉学科研究的分析与借鉴》，上海交通大学，硕士学位论文，2007 年。

② 贾剑平、郭凤英、王建坤：《从"杂交优势"看学科交叉与交叉学科发展》，《西安电子科技大学学报》（社会科学版）2005 年第 4 期；赵晓春：《跨学科研究与科研创新能力建设》，中国科学技术大学，硕士学位论文，2007 年。

③ 刘仲林、张淑林：《中外"跨学科学"研究进展评析》，《科学学与科学技术管理》2003 年第 9 期。

④ Diana Rhoten, Andrew Parker, "Risks and Rewards of an Interdisciplinary Research Path", Science, 17 Dec. 2004, p. 2046.

等人在 Science 发表短文，从大学研究项目和青年学者的调研入手，强调了学科交叉研究的意义与前景。2004 年美国科学院发表了关于"促进学科交叉研究"的报告，给出了学科交叉研究的方法。[①] 2011 年美国麻省理工学院发表了关于学科交叉研究的白皮书，给出一系列激励制度确保多学科之间的联系和研究。Alan L. Porter 和 A. Janyoutie[②] 对纳米科学技术这一新兴的交叉学科进行共引分析，找到了与纳米技术相关的学科领域以及它们之间的相关程度。学科交叉不仅推动了科研世界复杂问题的解决，而且促进了不同领域研究者们的交流，激发新知识、新思维和新技术的产生，进而形成新的科学问题，促使研究前沿的改变。

我国学者在学科交叉现状与交叉学科的研究中，也紧随世界步伐，出现了一批研究交叉学科的相关成果。杜奕才[③]基于引文分析了经济学学科内部和学科间的知识交流，探寻经济学与商学等九个学科之间知识的交流类型。李春景[④]等从学科交叉的构成要素出发，通过构建学科交叉模式的分析框架，试图揭示学科交叉模式的特征与规律。阚连合等[⑤]通过情报学期刊被其他学科的引用情况来研究情报学与其他学科的交叉。魏海燕[⑥]基于引文分析的方法分析了情报学的相关交叉学科，结果表明与情报学高度相关学科是图书馆学，中度相关学科是计算机科学、信息与知识传播学、经济学。杨良斌等[⑦]从信息传播理论着手，在对比

[①] National Research Council, *Facilitating Interdisciplinary Research*, Washington, DC: The National Academies Press, 2004.

[②] A. L. Porter, A. Janyoutie, "How Interdisciplinary is Nanotechnology", *Perspectives*, 2009: 1023 – 1041.

[③] 杜奕才：《从期刊引文分析看经济学学科内部和学科间的知识交流》，《情报科学》2003 年第 12 期。

[④] 李春景、刘仲林：《现代科学发展学科交叉模式探析——一种学科交叉模式的分析框架》，《科学学研究》2004 年第 3 期。

[⑤] 阚连合、黄晓鹏、刘梅申：《情报学交叉学科的发展趋势——我国情报学期刊被引分析的启示》，《现代情报》2007 年第 1 期。

[⑥] 魏海燕：《基于引文分析的情报学与相关学科的研究》，中南大学，硕士学位论文，2008 年。

[⑦] 杨良斌：《跨学科指标测度的数据集构建及数据预处理研究》，《图书情报工作》2013 年第 11 期。

跨学科研究中的共类分析和共词分析的基础上，提出了基于引文的跨学科的信息转移模型和基于引文的学科交叉度指标，并认为在基于文献计量的跨学科学研究中，可以从若干个维度、通过构建恰当的以学科交叉度为核心的跨学科测度指标体系进行分析，进而掌握跨学科研究的性质和规律。魏建香[①]采用文献共词聚类的方法来研究学科交叉关系，通过聚类分析的技术手段，有效地发现和展示学科之间的交叉知识。王昊等[②]利用本体技术进行学科关联分析实验，并提出了利用社会复杂网络和信息可视化工具来研究学科交叉关系的设想。张金柱等[③]通过使用文献的参考文献所属学科分类来分析研究领域的学科交叉性，并对图书情报领域的学科交叉性进行了实证分析。岳增慧等[④]基于高频词和学科共现分析方法，对情报学和计算机跨学科应用两个学科的学科交叉领域基础和学科交叉关联基础进行了研究，分别分析二者的热点研究主题、交叉学科以及两个学科间的交叉主题。在学科交叉研究不断深入的过程中，研究方向逐渐从最初的学科交叉形式和学科交叉测量过渡到了交叉内容和交叉主题。

综上，国内外学者从知识的传播、交流、流动与影响等角度，在学科交叉研究和跨学科研究方面都做了大量卓有成效的工作，提出了基于引文分析、共词分析、聚类及社会网络分析等多种研究学科交叉的研究方法，并且重点在图书馆学与情报学、计算机领域等若干学科和领域进行了实证。可以发现，目前有关学科交叉的这些研究多倾向于自然科学或管理科学领域，在全面深化改革的攻坚时期，社会问题纷繁复杂，人文社会科学研究的领域被不断扩展，在此背景下，人文社会科学在认识和改造世界的过程中，正加速呈现出学科交叉融合的态势。因此，人文社会科学的发展和学科交叉的研究对解决重大社会现实问题和解决人民

[①] 魏建香：《学科交叉知识发现及其可视化研究》，南京大学，博士学位论文，2010年。
[②] 王昊、苏新宁：《基于CSSCI本体的学科关联分析》，《现代图书情报技术》2010年第10期。
[③] 张金柱、韩涛、王小梅：《利用参考文献的学科分类分析图书情报领域的学科交叉性》，《图书情报工作》2013年第1期。
[④] 岳增慧、许海云、郭婷等：《"情报学"与"计算机跨学科应用"的学科交叉对比研究》，《情报资料工作》2016年第2期；许海云、刘春江、雷炳旭等：《学科交叉的测度、可视化研究及应用——个情报学文献计量研究案例》，《图书情报工作》2014年第12期。

关切的问题都具有重要的现实意义。无论是自然科学和人文社会科学研究之间，还是人文社会科学诸领域、各学科之间越来越多的跨界合作和交叉研究，已成为繁荣哲学社会科学创新发展的重要动力。因此，研究人文社会科学领域的学科交叉也是当前进一步推动我国哲学社会科学繁荣发展的一项重要举措。

本书在前人研究的基础上，基于我国人文社会科学领域的主要学术期刊及其载文情况，通过学科期刊论文的发文和引用关系，运用引文分析、数据挖掘和复杂网络的相关理论和方法，研究我国人文社会科学领域的学科交叉现象，并探索基于内容的学科交叉知识挖掘方法，以期对我国人文社会科学的学科建设和发展、研究领域的深化和创新提供参考。

（二）我国人文社会科学学科交流情况

1. 信息传播视角下的学科交流

在学术研究过程中，学科知识特别是隐性知识的流动对学科发展和学术研究范式与内涵的扩展具有重要影响，当前在大数据背景下，数据驱动的学科知识创新能力引发了学术研究上的第四范式。在学术信息的转移过程中，杨良斌、金碧辉等通过对学科知识交互行为的深入研究，提出了跨学科的信息转移模型，通过对学科领域的信源、信宿剖析，将信息转移模型划分为借用、合作和跨界研究。[①] 该模型如图3-6所示。

更进一步的划分，信息转移中的合作与跨界研究更倾向于宏观和中观的维度，而信息的借用可以展现微观层面的信息转移，同时，在学术信息的传播与转移过程中，信息的借用形式多种多样，其中在学术论文和学术期刊中的一项重要表现就是发生引用行为。

本书在研究我国人文社会科学学科间交流情况的过程中，使用中国社会科学院的中国人文社会科学期刊引文数据库（简称CHSSCD）收录的733种我国人文社会科学学术期刊的发文及被引情况为数据源

---

① 杨良斌、金碧辉：《跨学科研究中学科交叉度的定量分析探讨》，《情报杂志》2009年第4期。

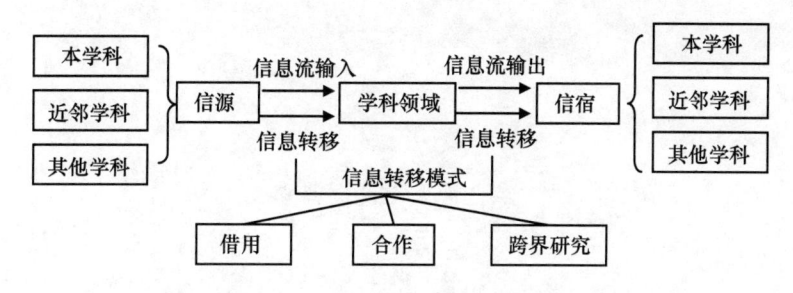

图 3-6 基于引文的跨学科的信息转移模型

和统计样本。该数据库以 2009 版国家标准《学科分类与代码》（GB/T13745-2009）为主要分类依据，将该引文数据库中所收录的 733 种我国人文社会科学学术期刊划分为 23 个学科，其中由于综合期刊的特殊性，设置了"综合人文社会科学"一个类目。这也是本书对我国人文社会科学学科进行分类划分的依据，同时，本书将期刊所在的学科类别作为研究对象和数据支撑依据，通过对微观层面的论文引用关系的计算进而得出中观层面的期刊间的引用关系，并基于该中观层面的引用结果计算得出宏观层面的期刊所属各学科间的引用关系网络，如图 3-7 所示。

图 3-7 通过对各期刊间的引用和被引行为的数据计算，构建了学科间的引用关系网络，图中各节点代表各个学科，各节点间的连线代表各学科间的引用关系，线的粗细代表引用关系的强弱，节点外的凸起为节点内自身的引用行为，即自引情况。可以看出，经济学与管理学之间存在较为明显的相互引用关系，同时，综合性人文社会科学期刊所载论文的学科分类相对比较广泛，但是其倾向性也十分明显，更多地刊载经济学、政治学、法学、管理学等方面的文章，此外，经济学、法学、图书馆、情报与档案学及综合性人文社会科学内存在明显的自引情况。因为图中的"综合性人文社会科学"并不是一个正式的学科，是基于期刊载文的一个期刊所属类目的划分，并不具有学科属性，因此，在研究我国人文社会科学学科交叉情况的过程中，该类目仅仅作为一项数据展示，以确保整个相关计算结果的准确性。为进一步分析各学科间和学科内的引用行为，下面进行定量的学科引用情况计算。

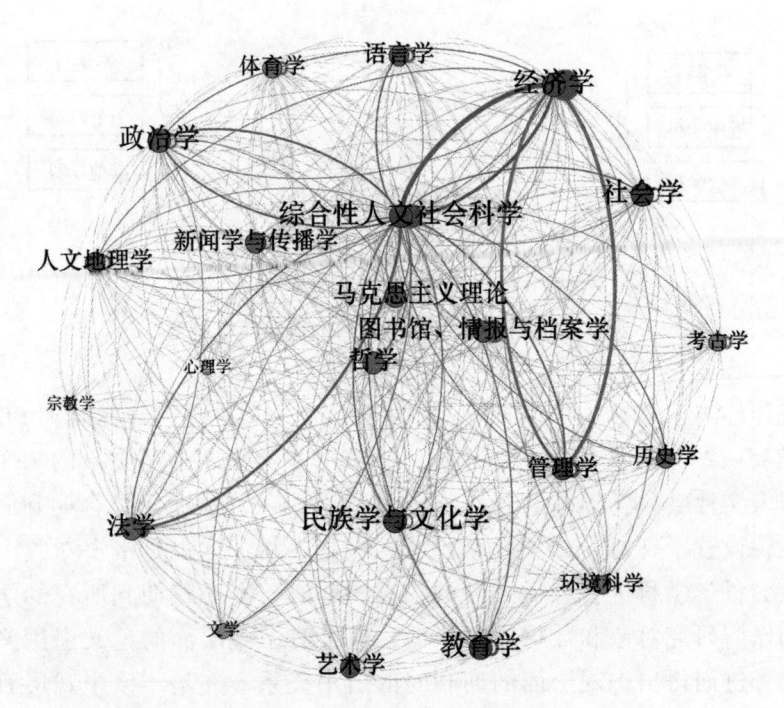

图 3-7 我国人文社会科学学科间引用关系网络

2. 学科引用指标度量分析

文献的引用过程如果用达尔文的生物进化论来描述，可以理解为知识的选择、遗传和变异，文献的引用实际上也是知识流动中选择和劣汰的过程。引文是科研主题采集知识、编码知识、生产知识和创造新知识的过程与具体表现形式之一，同时也使得知识从一篇文献流动到另一篇文献，并通过批判或融合等产生新的知识。① 在文献计量学及其相关研究领域，引用指标一直是该领域研究的一项基础性数据，也是反映知识借用和流动的一项最直观的显性指标，引用指标包含施引和被引，更进一步划分，又可以分为自引和他引。顾名思义，施引量是指发生引用行为的一方所产生的引用数据，被引量即被引用一方的被引数据。各引用指标计算公式为：

---

① 徐迎迎：《基于引文分析的图书情报学学科交叉研究》，安徽财经大学，硕士学位论文，2015 年。

$$被引自引率 = \frac{自引}{总被引} \qquad 施引自引率 = \frac{自引}{总施引}$$

$$被引他引率 = \frac{被他引}{总被引} \qquad 施引他引率 = \frac{施他引}{总施引}$$

基于以上指标,通过对 2013 年度中国人文社会科学期刊索引数据库中 733 种来源学术期刊范围内的 36 万余条相关引文数据进行清洗和规范,计算出学科间的各引用指标,结果如表 3-3 所示。

表 3-3　　　　　　　各学科引用指标　　　　　　　单位：%

学科	施引自引率	被引自引率	施引他引率	被引他引率
法学	71.26	55.37	28.74	44.63
管理学	47.17	38.16	52.83	61.84
环境科学	35.46	37.65	64.54	62.35
教育学	56.42	62.54	43.58	37.46
经济学	62.32	59.68	37.68	40.32
考古学	82.04	67.52	17.96	32.48
历史学	38.52	31.58	61.48	68.42
马克思主义理论	25.53	17.56	74.47	82.44
民族学与文化学	31.82	42.77	68.18	57.23
人文地理学	56.73	58.75	43.27	41.25
社会学	46.07	32.68	53.93	67.32
体育学	79.04	88.91	20.96	11.09
统计学	29.88	25.01	70.12	74.99
图书馆、情报与档案学	84.64	92.53	15.36	07.47
文学	50.56	37.96	49.44	62.04
心理学	79.91	47.91	20.09	52.09
新闻学与传播学	65.09	67.45	34.91	32.55
艺术学	63.35	58.94	36.65	41.06
语言学	78.82	63.18	21.18	36.82
哲学	33.65	18.48	66.35	81.52
政治学	28.35	36.26	71.65	63.74
宗教学	15.54	28.13	84.46	71.88
综合性人文社会科学	33.72	43.27	66.28	56.73

表 3-3 分别从施引和被引的角度，对学科内以及学科间的引用情况进行了计量，从结果可以看出，图书馆、情报与档案学的学科被引自引率（92.53%）和施引自引率（84.64%）都最高，而施引自引率和被引自引率最低的分别是宗教学（15.54%）和马克思主义理论学科（17.56%），在施引和被引、自引和他引之间，可以看出该学科知识在传播中的辐射作用。在一个固定的引文信息范围内，施引自引率和被引自引率都较高的学科，说明该学科知识相对较为封闭，信息在固定的渠道内进行传播和流动，并未对周边学科产生较高的辐射和影响，例如图书馆、情报与档案学就是一个非常典型的例子。

自引的对应指标是他引，自引率较低也就是他引率较高，这是一对完全呈负相关的指标，而施引和被引之间的关系，在逻辑上存在互为因果关系，而进一步研究施引行为与被引结果之间的这种互为因果情况的关系，对我们开展基于引文指标的学科交叉度测量十分有必要。通过 SPSS 对其相关性进行验证，可以发现，在人文社会科学领域，施引与被引指标的双侧显著性高达 0.846，在 0.01 的置信区间内呈显著相关关系。鉴于其显著的相关关系，可以采用其中任何一个指标来进行学科间的分析和对比研究，为便于直观展示，将表中的数据进行可视化，按照施引自引率进行升序排列，得出各学科各指标的曲线图（见图 3-8）。

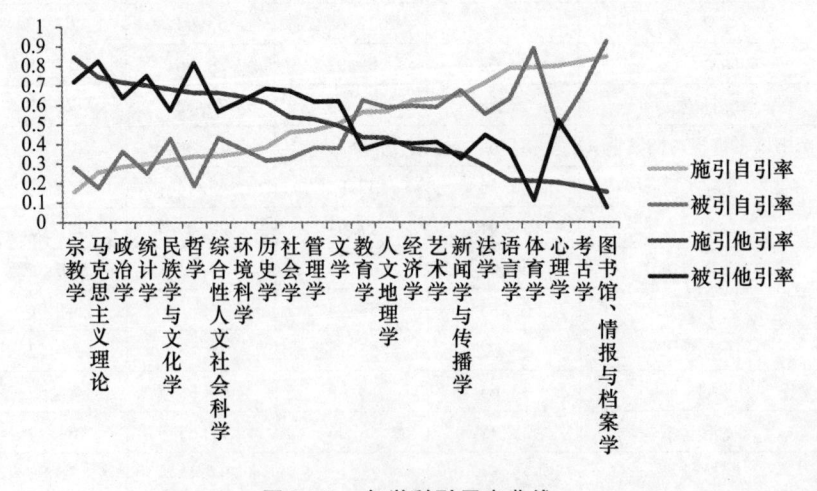

图 3-8 各学科引用率曲线

通过图 3-8 对比各学科的自引和他引情况，可以明显发现，应用性学科的自引情况要普遍高于基础理论学科的自引情况。从曲线变化来看，可以通过施引自引率、被引自引率这两个方面对各学科在整个人文社会科学中的表现情况进行分析。

一个方面是学科自引率（包括施引自引率和被引自引率）都较高的学科，说明这类学科在整个人文社会科学领域的学科内聚效应比较强烈，发散性较弱，对其他周边学科的辐射作用有限，学科交叉程度低，其中较为典型的有图书馆、情报与档案学（施引自引率 84.64%，被引自引率 92.53%），考古学（施引自引率 82.04%，被引自引率 67.52%）等，这类学科的学科发散性较低，知识相对较为固化。而宗教学（施引自引率 15.54%，被引自引率 28.13%）、政治学（施引自引率 28.35%，被引自引率 36.26%）和马克思主义理论（施引自引率 25.53%，被引自引率 17.56%）的施引自引率和被引自引率都较低，说明这类学科对其他学科的影响较大，知识辐射范围广泛。

另一个方面是综合对比施引自引率和被引自引率情况，一般情况下，施引自引率是该学科对自身的引用情况贡献的表征，而被引自引率是（被引他引率）该学科对自身（其他学科）的影响的表征，如果一个学科的施引自引率低于被引自引率，说明该学科对自身学科的信息吸收小于该学科对自身的影响，可以反映出该学科的学科扩展性较低，对其他学科影响较小。例如图书馆、情报与档案学，体育学，教育学等学科的施引自引率低于被引自引率，这类学科的研究相对较为固化，对周边人文社会科学的辐射和影响相对较弱，进一步验证了该结论。同时，在各学科引用指标中，心理学的情况相对较为特殊，施引自引率较高而被引自引率较低，且施引自引率远高于被引自引率，分别为 79.91% 和 47.91%，说明心理学对其他学科就有较强的辐射和影响作用。为进一步研究各学科之间的交叉和影响作用，下面将对各学科之间的相互作用进行进一步分析。

（三）基于引文的我国人文社会科学学科交叉度分析

1. 基于施引和被引情况的学科交叉情况度量

文献引用反映了知识的传承、修正和相互关联，类似期刊间的论文引用，学科间也存在论文引用，某学科论文引用其他学科论文或被其他学科论文引用反映了该学科的知识交叉融合程度以及学术影响力，同时，这样的学科相互关联往往能促进新理论新方法的产生，促进学科更好地发展。因此，通过学科间的知识引用网络及引用分布和规律，可以进一步挖掘和扩展学科研究范围，增强学科影响广度以及产生创新性学术观点。[①] 从微观层面的论文引用到中观层面的期刊引用再到宏观层面的学科引用，通过构建引用网络可以对学科间的知识流动和交叉现象、学科依赖和学科影响关系进行有效的分析，同时，学科引用网络又包括施引网络和被引网络两个方面，因此，研究学科间引用这一问题就需要从施引和被引两个方面进行分析。

上文通过对我国人文社会科学各学科的引用情况进行计量分析，从学科的自引率和他引率等方面研究了各学科自身的封闭程度和对其他学科的影响情况。如经济学的施引自引率达 62.32%，被引自引率达 59.68%，相对于此，该学科的施引他引率和被引他引率分别为 37.68% 和 40.32%，想要了解施引他引和被引他引分别分布在哪些学科，就需要将上文的学科引用进行细化和扩展。通过计算各学科间的施引和被引情况，可以进一步研究我国人文社会科学各学科间的交互情况，度量我国人文社会科学各学科的学科交叉强度。

通过对各学科间的施引和被引情况进行详细计算，将我国人文社会科学各学科间的引用关系网络进行拆分后分别计算出各学科间的施引矩阵和被引矩阵，观察施引和被引两个矩阵的对比结果，可以看出，经济学科除施引自引和被引自引外，分别对管理学（12.69%）、人文地理学（2.38%）和政治学（2.15%）等学科的引用较高，而被管理学（9.66%）、政治学（2.96%）和人文地理学（2.53%）等学科的引用也较高，说明这些学科与经济学间交互较为频繁，交叉性显著。法学学科的施引自引率和被引自引率分别为 71.26% 和 55.37%，除此之外，分别对经济学（3.42%）、政治学（2.26%）和社会学（0.73%）引用较多，而被政治学（5.47%）、经济学（3.81%）和民族学与文化学

---

① 朱惠、邓三鸿、王昊等：《我国体育人文社会学学科引用网络的构建与分析》，《图书与情报》2013 年第 6 期。

（1.09%）引用较多，说明除自身学科外，法学学科受政治学影响较深，并对经济学等学科影响较大。见表3-4。

表3-4　　各学科施引率矩阵（部分，横向为学科总施引）

	经济学	管理学	图书馆、情报与档案学	法学	政治学	…
经济学	0.6232	0.1269	0.0027	0.0119	0.0215	…
管理学	0.3085	0.4717	0.0188	0.0069	0.0159	…
图书馆、情报与档案学	0.0122	0.0487	0.8464	0.0057	0.0056	…
法学	0.0342	0.0064	0.0015	0.7126	0.0226	…
政治学	0.1264	0.0444	0.0079	0.0698	0.2835	…
语言学	0.0074	0.0014	0.0010	0.0015	0.0024	…
人文地理学	0.1482	0.0443	0.0029	0.0025	0.0106	…
教育学	0.0288	0.0209	0.0099	0.0091	0.0195	…
考古学	0.0137	0.0004	0.0011	0.0004	0.0012	…
社会学	0.1333	0.0239	0.0031	0.0187	0.0436	…
体育学	0.0178	0.0126	0.0062	0.0101	0.0108	…
历史学	0.0374	0.0003	0.0067	0.0130	0.0353	…

表3-5　　各学科被引率矩阵（部分，纵向为学科总被引）

	经济学	管理学	图书馆、情报与档案学	法学	政治学	…
经济学	0.5968	0.3138	0.0068	0.0381	0.1123	…
管理学	0.0966	0.3816	0.0153	0.0073	0.0272	…
图书馆、情报与档案学	0.0051	0.0529	0.9253	0.0080	0.0128	…
法学	0.0079	0.0039	0.0009	0.5537	0.0287	…
政治学	0.0296	0.0269	0.0048	0.0547	0.3626	…
语言学	0.0011	0.0005	0.0004	0.0007	0.0019	…
人文地理学	0.0253	0.0195	0.0013	0.0014	0.0099	…

续表

	经济学	管理学	图书馆、情报与档案学	法学	政治学	…
教育学	0.0047	0.0089	0.0043	0.0050	0.0175	…
考古学	0.0016	0.0001	0.0003	0.0002	0.0008	…
社会学	0.0119	0.0055	0.0007	0.0056	0.0212	…
体育学	0.0023	0.0042	0.0020	0.0043	0.0075	…
历史学	0.0032	0.0001	0.0015	0.0037	0.0165	…

基于施引和被引矩阵数据，我们可以发现各学科分别与哪些学科之间的知识交流比较频繁，为了更加直观形象地描述我国人文社会科学各学科间的引用关系，并与其他学科进行比较，我们利用该矩阵绘制各学科间的引用网络图。从图3-9中可以明确看出各学科的相互引用情况，并可以基于引用途径和知识传播流动路线获得各学科的知识交叉情况，这一点将在下文着重分析。

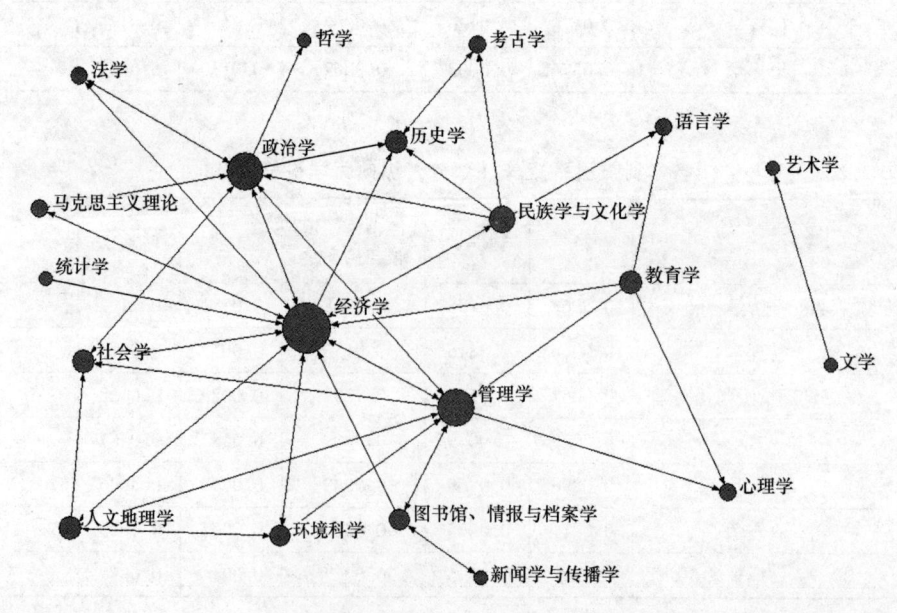

图3-9 我国人文社会科学各学科间引用网络

2. 学科间知识流动与学科交叉情况分析

基于各学科间的引用关系，通过计算各学科施引和被引矩阵并结合社会网络分析方法，对我国人文社会科学的学科引用和知识交流情况进行了计算和分析，从自引率情况（包括施引自引和被引）、相互施引和被引矩阵结果以及引用网络图中可以明显发现各学科间的知识交叉情况，并以此为根据来度量各学科的知识流动和交叉。通过以上各个步骤计量研究，本书可以得出以下几个方面的结论：

第一，我国人文社会科学总体知识交流和交叉情况较为严密，而其中经济学科在整个人文社会科学学科体系中处于相对比较重要的位置，不论是从体量还是相对量来说，都占据十分重要的比率，对其他学科都有较为强烈的影响，前文在计算施引和被引矩阵时对其相关学科进行了详细探讨，对管理学、人文地理学和政治学等学科的引用较高；而被管理学、政治学和人文地理学等学科的引用也较高，说明经济学与这些学科之间的知识交叉和流动频繁。此外，通过社会网络图可以进一步发现，经济学与统计学存在单向且紧密的联系，并与马克思主义理论学科存在互相联系，这一点也反映了科研活动中的普遍规律，即经济学的两大研究方向，以统计和计量为主的定量研究和以马克思主义政治经济学为主的定性研究，前者重视研究模型的构建和数据的采集计算，较多地运用了统计学和数学等相关知识，而后者更侧重于方法论层面的研究。

第二，在部分单个学科的知识交叉和流动方面，也可以发现一些比较有意思的现象。例如文学和艺术学，新闻学与传播学和图书馆、情报与档案学，考古学、历史学和民族学与文化学、宗教学等学科间知识流动与交叉较为明显。进一步观察这几个学科间的施引和被引关系，我们发现，文学被艺术学的引用率为3.3%，文学对艺术学的施引率为5.71%，而艺术学被文学的引用率为6.56%，艺术学对文学的施引率为5.43%，通过对比这两个方面的指标，相比于其他学科的施引率和被引率情况，可以发现文学和艺术学之间的学科交叉性较大，但是文学对艺术学的影响要略大于艺术学对文学的影响，同理，新闻学与传播学和图书馆、情报与档案学的学科交叉程度较高，新闻学与传播学对图书馆、情报与档案学的施引率和被引率分别为5.19%和6.71%，而图书馆、情报与档案学对新闻学与传播学的施引率和被引率分别为1.24%和1.09%，两者较为悬殊，通过这两组指标也可以发现图书馆、情报与档案学对新闻学与传播学的影响相对较大。

第三，关于小学科的学科交叉与影响关系，在整体网络图中展示会存在一定的缺陷，因此，对宗教学等人文社会科学大类中的小学科的交叉学科进行网络图背后的数据整理，可以发现，宗教学和民族学与文化学之间存在非常显著的关联，宗教学对民族学与文化学的施引率高达23.7%，宗教学被民族学与文化学的引用率高达15.06%，可以发现宗教学和民族学与文化学间的知识流动频繁，学科交叉程度较高且宗教学研究更倾向或依赖于民族学与文化学。

（四）讨论

随着社会问题的更加复杂化，跨学科研究越来越受关注，因此，针对交叉学科问题和学科交叉性的研究越来越受到各界的关注，对跨学科研究中的跨学科特征的测度和学科交叉的度量也日益成为文献计量学领域的热点研究问题。在基于信息传播的视角下，通过对我国人文社会科学学术期刊发文的引用和被引关系，对学科引用指标进行了度量和分析，并分别通过施引和被引两个角度，探讨了学科之间的知识流动和学科交叉情况，对我国人文社会科学学科交叉的情况进行了度量和分析，对交叉学科的交叉情况进行了度量计算。

本书通过对知识流动中微观层面的论文引用度量，到中观层面的期刊间引用关系计算，并扩展到宏观层面的学科间知识流动和交流，研究了各学科间的知识流动网络和交叉关系，但是在学科交叉度量和交叉学科研究中，仅仅发现交叉学科还远远不够，如何通过对交叉学科的知识点挖掘，并促进学术发展和引领创新，是未来需要进一步研究的方向，同时，在现有的学科划分体系特别是期刊所属学科的划分中，仍存在很多值得探讨的地方，这也是后续交叉学科知识发现过程中一项极为重要的研究课题。

图书馆在购买数字资源时,要充分考虑跨学科研究越来越多的实际情况,要注意数字资源的学科覆盖性问题。例如,有的以人文社会科学为主的研究机构在购买 Web of Science 数据库时,仅购买 SSCI 数据,其实在 SCI 以及 A&HCI 中也有人文社会科学领域的研究内容,该机构的研究人员就较难获取到。

三 学术合作跨地域、国际化因素

(一) 学术研究的跨地域化倾向

通常认为,地理距离较近的科研人员之间的相互影响要比距离较远的科研人员之间的相互影响要大。然而,随着网络的出现与应用,有学者认为远程通信技术和计算机网络的关键意义是使地理空间邻近变得不太重要了,"网络使距离消失,世界变成平的"[1]。对于不同地域间科研人员的合作倾向,则有学者提出"人类喜欢聚居,而科学研究则没有这个倾向"[2] 的观点。英国学者 Katz[3] 分别以加拿大、澳大利亚和英国的大学为样本集,以绝对合作频次为指标考察大学校际合作的地域倾向,发现一个国家内部大学间的合作频次随着大学之间地理距离的增大呈指数型降低。Hoekmana 等[4]通过研究发现,地理距离对欧洲的科学合作有较大影响,距离越短则合作越密切,距离越长则合作越稀疏。

Haustein 等以亚洲太平洋地区 11 个国家 10 年间多个学科的合作论文数据为样本,对国际间科学合作的原因进行了分析,认为科学生产力是影响科学合作的重要因素,并用 Salton 指数测度了不同国家间的合作

---

[1] Thomas L. Friedman, *The World Is Flat: A Brief History of the Twenty-first Century*, New York: Farrar, Straus and Giroux, 2005.

[2] J. Hoekmana, K. Frenkena, R. J. W. Tijssen, "Research Collaboration at a Distance: Changing Spatial Patterns of Scientific Collaboration within Europe", *Research Policy*, 2010: 662–673.

[3] J. S. Katz, "Geographical Proximity and Scientific Collaboration", *Scientometrics*, 1994: 31–43.

[4] J. Hoekmana, K. Frenkena, R. J. W. Tijssen, "Research Collaboration at a Distance: Changing Spatial Patterns of Scientific Collaboration within Europe", *Research Policy*, 2010: 662–673.

强度，特别指出中国的国际论文合作在快速增长。Huamani 等[①]利用 10 年数据分析了拉丁美洲的科学生产力分布特征以及拉丁美洲各国家间的科学合作情况，发现虽然巴西的科学生产力很高，但其国际科学合作却处于一个较低的水平。另外，Archambault 等[②]就不同地区、不同规模的科学合作如何比较计算进行了讨论和分析。

我国学者梁立明等[③]对欧盟 15 个国家任意两国之间的合作发表论文进行计量分析发现，地理邻近是影响欧盟 15 个国家科学合作的重要因素，15 个国家间的科学合作强度随地理距离和语言差异度的增大而降低，呈负指数分布。梁立明等[④]对中国科学引文数据库（CSCD）中异省区作者共同署名论文的计量分析显示，地理邻近是决定我国跨省区科学合作的重要因素，省区间的合作强度随省区间直线距离的增大而降低，呈负幂分布，最密切合作省区中接壤省区的概率高达80%。梁立明等的另外一项研究发现，我国的跨省区科学合作存在马太效应和地域倾向[⑤]；他们还发现，我国 34 所 985 高校校际科学合作亦存在强地域倾向。[⑥] 孙海生[⑦]以 CNKI 数据库为样本，采用文献计量和社会网络分析方法，对图书情报研究机构之间的合作状况进行研

---

① C. Huamani, G. Gonzalez, W. H. Curioso, et al., "Scientific Production in Clinical Medicine and International Collaboration Networks in South American Countries. Revista Medica de Chile", *Santiago*, 2012: 466 – 475.

② E. Archambault, O. H. Beauchesne, G. Cote, et al., "Scale-Adjusted Metrics of Scientific Collaboration", *Proceedings of Issi 2011: The 13th Conference of the International Society for Scientometrics and Informetrics*, Vol. 1 and 2, Leuven: International Society Scientometrics & Informetrics-ISSI, 2011, 78 – 88.

③ 梁立明、张琳、韩强：《欧盟 15 国科学合作的地域倾向和语言倾向》，《自然辩证法通讯》2006 年第 5 期。

④ L. M. Liang, L. Zhu, "Major Factors Affecting China's Inter-Regional Research Collaboration: Regional Scientific Productivity and Geographical Proximity", *Scientometrics*, 2002: 287 – 316.

⑤ 梁立明、朱凌、侯长红：《我国跨省区科学合作中的马太效应与地域倾向》，《自然辩证法通讯》2002 年第 2 期。

⑥ 梁立明、沙德春：《985 高校校际科学合作的强地域倾向》，《科学学与科学技术管理》2008 年第 11 期。

⑦ 孙海生：《国内图书情报研究机构科研产出及合作状况研究》，《情报杂志》2012 年第 2 期。

究，研究结果表明，国内图书情报研究机构之间的合作呈现明显的地域特征。

在当今网络环境下，我国的科学合作是否存在地域倾向性？如果我国科学合作地域倾向性确实存在，那么，哪些地域之间更易进行科学合作？倾向程度到底如何？地理距离又是如何影响我国的科学合作的？本书从我国科学论文的联合署名出发，对我国各省市间的科学合作倾向进行分析。

1. 数据与方法

（1）数据来源

科学合作有多种形式，如联合承担项目、合作推广成果、合著发表论文等。期刊论文具有出版快、专业性强的特点，能够及时反映学科领域的最新研究成果和进展，是科研产出的重要表现形式，也是诸多学者研究科学合作时的常用测度指标。鉴于此，笔者从期刊论文的联合署名出发，对我国地区间的科学合作倾向进行分析。本书以《中国知网》为检索源，以经济学学科为统计样本，以北京大学图书馆编制的《中文核心期刊要目总览（2011版）》为期刊筛选依据，选择经济学领域中的150种核心期刊为来源期刊，获取其2003年至2012年共10年的期刊论文数据，约27万篇论文，其中合著论文约9.2万篇，检索时间为2013年2月。这150种期刊刊载论文水平较高，汇集了大部分我国经济学领域研究人员在国内公开发表的优秀论文，在这些优秀期刊中发表论文的情况能够较客观地反映出经济学领域各研究主体的科学合作倾向。统计合著论文中各署名单位所处的地区后，进行我国科学合作地域倾向分析。

（2）统计样本

本书仅以我国大陆的31个省、直辖市、自治区（后面简称为"地区"）为统计样本，未将我国的台湾省、香港特别行政区、澳门特别行政区纳入样本数据范围。数据清洗整理后，我国31个地区的科学合作情况见表3-6。

表 3-6　　我国 31 个地区合作论文与合作频次

序号	地区	I	II	III	IV(%)	V	VI	VII(%)	VIII	IX	X	XI
1	北京	53908	35539	18369	34.07	9988	8381	45.63	7664	7346	15010	1.04
2	江苏	23890	14543	9347	39.13	5030	4317	46.19	3670	3830	7500	0.96
3	上海	21693	14374	7319	33.74	3906	3413	46.63	3107	3039	6146	1.02
4	湖北	18126	11504	6622	36.53	3225	3397	51.30	3084	2732	5816	1.13
5	广东	17095	12225	4870	28.49	2576	2294	47.10	2117	2222	4339	0.95
6	四川	13361	8741	4620	34.58	2248	2372	51.34	2140	2216	4356	0.97
7	辽宁	10605	6661	3944	37.19	1851	2093	53.07	1890	1982	3872	0.95
8	陕西	8108	4357	3751	46.26	1858	1893	50.47	1634	1624	3258	1.01
9	浙江	12854	9259	3595	27.97	1911	1684	46.84	1542	1739	3281	0.89
10	天津	9345	5978	3367	36.03	1573	1794	53.28	1619	1671	3290	0.97
合计 1—10		188985	123181	65804	34.82	34166	31638	48.08	28467	28401	56868	1.00
11	湖南	8842	5530	3312	37.46	1591	1721	51.96	1538	1184	2722	1.30
12	山东	8937	5977	2960	33.12	1219	1741	58.82	1615	1726	3341	0.94
13	江西	8050	5616	2434	30.24	1170	1264	51.93	1165	1140	2305	1.02
14	福建	8301	6017	2284	27.51	1188	1096	47.99	1023	1112	2135	0.92
15	重庆	5496	3332	2164	39.37	994	1170	54.07	1036	1033	2069	1.00
16	河北	4644	2717	1927	41.49	762	1165	60.46	1062	942	2004	1.13
17	吉林	4624	2716	1908	41.26	881	1027	53.83	928	811	1739	1.14
18	河南	8440	6953	1487	17.62	531	956	64.29	863	1295	2158	0.67
19	安徽	4430	2962	1468	33.14	554	914	62.26	1103	769	1872	1.43
20	黑龙江	3065	1710	1355	44.21	637	718	52.99	633	559	1192	1.13
合计 11—20		64829	43530	21299	32.85	9527	11772	55.27	10966	10571	21537	1.04
21	云南	4254	2969	1285	30.21	699	586	45.60	516	884	1400	0.58
22	甘肃	2616	1709	907	34.67	325	582	64.17	521	367	888	1.42
23	山西	2473	1848	625	25.27	240	385	61.60	364	375	739	0.97
24	广西	2095	1520	575	27.45	224	351	61.04	331	362	693	0.91

续表

序号	地区	I	II	III	IV (%)	V	VI	VII (%)	VIII	IX	X	XI
25	新疆	1251	794	457	36.53	191	266	58.21	238	349	587	0.68
26	贵州	1079	766	313	29.01	77	236	75.40	229	234	463	0.98
27	内蒙古	756	549	207	27.38	59	148	71.50	139	214	353	0.65
28	海南	619	414	205	33.12	78	127	61.95	117	117	234	1.00
29	宁夏	450	340	110	24.44	31	79	71.82	74	73	147	1.01
30	青海	318	231	87	27.36	24	63	72.41	55	55	110	1.00
31	西藏	181	133	48	26.52	20	28	58.33	24	39	63	0.62
合计 21—31		16092	11273	4819	29.95	1968	2851	59.16	2608	3069	5677	0.85
合计		269906	177984	91922	34.06	45661	46261	50.33	42041	42041	84082	1.00

注：表 3-6 中 I：论文总数；II：独著论文数；III：合作论文数 = V + VI = I - II；IV：合作率 = III/I；V：地区内合作论文数；VI：主动合作论文数（以第一作者身份与其他地区合作）；VII = VI/III；VIII：主动地区合作频次（以第一作者身份与其他地区合作）；IX：被动合作频次（以第二及以后排序作者身份与其他地区合作）；X：总合作频次 = VIII + IX；XI = IX/X。

需要注意的是，主动省际合作频次大于等于主动合作论文数，例如一篇论文由北京、上海、江苏等地作者联合署名，则北京的作者主动省际合作频次为"2"，主动合作论文数为"1"。表 3-7 显示的是我国 31 个地区科研合作频次的观察值矩阵。表 3-7 中左边第二列是主动合作的地区，即以第一作者身份进行科学合作的地区；上面第二行是被动合作的地区，即以第二及以后排序作者身份进行科学合作的地区。由于本研究不计量各地区内的合作，表 3-7 中对角线元素空缺。表 3-7 中地区顺序以该地区合作论文数（表 3-6 中第 III 列）降序排序，后面的矩阵也以此顺序排列，该表中所有地区的主动合作频次为 42041 次。

为方便统计分析，根据表 3-7 矩阵 A 构造表 3-8 矩阵 A*，即不考虑科学合作的主动与被动，以总合作频次构造矩阵 A*，见表 3-8（为节省版面，表 3-8 及后继矩阵表中均仅列出前 10 位）。

表 3-7　我国 31 个地区主被动合作频次观察值矩阵 A

主动\被动		1 北京	2 江苏	3 上海	4 湖北	5 广东	6 四川	7 辽宁	8 陕西	9 浙江	10 天津	11 湖南	12 山东	13 江西	14 福建	15 重庆	16 河北	17 吉林	18 河南	19 安徽	20 黑龙江	21 云南	22 甘肃	23 山西	24 广西	25 新疆	26 贵州	27 内蒙古	28 海南	29 宁夏	30 青海	31 西藏	合计
1	北京		775	652	609	417	462	532	405	323	386	256	457	209	231	224	241	188	293	173	124	166	103	95	61	101	38	83	22	16	16	6	7664
2	江苏	819		353	251	201	167	151	95	184	93	96	172	213	107	84	62	56	72	156	64	95	33	27	35	30	22	13	11	4	2	2	3670
3	上海	594	371		185	157	155	120	130	217	140	106	144	106	77	44	53	80	99	63	39	95	29	24	22	28	13	10	1	3	0	2	3107
4	湖北	718	290	199		206	181	110	115	147	76	135	90	116	89	67	57	59	136	39	26	58	26	19	37	16	26	10	12	3	1	4	3084
5	广东	388	187	179	205		151	99	80	98	57	88	71	57	86	34	34	22	47	32	16	37	22	24	32	13	10	8	7	5	5	0	2117
6	四川	408	190	136	154	149		78	87	80	57	71	65	48	51	25	57	45	85	29	26	68	12	38	38	15	30	18	14	3	8	11	2140
7	辽宁	467	194	137	89	103	112		88	63	89	24	78	31	34	124	37	22	44	25	43	30	9	11	16	11	9	7	8	2	0	2	1890
8	陕西	381	146	124	75	97	77	82		60	44	38	45	31	33	25	39	95	80	29	12	22	11	38	10	20	8	7	0	3	3	1	1634
9	浙江	288	173	166	108	83	64	66	60		44	56	128	41	60	36	31	17	36	28	28	41	12	22	7	6	3	13	3	2	1	1	1542
10	天津	373	123	115	90	58	74	45	26	40		35	31	29	38	20	109	34	55	56	12	31	13	22	10	8	3	5	2	2	4	0	1619
11	湖南	286	143	133	177	151	64	47	54	68	50		36	54	39	30	18	16	35	20	28	17	15	10	14	13	7	7	3	2	2	1	1538
12	山东	364	162	139	84	62	70	96	86	51	139	26		22	34	44	41	22	42	21	25	37	4	5	3	5	5	7	6	2	2	0	1615
13	江西	191	212	106	90	72	53	49	26	55	34	25	31		34	30	18	29	38	11	14	23	4	4	9	8	21	5	2	2	1	0	1165
14	福建	212	102	89	64	82	58	31	27	46	35	26		27	34	22	10	18	25	25	20	20	18	5	17	16	5	2	6	2	0	0	1023
15	重庆	229	82	64	70	52	117	37	55	28	171	15	37	18	28	23		16	22	13	20	16	6	8	11	1	21	3	2	3	1	2	1036
16	河北	259	80	39	57	32	46	53							17			14		20					5	16	2	3	1	3	0	0	1062

第三章　数字资源利用的影响因素

续表

主动＼被动	1 北京	2 江苏	3 上海	4 湖北	5 广东	6 四川	7 辽宁	8 陕西	9 浙江	10 天津	11 湖南	12 山东	13 江西	14 福建	15 重庆	16 河北	17 吉林	18 河南	19 安徽	20 黑龙江	21 云南	22 甘肃	23 山西	24 广西	25 新疆	26 贵州	27 内蒙古	28 海南	29 宁夏	30 青海	31 西藏	合计
17 吉林	241	46	59	60	29	25	112	30	31	48	24	41	21	30	22	15		21	7	36	8	1	3	4	7	1	2	0	3	1	0	928
18 河南	183	81	51	74	50	47	38	46	27	31	17	36	21	26	21	13	17		14	14	21	5	8	4	9	2	3	1	3	0	0	863
19 安徽	188	210	89	70	44	54	64	24	42	33	27	28	18	32	16	24	23	34		16	15	13	13	5	6	3	3	1	2	0	6	1103
20 黑龙江	137	59	35	36	20	24	43	20	29	28	18	36	12	6	8	11	36	36	9		8	4	3	4	3	2	3	0	0	0	0	633
21 云南	114	59	36	43	35	38	16	17	15	18	8	19	7	15	16	13	6	20	6	8		1	13	3	1	5	0	7	0	0	0	516
22 甘肃	114	35	32	22	28	28	25	31	27	7	10	28	8	3	9	12	4	16	5	6	17		3	8	5	2	6	1	2	0	0	521
23 山西	97	28	29	34	22	23	23	23	10	21	19	21	10	6	9	5	4	20	5	2	4	3		0	5	1	6	0	1	4	0	364
24 广西	60	25	24	14	22	8	7	14	13	10	6	10	7	14	16	5	3	1	0	3	2	2	1		3	1	3	0	0	0	0	331
25 新疆	64	13	17	15	28	26	7	10	10	13	6	28	7	4	8	3	4	1	3	4	1	7	2	3		0	2	0	0	0	1	238
26 贵州	45	20	21	14	11	15	8	4	4	6	9	6	10	7	4	1	3	1	2	3	2	1	1	0	4		0	0	0	0	0	229
27 内蒙古	50	6	9	15	6	8	8	3	1	9	3	6	7	0	4	5	1	1	1	0	1	0	2	0	1	0		0	1	0	0	139
28 海南	19	5	4	6	6	15	8	1	3	3	5	1	0	0	7	3	1	1	0	0	2	3	1	3	4	0	1		0	0	0	117
29 宁夏	29	6	0	2	3	4	8	3	0	2	1	2	2	0	0	0	0	0	1	0	1	0	0	3	0	0	0	0		0	0	74
30 青海	22	6	4	2	0	3	1	4	1	3	0	0	0	0	0	1	1	0	0	0	0	0	0	0	1	0	0	0	0		0	55
31 西藏	6	1	0	2	0	3	1	4	0	0	0	0	0	0	1	0	0	1	1	0	0	0	0	3	0	0	0	1	0	0		24
合计	7346	3830	3039	2732	2222	2216	1982	1624	1739	1671	1184	1726	1140	1112	1033	942	811	1295	769	559	884	367	375	362	349	234	214	117	73	55	39	42041

表 3-8　　　　　　　　　　合作频次观察值矩阵 A *

	1	2	3	4	5	6	7	8	9	10	…
		北京	江苏	上海	湖北	广东	四川	辽宁	陕西	浙江	天津	…
1	北京		1594	1246	1327	805	870	999	786	611	759	
2	江苏			724	541	388	357	345	241	357	216	
3	上海				384	336	291	257	254	383	255	
4	湖北					411	335	199	190	255	166	
5	广东						300	202	177	181	115	
6	四川							183	199	157	121	
7	辽宁								170	129	163	
8	陕西									124	89	
9	浙江										84	
10	天津											
…	…											

(3) 测度方法

1) 合作倾向值计算

两个合作频次的期望值表征的是两个省份理论上可能发生的合作频次。合作倾向值是观察值与期望值的比值，比值越大，合作倾向越大，反之则小。

①期望值计算方法。期望值的计算是以观察值矩阵为基础的，据观察值矩阵的数据特征，可采用以下公式计算期望值。

$$当 i \neq j 时, X_{ij} = \frac{x_i y_j}{T - \sum_k \frac{x_k y_y}{T}}; 当 i = j 时, X_{ij} = 0 \qquad (1)$$

公式（1）中，X_{ij} 表示与观察值矩阵元素 x_{ij} 对应的期望值矩阵元素，x_i 表示观察值矩阵中第 i 行数值之和，y_j 表示观察值矩阵中第 j 列数值之和，T 表示观察值矩阵数值的总和。期望值矩阵所有元素之和等于观察值矩阵所有元素之和。计算我国 31 个地区的科研合作频次期望值矩阵 B 如表 3-9 所示。

表3-9　　　　　　　　　主被动合作频次期望值矩阵 B

主动\被动	1 北京	2 江苏	3 上海	4 湖北	5 广东	6 四川	7 辽宁	8 陕西	9 浙江	10 天津	…
1 北京		698	554	498	405	404	361	296	317	305	
2 江苏	641		265	238	194	193	173	142	152	146	
3 上海	543	283		202	164	164	146	120	129	123	
4 湖北	539	281	223		163	163	145	119	128	123	
5 广东	370	193	153	138		112	100	82	88	84	
6 四川	374	195	155	139	113		101	83	89	85	
7 辽宁	330	172	137	123	100	100		73	78	75	
8 陕西	286	149	118	106	86	86	77		68	65	
9 浙江	269	140	111	100	81	81	73	60		61	
10 天津	283	147	117	105	86	85	76	63	67		
…	…										

②合作倾向值计算方法。合作倾向值=观察值/期望值。令 $r_{ij} = \dfrac{x_{ij}}{X_{ij}}, (i \neq j)$，$r_{ij}$ 是观察值与期望值的比值。当 $r_{ij} > 1$ 时，观察值大于期望值，i 和 j 倾向合作。r_{ij} 越大，合作倾向越强。$r_{ij} < 1$，合作倾向性差。然后构建合作倾向值矩阵，即观察值与期望值比值矩阵，该矩阵中的值称为合作倾向值。计算我国31个地区的主被动科研省际合作频次合作倾向值矩阵 R 如表3-10所示。

表3-10　　　　　　　主被动合作频次合作倾向值矩阵 R

主动\被动	1 北京	2 江苏	3 上海	4 湖北	5 广东	6 四川	7 辽宁	8 陕西	9 浙江	10 天津	…
1 北京		1.11	1.18	1.22	1.03	1.14	1.47	1.37	1.02	1.27	
2 江苏	1.28		1.33	1.05	1.04	0.86	0.87	0.67	1.21	0.64	
3 上海	1.09	1.31		0.92	0.96	0.95	0.82	1.08	1.69	1.13	
4 湖北	1.33	1.03	0.89		1.26	1.11	0.76	0.97	1.15	0.62	
5 广东	1.05	0.97	1.17	1.49		1.35	0.99	0.98	1.12	0.68	

续表

主动\被动		1 北京	2 江苏	3 上海	4 湖北	5 广东	6 四川	7 辽宁	8 陕西	9 浙江	10 天津	…
6	四川	1.09	0.97	0.88	1.11	1.32		0.77	1.05	0.90	0.67	
7	辽宁	1.41	1.13	1.00	0.72	1.03	1.05		1.21	0.81	1.18	
8	陕西	1.33	0.98	1.05	0.71	1.12	1.30	1.06		0.95	0.68	
9	浙江	1.07	1.23	1.49	1.08	1.02	0.95	0.91	1.01		0.72	
10	天津	1.32	0.83	0.98	0.86	0.68	0.75	0.97	0.72	0.60		
…	…											

2）合作强度计算

合作强度是表征科学合作倾向性的科学计量学指标，有不同的合作强度计算公式，本研究选用改进的 Salton 指数测度科学合作强度。合作强度计算公式：

$$S_{ij} = \frac{n_{ij}}{\sqrt{c_i c_j}} \tag{2}$$

公式（2）中，n_{ij} 为 i 地区与 j 地区的绝对合作频次；c_i 和 c_j 分别表示地区 i 和地区 j 在样本集内的总合作频次。两地区合作强度 Salton 指数越大，合作倾向越强，由此可计算我国 31 个地区的两两合作强度。每个地区的平均合作强度计算方法如公式（3）所示：

$$m_i = \frac{\sum_{j=1}^{31} S_{ij}}{30}, j \neq i, i = 1, 2, 3, \cdots, 31 \tag{3}$$

公式（3）中，m_i 为 i 地区的平均合作强度。

2. 我国科学合作总体情况

（1）科学合作论文主要分布在我国东、中部地区

根据表 3-6 中的"合作论文数"数据（见表 3-6 第 III 列），合作论文主要集中在我国的东部和中部地区。我国 31 个地区的平均合作论文数是 2785.22，超过平均数的地区有 12 个，亦即有 19 个地区低于平均水平。北京位列第 1 位，是合作论文数最多的地区，发表超过 1 万篇合作论文；江苏、上海、湖北分列第 2、3、4 位，每个地区发

表超过 6000 篇合作论文；广东、四川、辽宁、陕西、浙江、天津、湖南和山东分列第 5 至第 12 位，每个地区发表合作论文数亦超过平均值。

(2) 各地区科学合作论文数排序情况与 10 年前相似

在表 3-6 中，我国的 31 个地区被分成 3 组，第 1 组是科研生产力前 10 名的地区，第 2 组是第 11 名至第 20 名的地区，第 3 组是第 21 名至第 31 名的地区。这 3 组分别代表高、中、低三种不同科研生产力地区。可以看出，无论是论文数还是合作论文数，都集中在第 1 组中，如第 1 组的论文数是 188985，占整个论文数的 70.02%，合作论文数为 65804，占整个合作论文数的 71.59%。这与梁立明等 2002 年的研究结果基本相似，比例亦基本相同（梁立明等的研究结果分别是 70.88% 和 71.36%），这说明第 1 组的实力变化不大。需要注意的是，第 1 组 10 个地区的构成也与 10 年前相比相差不大，现在的顺序是北京、江苏、上海、湖北、广东、四川、辽宁、陕西、浙江和天津，梁立明等的研究结果是北京、上海、江苏、广东、湖北、陕西、山东、四川、辽宁和浙江，仅山东跌出前 10 名，天津进入前 10 名，其他地区名次略有上下浮动。[①]

(3) 各地区科学合作论文率排序情况与 10 年前相反

随着时间的推移，我国科学合作情况越来越多，论文合作率从 2003 年的 33.94% 上升到 2012 年的 53.06%，2004 年至 2011 年的合作率分别是 36.43%、39.42%、41.99%、45.21%、47.01%、48.36%、49.84% 和 52.31%。从平均合作率看，我国 31 个地区的平均合作率是 34.06%（见表 3-6 第 IV 列），第 1 组地区的合作率是 34.82%，第 2、3 组地区的合作率分别是 32.85% 和 29.95%，由此可见，科学合作率随着科研生产力的降低而降低。这与梁立明等[②]的研究结果正好相反。从主被动科学合作率来看，我国 31 个地区的主动平均合作率是 50.33%（见表 3-6 第 VII 列），第 1 组地区的主动合作率是 48.08%，

[①] L. M. Liang, L. Zhu, "Major Factors Affecting China's Inter-Regional Research Collaboration: Regional Scientific Productivity and Geographical Proximity", *Scientometrics*, 2002: 287-316.

[②] Ibid..

第 2、3 组地区的主动合作率分别是 55.27% 和 59.16%，主动科学合作率随着科研生产力的降低而升高。由此推断，我国科学合作情况已经有所变化，高科研生产力地区更注重省际间的科学合作，但是低科研生产力地区在科研合作中更加主动。

3. 科研生产力与科学合作倾向

科研生产力对科学合作地域倾向的影响分析分为三部分：一是以科研生产力最高的北京为例，对主动与被动合作倾向进行分析；二是按科研生产力强弱进行分组，对不同级别组之间的科学合作倾向进行分析；三是分析科研生产力与科学合作强度的关系。本书以论文数作为科研生产力指标，发表论文多则科研生产力高，反之则低。

（1）北京与其他地区的科学合作倾向

北京在我国科学合作中扮演重要角色，它是科研生产力最高的地区，合作论文总数为 18369 篇，占整体合作论文总数的 19.98%；主动合作论文数最高（8381 篇），占整体主动省际合作论文总数的 18.12%；合作频次最高（15010 篇），占整体合作频次的 17.85%。鉴于此，首先对北京与其他地区的科学合作倾向进行分析。北京与科研生产力不同级别组之间的观察值、期望值和合作倾向值如表 3-11 所示（该表由表 3-7 计算得来）。

表 3-11　　　　北京与科研生产力不同级别组的观察值、期望值和合作倾向值

		北京	第1组（高）地区 2—10	第2组（中）地区 11—20	第3组（低）地区 21—31
北京	观察值		4561	2396	707
	期望值		2700	2303	753
	合作倾向值		1.69	1.04	0.94
第1组（高）地区 2—10	观察值	4436		5552	1536
	期望值	2869		3464	1132
	合作倾向值	1.55		1.60	1.36
第2组（中）地区 11—20	观察值	2290	4751		656
	期望值	1916	2711		756
	合作倾向值	1.20	1.75		0.87

续表

		北京	第1组（高）地区2—10	第2组（中）地区11—20	第3组（低）地区21—31
第3组（低）地区21—31	观察值	620	1083	921	
	期望值	653	924	789	
	合作倾向值	0.95	1.17	1.16	

从北京与科研生产力不同级别组的合作倾向看，北京主动与高科研生产力地区（第1组，地区2—10）合作4561次，与中科研生产力地区（第2组，地区11—20）和低科研生产力地区（第3组，地区21—31）的合作频次分别是2396次和707次，合作频次随着科研生产力的降低而降低。从合作倾向值看，北京与高科研生产力地区的合作倾向值是1.69，与中、低科研生产力地区的合作倾向值则分别是1.04和0.94。由此可见，北京的主动合作倾向随着地区科研生产力的降低而降低，即北京更倾向与高科研生产力地区合作，呈现"北京—高"倾向。这与10年前梁立明等的研究结果恰好相反，再一次表明这10年间我国的科学合作地域倾向发生了变化。

从科研生产力不同级别组与北京的合作倾向看，高、中、低科研生产力地区主动与北京合作的频次分别是4436次、2290次和620次，均低于北京与它们主动合作的频次，北京在合作中表现得更加主动。高、中、低科研生产力地区主动与北京合作的倾向值分别是1.55、1.20和0.95，由此可知，高科研生产力地区与北京的合作倾向值最高，呈现"高—北京"倾向，但也要注意到这比北京与高科研生产力地区的合作倾向要低，中、低科研生产力地区与北京的合作倾向却比北京与它们的合作倾向要低。

（2）不同级别组之间的科学合作倾向

下面将北京放入第1组中，进行不同级别组之间的合作倾向分析，合作倾向值见表3-12（该表由表3-7计算得来）。由表3-12可以看出，第1组高科研生产力地区最倾向与第2组中科研生产力地区合作（合作倾向值为1.11），呈现"高—中"倾向；第2组最倾向与第1组合作（合作倾向值为1.11），呈现"中—高"倾向；第3组低科研生产力地区最倾向与第1组合作（合作倾向值为1.08），呈现"低—高"倾向。

表3-12　　科研生产力不同级别组的合作倾向值

	第1组（高）地区1—10	第2组（中）地区11—20	第3组（低）地区21—31
第1组（高）地区1—10		1.11	1.08
第2组（中）地区11—20	1.11		0.82
第3组（低）地区21—31	1.08	0.81	

从以上分析可知，我国科学合作地域倾向呈现强强联合之势，不仅高科研生产力地区更愿意与高科研生产力地区合作，而且中、低科研生产力地区也最愿意与高科研生产力地区合作。

（3）科研生产力与科学合作强度

采用表3-8中的数据，根据公式（2）、（3）计算我国31个地区的合作强度后，采用Ucinet软件绘制我国31个地区之间的合作强度网络如图3-10所示。图3-10中地区间连线的粗细表示地区间合作强度的大小，强度指标为Salton指数，构建合作强度网络的临界值是0.05。如果两个地区之间的合作强度小于临界值0.05，在图3-10中则不予显示。

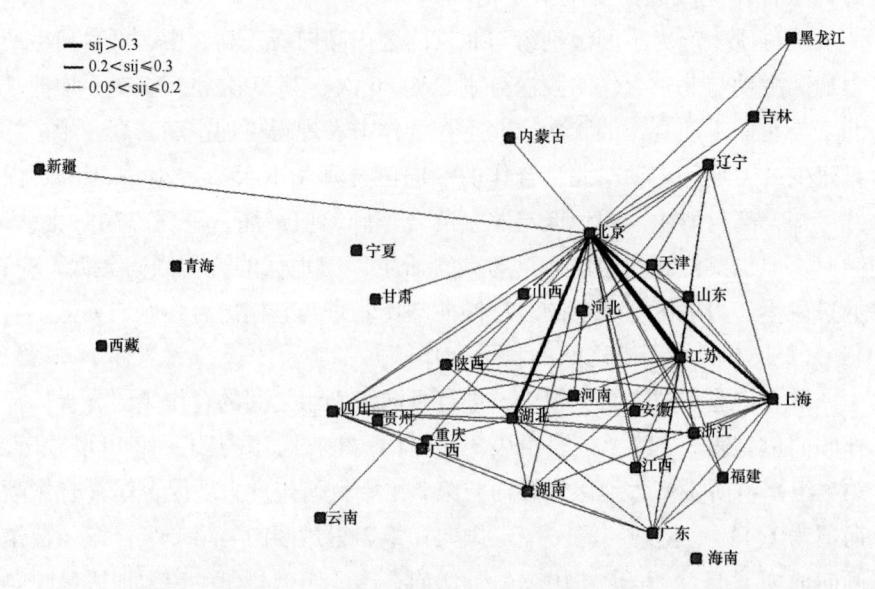

图3-10　我国31个地区科研生产力与合作强度关系（$S_{ij} > 0.05$）

从图 3-10 可以清晰地看出，我国 31 个地区中，北京与江苏的合作强度最大（0.326），处于领先位置；北京与湖北（0.229）、上海（0.228）两个地区的合作强度处于第 2 梯队；由于与所有地区的合作强度均小于临界值（0.05），青海、西藏、宁夏、广西、海南、贵州 6 个地区在图中成为孤立点；其他地区的合作强度处于第 3 梯队，其中北京与 24 个地区的合作强度大于临界值，江苏与 14 个地区的合作强度大于临界值，上海 13 个，湖北 12 个，广东、四川和辽宁分别有 10 个。

为探索科研生产力与科学合作强度之间的关系，结合表 3-6 中的数据，利用 SPSS 软件的回归分析对我国 31 个地区的合作论文数与合作强度、合作频次与合作强度的关系进行曲线拟合，如图 3-11 所示。

a. 合作论文数与合作强度　　　　b. 合作频次与合作强度

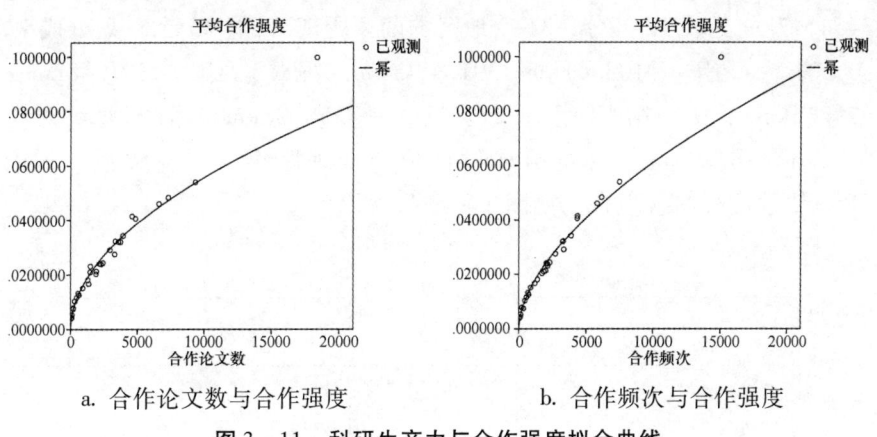

图 3-11　科研生产力与合作强度拟合曲线

从图 3-11 中我们可以清晰地看出，合作论文数、合作频次与合作强度的关系用幂函数拟合效果较好（除去北京一个孤立点）。其中，合作论文数与合作强度的回归方程是：$y = 0.0046 \times x^{0.52}$，统计检验值 $R^2 = 0.985$；合作频次与合作强度的回归方程是：$y = 0.0028 \times x^{0.58}$，统计检验值 $R^2 = 0.986$。这表明，我国 31 个地区的科研生产力与合作强度成正相关关系，随着合作论文数、合作频次的增大，合作强度在不断增长。需要注意的是，图 3-11 中 a、b 两小图均有一个明显的孤立点，此孤立点是北京。由此推断，科学合作不仅受科研生产力的影响，而且与其他影响因素有关。

4. 地理距离与科学合作倾向

（1）地理距离与科学合作倾向值

为讨论地理距离与科学合作倾向值的关系，本书采用两种距离分组方法进行分析（将两地区省会之间的直线距离记做两地区间的地理距离）：①样本顺序分组。首先将我国 31 个地区的两两地理距离（共 465 个）按升序排序，按照 40 个一组进行分组，最后一组为 25 个，将我国 31 个地区的两两地理距离划分为 12 个组，每组的距离取 40（25）个距离的平均值；然后，根据距离分组计算每组的平均合作倾向值；最后，建立合作倾向值与地理距离的对应关系，利用 SPSS 软件进行曲线拟合，如图 3-12 a. 所示。②定长距离分组。我国 31 个地区间的最长距离是 3558.08km，最短距离是 103.61km，两者的差是 3454.47km；将 3454.47km 分成 12 等分，31 个地区的两两距离（共 465 个）划分成 12 组，第 1 组（103.61km—391.48km），第 2 组（391.48km—679.35km），……第 12 组（3270.18km—3558.08km）；计算每组对应的平均合作倾向值；建立合作倾向值与地理距离的对应关系，利用 SPSS 软件进行曲线拟合，如图 3-12 b. 所示。

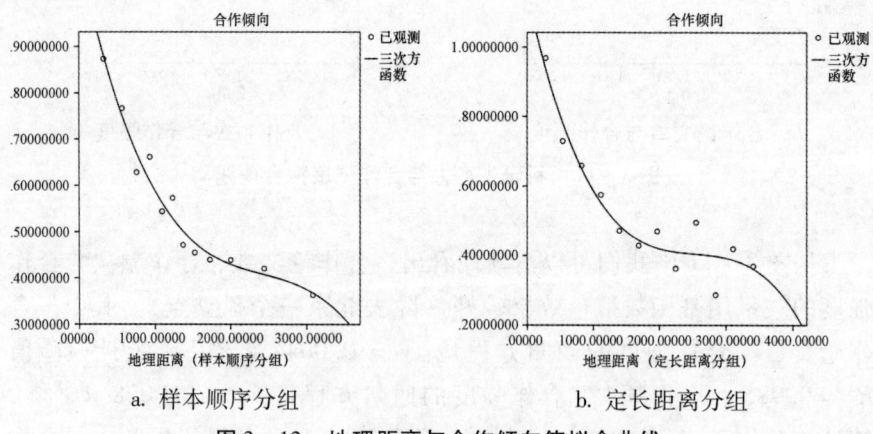

a. 样本顺序分组　　　　b. 定长距离分组

图 3-12　地理距离与合作倾向值拟合曲线

从图 3-12 可以看出，地理距离与合作倾向呈负相关关系，随着地理距离的逐渐增加，合作倾向逐渐减小。按照样本顺序分组后，将地理距离与合作倾向值进行曲线拟合，三次方函数拟合效果较好，$y=$

$1.09 - 0.007x + 2.99\,e^{-7}\,x^2 - 4.13\,e^{-11}\,x^3$，检验值 $R^2 = 0.967$；按照定长距离分组后，同样是三次方函数拟合效果较好，$y = 1.15 - 0.008x + 3.31\,e^{-7}\,x^2 - 4.35\,e^{-11}\,x^3$，检验值 $R^2 = 0.921$。

（2）地理距离与科学合作强度

讨论地理距离与合作强度之间关系和讨论地理距离与合作倾向值之间关系的方法相似，仍然采用两种距离分组方法进行分析，利用 SPSS 软件进行曲线拟合，如图 3-13 所示。

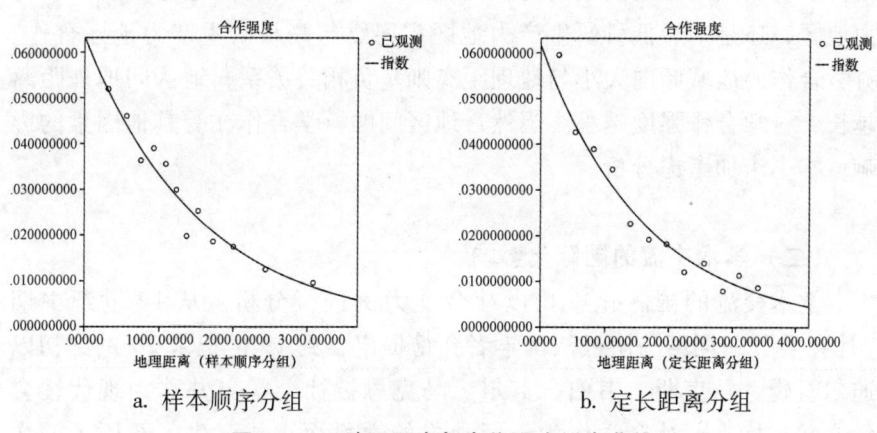

a. 样本顺序分组　　　　　　b. 定长距离分组

图 3-13　地理距离与合作强度拟合曲线

从图 3-13 可以看出，地理距离与合作强度同样呈负相关关系，随着地理距离的逐渐增加，合作强度逐渐减小。按照样本顺序分组后，将地理距离与合作强度进行曲线拟合，指数函数拟合效果较好，$y = 0.06 \times e^{-0.0006x}$，检验值 $R^2 = 0.952$；按照定长距离分组后，同样是指数函数拟合效果较好，并且与样本顺序分组的曲线方程相同，$y = 0.06 \times e^{-0.0006x}$，检验值 $R^2 = 0.939$。

由以上分析可知，在我国 31 个地区的科学合作中，随着地理距离的加大，地区间科学合作频次、合作倾向与合作强度均呈现下降趋势。由此推断，地理距离是影响科学合作的一个重要影响因素。但是我们也要看到，地理距离对科学合作的影响并不是绝对的，比如北京与江苏两者之间的地理距离是 900.19km，在北京与其他 30 个地区地理距离排序中位列第 9，但北京与江苏的合作频次（1594）、合作期望（2.8）、合作强度（0.326）是两两地区间最大的。另外，北京与湖北、上海、辽宁等地区的科学合作情况跟北京与江苏类似，科学合作受地理距离影响不明显。这可能与北京是我国的首都，我国的政治、文化、经济中心有关。

5. 结论

通过本书分析可知，我国的科学合作确实存在地域倾向。科学合作的地域倾向大小与科研生产力呈正相关关系，与10年前相比，我国地区科学合作倾向已经发生变化，呈现强强联合之势，无论是高科研生产力地区，还是中、低科研生产力地区都愿意与高科研生产力地区合作。科学合作的地域倾向大小与地理距离则呈负相关关系，地区间地理距离越长，科学合作强度越小。当然，地区间的科学合作亦受其他因素的影响，本书未加考虑分析。

（二）学术交流的国际化影响

学术交流的国际化影响以社会学为例进行分析。从19世纪中期"社会学"一词第一次被法国学者孔德提出，到19世纪末20世纪初以迪尔凯姆、马克斯·韦伯、卡尔·马克思被社会学界并称为现代社会学之父，标志着社会学作为一门独立的学科而正式诞生。经历了两次世界大战的20世纪是国际社会剧烈震荡和变革的一百年，社会问题的凸显，社会学研究的理论和方法日益丰富，研究的问题也在不断走向深入，其中研究学派和名家不断涌现，所产生的理论和成果对人类经济、政治和社会文化生活的影响也在不断扩大。[1] 根据迪尔凯姆等学者的观点，社会学是一门研究社会事实的具有多重研究范式的学科，由社会哲学演化而来。德国学者 I. 西格（Imogen Seger）认为社会学就是对通常出现的社会关系，对形成这种关系的原因、条件和结果进行系统的有控制的观察和说明。[2] 社会学理论伴随着各种思潮与运动于20世纪初传入我国，其代表性作品是章太炎翻译日本社会学家岸本能武

---

[1] 陈云松：《大数据中的百年社会学——基于百万书籍的文化影响力研究》，《社会学研究》2015年第1期。

[2] ［德］I. 西格：《什么是社会学？》，郭官义译，《世界哲学》1979年第3期。

太的《社会学》，这是国内翻译社会学著作的第一本书。[①] 进入 21 世纪，我国经济快速发展、社会各项建设明显提速，为社会学的成长提供了新的发展动力。十几年来，中国社会学界的学者努力研究我国新阶段的社会发展趋势，研究新的历史时期和新常态下的社会建设和社会管理的经验，以促进民生为重点，探讨调节社会利益关系和化解社会矛盾的体制机制，努力推进社会主义和谐社会理论和实践的发展，使中国社会学研究提高到新的水平。[②]

习近平同志指出，观察当代中国哲学社会科学，需要有一个宽广的视角，需要放到世界和我国发展的大历史中去看。回顾我国社会学科的发展，从最早的引进国外先进理论经验，到推广普及、学习消化，再到根据我国的基本国情和经济社会现状进行再创新并对国际社会产生影响这一条崎岖的道路上，我国的社会学家们一直与国际社会学界保持着密切的联系和交流，科学并没有国界，学术研究的理论和方法也没有国界，而学术问题本身因其所处人文与社会环境的不同而会产生区别，但从其产生的原因与发展的机理上也有联系。国际社会学界的学者们通过学术交流，进一步丰富了该学科的内涵，完善了研究方法。他们通过开展国际科研合作而形成了更加有效的原创性研究，提高论文产出，促进科研成果的传播和影响，同时以新兴经济体为代表的发展中国家在国际合作中的地位开始凸显，其主动性开始增强。从学术研究的过程及产出方面来看，科学发展进程中呈现出既高度分化又高度综合的双向发展态势，许多研究课题更需要或更赖于合作，其科学产出也越来越表现为国际合著论文[③]，国际合著论文已成为促进知识溢出的最有效的方式之一。在此背景下，Frame 等曾率先运用 SCI 数据库研究了学科、机构、地域、语言、政策等对国际科技合作行为的影响[④]，之后一些学者在此基础上进行了各方面的深度和广度上的

---

① 林闽钢、李保军:《章太炎与中国社会学》,《社会学研究》1999 年第 1 期。
② 李培林:《社会学经世致用促发展》,《中国社会科学报》2012 年 11 月 9 日。
③ 张冬玲:《中国科学论文产出与合作状况的计量研究》,大连理工大学,博士学位论文,2009 年。
④ J. Davidson Frame, P. Mark, "Carpenter. International Research Collaboration", *Social Studies of Science*, 1979, 9 (4): 481–497.

拓展。我国学者袁军鹏、薛澜等人对 Web of Science（含 SCIE、SSCI、A&HCI）收录的中国 1994 年至 2006 年间发表的国际合著论文进行了分析，对比研究了中国在与美国、日本、俄罗斯、英国、法国、德国、意大利等国家科技合作中的主导地位及演变，认为中国在国际科技合作中的主导地位正在逐渐加强，在双边科技合作中的相对从属地位已经得到改善，在合作中变得更加主动。① 郑海燕通过对 SSCI 和 A&HCI 在 1995 年至 2004 年间收录的中国合著论文的统计分析，得出中国第一作者国际合著论文与中国作者为参与者国际合著论文的比例大体为 3∶7，中国作者在大多数国际人文社会科学的合作研究中尚未起主导作用。②

改革开放以来特别是 21 世纪以来的这些年，我国经济社会的快速发展，我国学者的国际学术交流与合作情况也发生了巨大的变化，同时在国际社会学研究领域，我国社会学界与国际社会学界的交流与合作现状如何、我国学者在其中所处的地位和作用等经历了怎样的变化历程，研究这一问题，对把握我国社会学在国际社会学界中所处的地位、促进我国社会学的发展以及科研管理等具有重要的意义。

1. 数据采集与描述统计

（1）数据采集

学术期刊作为学术交流与传播的最主要的平台与载体，是我们研究学术成果与产出的主要途径之一。在当前英语仍作为世界主要交流语言的情况下，科研人员进行国际学术交流，其首要途径是撰写英文学术论文，并通过国际学术会议与学术期刊进行传播。提到国际学术期刊问题，就不得不考虑美国汤姆森·路透公司研制开发的 Web of Science 数据库，该数据库收录了全球包括自然科学、人文与社会科学在内的多种学术期刊、构建了三大期刊引文数据库，即 SCIE、SSCI 和 A&HCI。在以社会科学为主的 SSCI 引文数据库系统中，目前该引文数据库收录全球范围内社会科学领域的学术期刊累积已达到 4000

---

① 袁军鹏、薛澜：《主导与协同：中国国际科学合作的模式和特征分析》，《科学学与科学技术管理》2007 年第 11 期。

② 郑海燕：《SSCI 和 A&HCI 收录中国人文社会科学合著论文统计分析（1995～2004 年）》，《社会科学管理与评论》2007 年第 4 期。

余种，被公认为世界范围内最具权威的科学期刊索引与科学计量工具，因此，在研究国际社会学领域的学术产出方面，该数据库具有代表性。

在本书研究国际社会学领域的学术交流与合作方面，以 SSCI 数据库为主要的数据采样对象，该库目前共收录国际上的社会学（Sociology）领域期刊 140 余种，综合考虑期刊影响因子（包括五年影响因子）、期刊被引半衰期等指标，选择了其中前 10% 的期刊作为样本数据源，详见表 3-13。

表 3-13　　　　　SSCI 收录社会学期刊样本（部分）

序号	刊名	创刊年	SSCI 收录年	国家
1	Annual Review of Sociology	1975	1975—	United States
2	American Sociological Review	1936	1936—	United States
3	American Journal of Sociology	1895	1899—	United States
4	Social Networks	1979	1979—	Switzerland
5	Sociological Methodology	1969	1985—	United States
6	Annals of Tourism Research	1974	1982—	United States
7	Sociological Theory	1983	1994—	United States
8	Journal of Marriage and Family	1939	1964—	United States
9	European Sociological Review	1985	1993—	England
10	Sociology of Education	1956	1963—	United States
11	Sociological Methods & Research	1972	1973—	United States
12	Population and Development Review	1975	1975—	United States
13	Journal of Consumer Culture	2001	2008—	England
14	Sociology of Health & Illness	1979	1984—	England
15	Economy and Society	1922	1972—	England

注：SSCI 收录年列中'—'代表从起始年至今。

据统计，SSCI 收录期刊主要集中于欧美国家，从所选社会学样本期刊也可以看出，这些期刊的主办国家主要集中于欧美国家，特别是美国和英国，说明在社会学这一研究领域中，仍以欧美国家的话语体系占主导定位，从所选样本期刊的创刊年来看，最早的期刊创办于19世纪末，这也与社会学的发展历程和其作为一门成熟的学科正式诞生的时间相吻合，说明伴随着社会学这一学科的发展，在科学研究与学术交流中起着重要作用的学术期刊也应运而生。更进一步，从样本期刊的创刊年来看，在20世纪60—80年代这一时间段内，大量的社会学期刊创刊，说明这一阶段是社会学研究大繁荣大发展的一个时期，同时，伴随着学科研究的不断发展、研究的不断深入和细化，社会学领域内更加专业的期刊也逐步诞生。

本书的研究重点侧重于21世纪以来国际社会学领域的学术研究与交流情况，因此，对上述期刊在SSCI数据库中自2000年以来的收录情况进行了检索，构建数据分析样本，需要特别说明的是，由于新刊的不断加入和期刊自身载文量的变化，样本数据呈现不断增长的态势，因此，本书在统计各国发文情况的过程中，将综合考虑发文量与发文率进行比较。

通过对以上样本期刊进行统计分析，以通讯作者作为统计对象，可以看出，在所选样本期刊载文作者的国家和地区分布中，主要以美国、英国（包括英格兰、苏格兰、威尔士等）学者为主，占据所刊论文总量的近80%，其余依次为加拿大、荷兰、澳大利亚、德国、以色列、西班牙、瑞典、中国、法国、意大利等。

（2）主要国家和地区的发文情况统计

从以上所选样本期刊载文作者的国家与地区分布中，可以看出，在这些期刊中，欧美国家占据了绝对主导的地位。更进一步的划分，可以分为以美国、英国为代表的第一梯队，以加拿大、荷兰、澳大利亚、德国为代表的第二梯队和以以色列、西班牙、瑞典、中国、法国、意大利等为代表的第三梯队。

通过计算历年来美国、英国发文所占比例的变化，可以发现，美国学者发文比例呈现逐年递减趋势（见图3-14），从2000年占全部发文量的65.6%，到2013年占全部发文量的46.24%，减少了近20个百分点，2014年的发文比例有所提升，为48.92%，由于一本期刊的整体发文量是相对稳定的，因此在国家发文数上必然会呈现出"此消彼长"的态势，英国的发文量近些年来一直比较稳定，维持在15%上下浮动，而其他二、三梯队国家的发文比例在整体趋势上都呈现不同程度的增长（见图3-15）。说明在国际社会学研究领域，虽然是美、英的"本土"期刊，也逐渐将目光投向美、英之外的国家，开始关注和研究这些国家社会发展进程中遇到的问题。

图3-14 美国、英国发文率变化

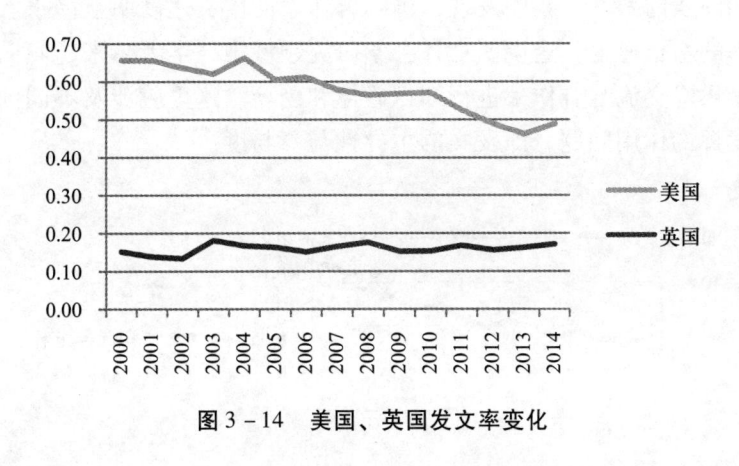

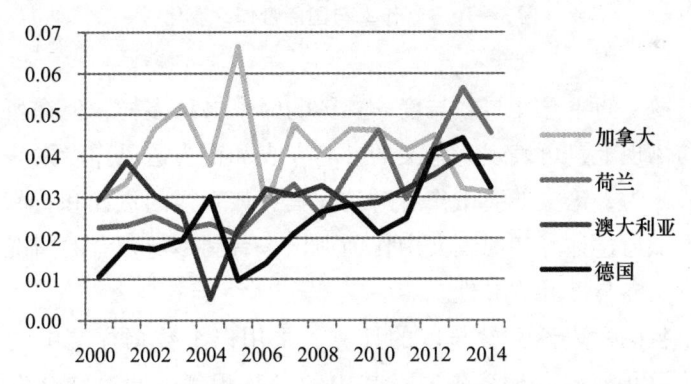

图3-15 二梯队国家发文率变化

通过以上分析，了解到了在社会学领域主要国家发文的变化态势。更进一步的研究，在这些国际学术期刊所发表的学术论文中，各国在其中扮演的角色如何，各国在其中的参与度是什么情况，是否对发文具有主导性，这也是一个值得研究的问题。

在以上的数据样本中，通过计算得到，有 28.09% 的文章是通过合作完成的，而其中又有 30.78% 是通过国际合作完成的，即在合著论文中有近三分之一的文章是由不同国家之间的学者合作完成。其中历年来发文的合作率与国际合作率结果如图 3-16 所示，从图中可以看出，论文中不同形式的合作，都呈现出很明显的上升态势，进一步通过主次坐标轴和曲线的斜率，我们发现，国际合作率的增长速度明显高于本国内合作率的增长速度，这说明在社会学研究领域中，学者越来越倾向于开展国际学术交流与合作来进行知识碰撞和创新。这里就涉及不同国家在其中发挥的作用问题，即发文的主导性与参与度。

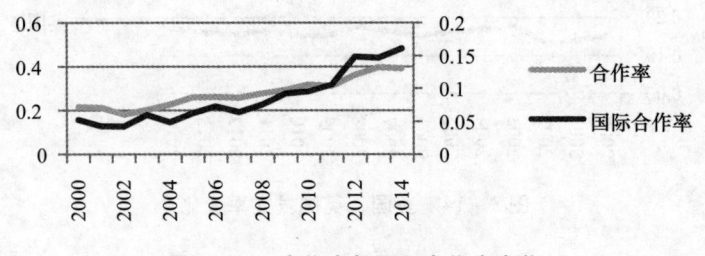

图 3-16 合作率与国际合作率变化

关于发文的主导性与参与度，其影响因素多种多样，但在所发表具体成果的体现上，可表现为论文的参与发表和作为通讯作者发表，国际惯例一般认为，论文的通讯作者对论文具有最直接的责任和贡献，按此逻辑，本书通过计算各国发文中作为通讯作者和参与作者的情况来计算各国的发文参与度和主导性。

关于各国发表论文参与度的计算，采用以上数据样本中的国际合作论文为分析对象，计算各国在其中的参与程度，同时结合发文的通讯作者所属的国家和地区，来计算各主要国家和地区在发文中的主导情况，计算结果如图 3-17 所示。从图中可以明显看出，美国和英国在国际合作发文方面毫无疑问地扮演者重要的角色，有较高的发文参与度，结合前面根据各国发文量划分的三个梯队，对比可以发现，瑞士和韩国从发文的参与度上来看，有较为明显的提升，可以说在参与发文方面，瑞士和韩国表现较为突出。综合考虑发文量、主导性与参与度指标，可以看出，加拿大和德国发文量与主导性都维持在一个比较高的水平，其主导性甚至超过了美国，英国发文量与参与度都较大，而发文的主导性相对偏低，特别需要关注的是，以色列的发文量与参与度都比较低，而其发文的主导性却很高，说明该国在学术上与其他国家的交流相对较弱，更加倾向于自主发文。近年来，在我国大力提倡学术走出去的大背景下，我国学者开始关注和融入国际学术交流体系，其中一个表现就是我国学者近些年的 SSCI 发文大量增加，在社会学领域的国际学术交流中，我国的参与度仅次于美国、英国、荷兰、加拿大、德国和澳大利亚，但是从发文的主导性来看，我国学者的发文主导性仍然偏低。

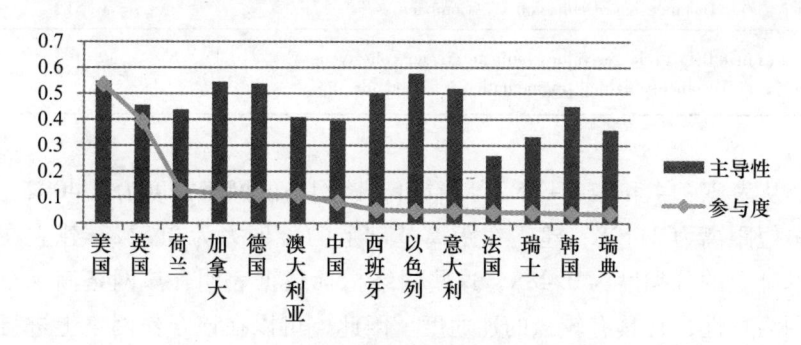

图 3-17 主要国家主导性与参与度情况

2. 复杂网络视角下的社会学国际合作分析

（1）合作网络整体分析

基于以上关于国际学术合作变化的分析，对各国在国际学术合作与交流中的主导性与参与度情况做了比较全面的分析和对比，对各国在其中扮演的角色有个简单的认识，更进一步讲，在国际学术交流的学术网络中，各国的论文主要合作国家有哪些、各国在学术网络中扮演的角色与地位是什么情况、各国的合作倾向性与网络中心度如何，要解释这些问题，需要构建主要国家或地区的合作网络，并进行网络视角下的结构分析。

通过对样本数据进行处理和运算,对发文作者的所属国家或地区信息进行提取,构建合作关系矩阵,利用 UCinet 软件,构建国际社会学领域的国际学术交流网络。经计算,该网络的整体网络密度和平均最短距离见表 3-14 和表 3-15。

表 3-14 合作网络密度

	Avg Value	Std Dev
合作网络	0.4082	3.0350

表 3-15 网络平均最短距离

Average distance	= 2.128
Distance-based cohesion ("Compactness")	= 0.512
(range 0 to 1; larger values indicate greater cohesiveness) Distance-weighted fragmentation ("Breadth")	= 0.488

从表 3-14 和表 3-15 可以看出,该网络的网络密度为 0.4082,平均最短距离为 2.128,建立在距离基础上的凝聚力为 0.512,建立在距离基础上的分裂度为 0.488。这些网络指标数据表明,该网络满足小世界网络特性,且具有较强的连通度。因此,可以在该合作网络上进行节点的网络中心性分析。

表 3-16 分别计算出了该合作网络中各节点的(度数)中心度、接近中心度和中介中心度指标,其中(度数)中心度指图中任一点在网络中占据的核心性,接近中心度是该节点不受其他节点控制的测度,中介中心度测量的是该点能在多大程度上控制其他节点之间的交往的指标。

表 3-16 合作网络中节点的中心度(部分)

序号	国家或地区	中心度	接近中心度	中介中心度
1	美国	78.313	82.178	48.523
2	英格兰	56.627	69.167	18.347

续表

序号	国家或地区	中心度	接近中心度	中介中心度
3	澳大利亚	40.964	62.406	9.366
4	加拿大	37.349	60.584	7.596
5	德国	36.145	60.584	8.975
6	荷兰	31.325	58.042	2.053
7	法国	28.916	57.639	6.401
8	西班牙	24.096	56.463	1.383
9	意大利	24.096	56.463	1.107
10	瑞士	24.096	56.463	1.166
11	瑞典	22.892	56.081	0.759
12	中国	20.482	55.333	0.404
13	比利时	20.482	53.896	2.651
14	苏格兰	19.277	54.967	0.566
15	挪威	19.277	54.967	0.401
16	新西兰	16.867	53.896	0.919
17	奥地利	15.663	52.201	0.238
18	芬兰	14.458	51.875	0.114
19	南非	14.458	51.553	0.213
20	丹麦	13.253	51.235	0.055

注：表中数据为标准化后的中心度指标（Normalized Centrality Measures）。

从表3-16的合作网络节点中心度结果中可以看出各个国家在合作网络中所扮演的角色，例如美国的（度数）中心度、接近中心度和中介中心度指标分别为78.313、82.178和48.523，在各方面都是最大的，因此可以得出，美国在社会学的合作网络中处于核心位置，不受其他节点控制且能在较大程度上控制其他节点之间的交流，相比而言，中国在网络中的（度数）中心度和接近中心度相对比较靠前，而中介中心度处于比较低的水平，显示出我国学者在该领域中的国际地位较低，在控制其他节点的交流上的作用微乎其微。

在以上网络指标计算的基础上，可以对该合作网络进行可视化展示，并在图中进行展示，其中节点的大小反映了各节点在网络中的网络中心度的大小，如图 3-18 所示，该图中对社会学领域的合作国家与地区进行了筛选，对参与度小于 5 的节点未进行展示。

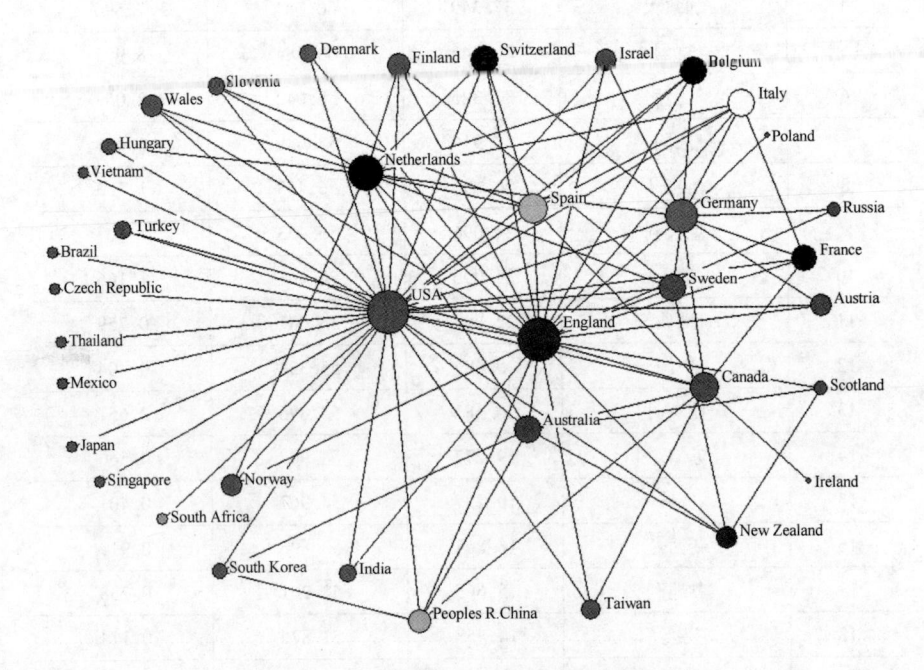

图 3-18 主要国家或地区合作网络图

(2) 合作网络中的结构洞分析

在关系网络分析中，常采用结构洞（Structural hole）来表示非冗余的联系，它相当于一个网络中的缓冲器，伯特认为结构洞上的节点能够为获取"信息利益"和"控制利益"提供机会。[1] 本书在伯特理论的基础上进行结构洞指数计算，综合考虑四个指标：有效规模（EffSize）、效率（Efficienc）、限制度（Constrain）和等级度（Hierarchy）。经计算，该合作网络的结构洞指标结果见表 3-17。

---

[1] R. S. Burt, "The Network Structure of Social Capital", *Research in Organizational Behavior*, 2000: 345-423.

表 3-17　　　　　合作网络中节点结构洞分析（部分）

序号	国家或地区	中心度	有效规模	效率	限制度	等级度
1	美国	66	35.657	0.54	0.436	0.83
2	英格兰	48	30.038	0.626	0.421	0.736
3	澳大利亚	35	23.985	0.685	0.429	0.642
4	德国	31	20.466	0.66	0.426	0.64
5	加拿大	32	19.2	0.6	0.517	0.673
6	荷兰	27	17.754	0.658	0.432	0.606
7	法国	25	17.258	0.69	0.433	0.592
8	瑞士	21	15.976	0.761	0.415	0.514
9	意大利	21	15.248	0.726	0.414	0.508
10	瑞典	20	14.771	0.739	0.409	0.535
11	西班牙	21	14.623	0.696	0.428	0.531
12	比利时	18	13.72	0.762	0.453	0.488
13	挪威	17	12.791	0.752	0.452	0.469
14	苏格兰	17	12.267	0.722	0.545	0.584
15	新西兰	15	12.036	0.802	0.426	0.448
16	中国	18	11.879	0.66	0.556	0.574
17	奥地利	14	9.663	0.69	0.532	0.498
18	芬兰	13	9.582	0.737	0.461	0.362
19	南非	13	8.949	0.688	0.458	0.391
20	丹麦	12	8.572	0.714	0.563	0.469

以有效规模（EffSize）取值进行排序，前五位分别为美国、英格兰、澳大利亚、德国和加拿大，而相比于网络中的其他节点，这些节点的效率和限制度较低、等级较高，结合前面的中心度指标和国际合作与交流的主导性指标计算结果，可以得出，这些国家在整个合作网络中参与合作的程度较高、在合作网络中也处于比较重要的位置上，能够控制其他节点之间的交流。

（3）主要国家和地区在合作网络中的角色分析

在前面计算的社会学学科国际论文的发文与主导情况、国际交流与合作网络的（度数）中心度指标、接近中心度指标和中介中心度指标、结构洞指标等的基础上，可以看出社会学科的国际发展状况、各主要国家或地区在国际学术交流与合作中的表现情况，具体来说可以得出以下主要结论：

第一，国际交流与合作呈现增长趋势。

从统计数据源来看，学术的合作与交流是趋势，其中论文的合作率从2000年初的18%提升到2014年的近40%，提升幅度明显，而其中国际论文合作率从不足5%提升到近年的16%以上，可以看出，越来越多的成果是通过合作完成的，而且其中国际合作的比率大幅攀升，合作倾向化明显。

第二，合作网络以美、英两国为核心。

从合作网络图中可以明显地看出，美国和英国（主要是英格兰）在图中拥有较高的网络中心度，其合作国家与地区广泛、合作频次较高，即参与度较高，结合上文的主导性指标、中心度指标和结构洞分析，可以得出，在该领域的国际学术交流与合作中，美国和英国处于绝对中心位置，各国的国际学术交流与合作都倾向或依赖于美国，同时也表明在以SSCI为代表的国际学术话语体系中，美国和英国具有绝对的主导权和话语权。

第三，荷兰、德国、加拿大和澳大利亚在合作网络中扮演者重要角色。

在国际学术交流与合作网络中，荷兰、德国、加拿大和澳大利亚的网络中心度仅次于美国和英国，处于网络中的第二梯队，这与前文计算的其发文量所处位置也基本一致，可见这些国家不管是在国际学术交流中的主导性与参与度，都处于较高的位置，进一步观测其中心度指标和结构洞指标，可以得出这些国家在联通国际学术交流与合作方面，扮演者重要的角色。

第四，法国、西班牙、意大利的网络中心度较高，但角色不同。

进一步分析国际合作网络图，可以看出，法国、西班牙和意大利的网络中心度较高，说明在这一合作网络中，法国、西班牙和意大利发挥了较大的交流纽带作用，结合前面计算的发文主导性与参与度，可以进一步得出，法国的主导性都较低，说明在这个领域的国际学术交流与合作中，法国更多地表现为参与方，但是其中介中心度和结构洞的有效规模较高，可以推测在这一学科的发展中，法国更多地扮演中间人的角色。不同于法国，西班牙和意大利的主导性指标较高，可以得出在这一合作网络中，西班牙和意大利不仅参与频繁，而且在合作和交流中有更多的意大利学者进行主导研究。

第五，亚洲主要国家例如日本、新加坡和印度等参与国际学术交流与合作活动主要倾向或依赖于美国，相比而言，韩国与中国大陆、中国台湾的学者其学术活动范围更广。

在亚洲国家参与社会学国际学术交流与合作方面，表现较为悬殊，日本、新加坡和印度学者在参与社会学领域学术交流与合作上，多倾向于与美国学者进行合作，也可以说更多地依赖于美国学者（因为其合作的主导性较低），相比而言，韩国学者的合作范围就较广，与美国、中国和澳大利亚都有较频繁的合作关系与交流关系。

第六，从我国的主要合作国家和地区来看，我国学者仍然在努力融入以美、英为核心的社会学话语体系中，此外，我国大陆学者与韩国在社会学领域的学术合作也较频繁。

从我国学者参与国际学术合作与交流的情况来看，我国学者的主要合作国家有美国、英国、加拿大、澳大利亚、韩国等国，相比其他国家而言，我国学者的国际学术交流与合作的参与度较高，但是就论文发表的主导性而言则偏低。在合作网络中，中心度指标和结构洞指标也都较低，这说明我国学者仍是在努力融入以美、英等国家为核心的国际话语体系中，更多地表现出参与者的身份。此外，中国大陆学者与中国台湾学者合作的共同性与差异性区别较为明显，在共同性方面，都与美国、英国、加拿大建立了较为密切和频繁的合作关系；在差异性方面，中国大陆学者的合作与交流范围更加广泛，不仅注重与欧美等大国合作，也与澳大利亚建立了密切的合作关系，同时，也注重与亚洲邻国间的合作交流。

3. 讨论

通过回顾社会学的发展历程，以国际主流社会学期刊的发文数据为样本源，对其发文的国际或地区分布情况、主要国家或地区的发文主导性与参与度情况进行分析，对国际社会学领域的学术交流与合作情况进行了分析，结果表明，历年来国际学术成果合作率呈上升趋势，在此基础上，对主要国家的国际学术交流与合作的网络进行了剖析，结合网络中心度、发文的主导性与参与度指标，对主要国家在合作网络中的位置和角色进行了研究，通过分析，揭示了国际社会学领域的合作与交流现状，对主要国家的合作与交流情况进行了深入剖析，对中国大陆与中国台湾学者参与国际合作与交流情况进行了展示，具体来说可以得出以下结论：一是合作网络以美、英两国为核心；二是荷兰、德国、加拿大和澳大利亚在合作网络中扮演者重要角色；三是法国、意大利的网络中心度较高，但角色不同；四是亚洲主要国家例如日本、新加坡和印度等参与国际学术交流与合作活动主要倾向或依赖于美国，相比而言，韩国与中国大陆、中国台湾的学者其学术活动范围更广；五是从我国的主要合作国家和地区来看，中国学者仍然在努力融入以美、英为核心的社会学话语体系中，此外，中国大陆学者也注重与邻国的合作交流，与韩国在社会学领域的学术合作也较频繁。

伴随着我国经济社会的快速发展，我国学者的国际学术交流与合作情况也发生了巨大的变化，同时在国际社会学研究领域，我国社会学界与国际社会学界的交流与合作情况也发生了巨大变化，我国学者在其中的主导性与参与度都有不同程度的提升，所处的地位和作用也发生了变化，通过对这一问题的深入研究，可以把握我国社会学在国际社会学界中所处的地位，对促进我国社会学的发展以及科研管理等工作具有重要的意义。

由于跨地域合作、国际合作倾向的显现，不同地区、不同国家进行科研合作的科研人员如何更方便、更快捷地获取信息，图书馆不仅要考虑数字资源建设的跨机构、跨地域性和国际接轨性，还要考虑数字资源访问方式，例如 VPN 远程访问方式是否支持学术合作的跨地域、国际化趋势。

四　学术出版模式变化因素

学术期刊的数据库出版模式不能完全满足科研人员的科学交流需求，数据库涨价对图书馆造成较大影响，"独家协议"给期刊社带来负面效应，而开放获取出版模式可在一定程度上弥补这种不足。影响学术期刊开放获取发展的除了科研人员、期刊社、政府部门等对学术期刊实行开放获取的态度外，开放获取平台在其发展过程中也扮演着重要角色。

《科学》杂志 2012 年 2 月 1 日报道称，英国剑桥大学的 Timothy Gowers 教授于 2012 年 1 月 21 日撰写博客文章发起了针对出版商 Elsevier 的抵制行动，原因是 Elsevier 对期刊的收费"过于高昂"，采用捆绑销售方式"强迫图书馆订阅许多他们不需要的刊物"，并且支持类似 SOPA 这样的"限制免费信息交流"的议案。① 截至 2012 年 2 月 22 日，包括几位菲尔兹奖获得者在内的 6986 名学者签名支持此项抵制活动。虽然此次行动是针对 Elsevier 的，但其他大的出版商如 Springer、Wiley 等都采用了类似的商业模式。在我国，为共同应对国外数据库商的大幅涨价，中国科学院国家科学图书馆与国家科技图书文献中心、国家图书馆等三十多个图书馆于 2010 年 8 月 27 日联合组织召开了"应对文献数据库涨价联合会议"，会议通过了联合向各个方面公开呼吁，要求保证科技文献资源的可持续获取，共同抵制个别国外出版商提出的连续大幅度涨价要求等一系列决议和文件。

学术期刊的本质是为科学交流提供平台，而这些抵制事件让我们清醒地认识到数据库商目前在科学交流中扮演的角色，学术期刊已不仅仅是科学交流工具，俨然已成为一个赢利产业。在当前数字环境下，学术期刊的开放获取出版可在一定程度上弥补现有的不足，利于学术期刊本质的发挥。

（一）学术期刊数据库出版模式不足之处

《2010 中国数字出版产业年度报告》显示，我国学术期刊数字出版经过多年的发展已形成较好的产业模式，2006 年的收入为 6 亿元，2007 年为 7.6 亿元，2008 年为 5.13 亿元，2009 年为 6 亿元，2010 年

---

① de Vrieze J. Thousands of Scientists Vow to Boycott Elsevier to Protest Journal Prices. [2012 - 02 - 03]. http：//news. sciencemag. org/scienceinsider/2012/02/thousands-of-scientists-vow-to-b. html.

则为7.49亿元，增幅较大。① 这些收益主要来自于期刊数据库，因为各教育科研单位图书馆订购了大量学术期刊数据库，从而为其科研人员提供数字化信息服务。虽然学术期刊数据库收录的期刊数量在不断增加，回溯年代更久远，检索界面更友好，全文下载速度更快，提供的服务也越来越多②，但这仍不能完全满足当前环境下科学交流的需求。下面从科研人员、图书馆和期刊社三个角度揭示学术期刊数据库出版模式的不足之处。

1. 从科研人员角度看不足之处

（1）对于科研人员来说，由于学术期刊数据库存在不同程度的更新迟滞，因此无法第一时间获取信息。从中国知网、维普和万方三大数据库来看，它们收录的期刊存在更新迟滞现象。总体而言，中国知网的延迟最短，万方居中，维普的更新延迟时间最长，且存在很长时间（大于1年）不更新的情况。例如，在中国科协的954种期刊中，中国知网与现刊同步更新的比例为5.3%，万方数据与现刊同步的比例为2.9%，维普与现刊同步的比例则仅为1.4%。③

（2）学术期刊数据库访问权限问题在一定程度上限制了科研人员对学术期刊的利用。发起对Elsevier的抵制行动的原因之一就是因为其价格昂贵，很多图书馆无法购买其数据库，从而阻碍了科研人员的使用。然而，"科学家们已经认识到他们的研究报告应该被公布，而不是被封闭，而且他们自身应该拥有决定权"，因此发起了此项抵制行动。

2. 从图书馆角度看不足之处

（1）为满足科研人员需求，图书馆需要订购较多的学术期刊数据库。在外文数据库中，被引进次数最多的是Springer、EBSCO、Elsevier等数据库商旗下的期刊数据库，它们被引进的次数超过100次。④ 从

---

① 张立：《2006—2010年我国数字出版产业收入情况》，2012年2月5日（http://blog.sina.com.cn/s/blog_4b0920d60100ta1w.html）。
② 徐佳宁：《中外学术期刊数据库特点及其差异》，《图书馆杂志》2011年第1期。
③ 程维红、任胜利、王应宽等：《中国科协所属期刊在国内三大期刊数据库全文上网情况》，《中国科技期刊研究》2010年第5期。
④ 孙秀丽：《高校图书馆数字资源建设与利用的调查分析》，《大学图书馆学报》2008年第6期。

2009 年出版的《2007—2008 年中国互联网期刊出版产业年度报告》中的数据来看，中国知网在本科院校的市场占有率是 100%，重庆维普在高校的占有率是 80%，万方数据在高校的占有率是 80%，这也就意味着约 80% 的高校同时订有这三个数据库。但是，由于数据库商与期刊签订有"独家协议"等原因，图书馆不得不同时订购多个数据库才能保证文献保障率。

（2）图书馆必须支付高昂的学术期刊数据库订购费。例如，许多科学家和图书管理员认为出版所有科学领域超过 2500 个期刊的 Elsevier 是科学出版行业的恶棍之一，其期刊成本高达每年 2 万美元，而根据年度报告，该公司 2010 年利润保证金是 36%。每年我国大陆高校组团购买 Elsevier 产品的经费为 2600 万美元，中国科学院系统每年购买 Elsevier 产品的经费为 600 万美元，几乎是这两个系统外刊订阅经费的 40% 至 60%。

（3）图书馆不得不面临数据库商不断涨价的局面。诚如北京大学图书馆馆长朱强所说，"2008 年北京大学采购 Elsevier 科技期刊数据库的花费是 54 万多美元，2009 年涨到了 57 万多美元，到了 2010 年又涨到了 61 万多美元了。这样的涨幅，远远高于国家对教育科研经费的投入增幅，连北京大学这样国家大力支持的科研机构都无法支撑，更不要说欠发达地区的大学了"。中国科学院国家科学图书馆馆长张晓林也曾提到，"中科院国家科学图书馆采购 Elsevier 资源的总体价格在过去三年已经增长了 48%，按出版商的涨价需求，未来三年还要再涨价 48%"。由此看出，图书馆不得不面对数据库涨价的局面。

（4）中文学术期刊数据库之间收录期刊的重复率高，无形中降低了数据库资源的利用率。中国知网、维普和万方收录中文期刊的数量分别为 8058 种、15030 种和 6537 种，其中，中国知网与维普两者收录重复的期刊有 7493 种，中国知网与万方两者收录重复的期刊有 5717 种，维普与万方两者收录重复的期刊则达到 5537 种，由此可见这三个数据库期刊收录的重复率之高。[①] 另外，这三个数据库对重要核心期刊的收

---

① 谷景亮、赵芳、曹先平：《3 大中文期刊数据库收录期刊重复情况探究》，《医学信息学杂志》2011 年第 8 期。

录超过80%，中国知网、维普和万方分别收录中国科学技术信息研究所发布的《中国科技论文统计源期刊（中国科技核心期刊）》（2010版）1614种、1648种和1602种，分别收录《北大中文核心期刊目录》（2008版）1834种、1805种和1704种，这难免造成数据库收录内容的重复。①

(5) 外文学术期刊数据库使用率一直较低，但图书馆却无法为其"捆绑销售"政策松绑。我国图书馆中，中国知网期刊数据库使用率超过了90%，外文期刊数据库的平均使用率则在10%以下。② 例如，中山大学连续7年Wiley数据库较高频率阅读的种数在16—22种之间，仅占当年Wiley数据库的3.0%—3.9%；③ 河北师范大学图书馆对该馆Elsevier期刊库使用情况进行分析时发现，该数据库中零下载刊高达428种（占23%），一年中有近四分之一的期刊无人问津；西北农林科技大学图书馆对同一时间段该馆SDOS数据库的使用情况进行分析发现，该库一半甚至近三分之二的期刊没有得到利用或者充分利用；④ 华中师范大学的BIOSIS数据库使用率则只有2.7%。⑤

3. 从期刊社角度看不足之处

一些数据库商为了提升竞争力，与期刊社签订了各种各样的独家出版协议，以保证这些期刊论文只能在签订协议的数据库上独家发布，从而为自己在市场竞争中获得更多筹码。然而，"独家协议"对期刊社存在不利影响，因为每一本期刊都希望能够被广大学者阅读、参考或在研究中引用，但"独家协议"无形中使一些期刊（签署了独家协议的期刊）屏蔽了某些研究群体。当然，期刊社从"独家协议"中获得了一

---

① 谷景亮、赵芳、曹先平：《3大中文期刊数据库收录期刊重复情况探究》，《医学信息学杂志》2011年第8期。

② 肖景：《大学图书馆数字资源利用的读者调查与分析——以华中师范大学图书馆为例》，《情报杂志》2010年第10期。

③ 汤罡辉、王元：《国际学术期刊数据库使用现状的中美比较——以中山大学与加州大学的Wiley-Blackwell期刊库为例》，《情报杂志》2011年第2期。

④ 祝红艺：《外文电子资源的学科利用分析——以西北农林科技大学SDOS数据库使用为例》，《陕西农业科学》2011年第2期。

⑤ 肖景：《大学图书馆数字资源利用的读者调查与分析——以华中师范大学图书馆为例》，《情报杂志》2010年第10期。

定的经济回报，但是却有超过半数的期刊社对数据库商支付的独家著作权使用费不满意。例如，截至2010年11月，计有431种中国科协科技期刊与中国知网（313种）和万方数据（118种）签订了独家合作协议，约占中国科协科技期刊的43.0%，但却有54.0%的期刊社对数据库商支付的独家著作权使用费不满意。①

（二）学术期刊开放获取出版模式分析

开放获取（Open Access，OA）是国际科技界、学术界、出版界、图书馆界为打破商业出版者对科学研究信息的垄断和暴利经营而采取的运动，其目的是推动科研成果通过网络免费、自由地利用。开放获取出版（Open Access Publishing，OAP）于20世纪90年代末在国际学术界、出版界和图书情报界兴起，其最基本特征是信息数字化、在线出版与传播、免费获取（全文）和赋予用户宽泛的使用权限。学术期刊开放获取出版可在一定程度上弥补数据库出版模式的不足。

1. 学术期刊开放获取出版的主要模式

根据学术期刊的开放程度，可将学术期刊开放获取出版模式归纳为完全OA出版和选择OA出版两种，根据学术期刊的开放时间则可分为即时OA出版和延迟OA出版两种。完全OA出版是指学术期刊现刊各期所有文章均可开放获取；选择OA出版是指期刊部分开放获取，即只有部分论文可开放获取；即时OA出版是指开放获取出版与印刷版同步；延迟OA出版是指印刷版发行一段时间后再开放获取。2010年的一项调查显示，我国科技领域开放获取期刊中80.9%的期刊实行完全OA出版，19.1%的期刊选择OA出版，69.7%的期刊为即时OA出版，30.3%的期刊为延时OA出版。②

学术期刊主要通过期刊独立OA、多刊联合OA、依托主办单位OA、依托学科内的信息网OA和依托商业网OA五种途径，或这些途径中的几种来实现开放获取。同一项调查表明，有93.3%的期刊通过建立自

---

① 程维红、任胜利、路文如等：《中国科协科技期刊数字出版策略分析》，《编辑学报》2011年第5期。

② 初景利、翁彦琴、林晶晶等：《中国科协科技期刊OA政策状况调研与分析》，《数字图书馆论坛》2011年第5期。

己的网站实现期刊独立 OA，13.3% 的期刊利用所在机构或学会的网站实现依托主办单位 OA，10.1% 的期刊利用与其他期刊联合共建的网站实现多刊联合 OA，11.2% 的期刊利用公共或其他形式的网站实现 OA。这些期刊中，有 71.9% 的期刊选择只在自己的网站上开放获取，有 21.4% 的期刊还同时在机构（如所属的研究所）、学会、共建的网站，或其他公共或其他形式的网站上发布。①

2. 学术期刊开放获取出版模式的优势

对科研人员来说，利用开放获取期刊可缓解数据库更新时滞问题。例如，截至 2010 年 6 月，在《中国科技论文统计源期刊（中国科技核心期刊）》（2009 版）收录的 1868 种科技核心期刊中，有 597 种是 OA 期刊（约占全部统计源期刊的三分之一），这些期刊中 42.7% 的期刊提前或同步开放最新刊出的内容；② 对中国科协 206 种 OA 期刊开放全文时滞（印刷版发表与在线开放的时间差）的统计表明，"现刊"所占比例最大，占 41.9%。③ 这样，科研人员可在第一时间利用开放获取期刊。

对图书馆来说，可通过收集开放获取期刊来达到补充资源、节省费用的目的。例如在 Elsevier 数据库 25 个学科中，所有学科开放获取期刊的比例都高于 70%，部分学科（如数学）的比例高达 98%，有的学科（如物理学和天文学）开放获取的比例竟达到 100%。④ 在中国知网、维普、万方收录的期刊中（特别是核心期刊）有约三分之一是开放获取期刊。因此，如果图书馆利用好这些开放获取资源，不仅可增加与数据库商进行谈判的筹码，而且还可对开放获取资源进行选择、重组，从而提升馆藏质量和信息资源保障能力。

对期刊社来说，大多数学术类期刊想依靠订阅来提高发行量、扩大其影响力（特别是国际影响力）存在较大困难，通过数据库商达到此

---

① 初景利、翁彦琴、林晶晶等：《中国科协科技期刊 OA 政策状况调研与分析》，《数字图书馆论坛》2011 年第 5 期。
② 蒋静：《我国科技期刊开放存取现状调查》，《中国科技期刊研究》2011 年第 3 期。
③ 赵铁汉、黄颖：《开放获取期刊学术影响力评价研究》，《情报科学》2011 年第 6 期。
④ 张红芹、金洁琴、徐宁：《数据库期刊开放获取情况的调查与分析》，《大学图书馆学报》2010 年第 5 期。

目的也存在一定难度（如中国知网的市场主要在中国大陆、中国香港和中国台湾地区，以及美国、德国、澳大利亚等国家），而期刊的 OA 出版无疑在扩大影响、拓宽科研人员知识面等方面带来机遇，成为提高期刊影响力（总被引频次、影响因子等）的有效途径。例如，2009 年对我国期刊编辑进行的一份调查显示，认为 OA 期刊的传播范围更广、传播速度更快的选择分别为 89.2% 和 86.6%，认为期刊实现 OA 可提高期刊的总被引频次和影响因子的选择分别为 58.6% 和 56.2%，所调查的 OA 期刊总被引频次、影响因子和即年指标的 5 年平均增长率分别比非 OA 期刊高 11.6%、5.6% 和 2.1%。[1]

3. 学术期刊开放获取出版模式的弊端

当然，开放获取出版模式也存在一些不尽如人意的地方。从科研人员角度来看，对开放获取的认知度和认同感会影响开放获取学术期刊的使用。在 2005 年对中国科学院 200 多名科研人员就"科学家对开放获取的态度"进行的调查中发现，当时我国科学家对开放获取的认知度还很低，但表示愿意了解并使用开放获取资源。[2] 2007 年进行的类似调查表明，理工科、农学、生物学、医学等专业学科领域研究人员对开放获取期刊的认可度较高，而经济学、管理学等人文社会科学领域科研人员对开放获取期刊的认可度则相对较低。[3] 在随后几年展开的调查中发现，各学科领域科研人员对开放获取期刊的认知度在不断上升，但认可度的学科领域差异仍然存在。[4]

从图书馆角度来看，由于开放获取为广大科研人员创建了一个快捷而方便的学术信息资源交流平台，也为科研人员提供了更为宽广的信息获取渠道，这可能会导致图书馆资源的访问量减少，业务量下滑。因此，学术期刊的开放获取给图书馆文献资源建设工作、信息服务理念带

---

[1] 程维红、任胜利、王应宽等：《中国科协所属期刊开放存取出版现状和发展趋势》，《科技导报》2010 年第 12 期。
[2] 李麟：《我国科研人员对科技信息开放获取的态度——以中国科学院科研人员为例》，《图书情报工作》2006 年第 7 期。
[3] 刘建华、黄水清：《国内用户对开放获取的认同度研究——以高校调查分析为例》，《中国图书馆学报》2007 年第 2 期。
[4] 周阳：《开放获取的国内用户认同与需求度调查分析——以安徽省高校为例》，《情报资料工作》2009 年第 6 期。

来挑战。

从期刊社角度来看,开放获取出版可能会对其赢利造成影响。现阶段,发行收入是期刊维持生计的一种重要手段,对开放获取学术期刊编辑进行的一项调查显示,有高达73.8%的编辑认为期刊实行开放获取出版后会减少印刷版本的发行量和发行收入[1],另一项调查发现的确有37.9%的期刊在实行开放获取出版后印本发行量下降了,但仍有54%的期刊基本未变,仅1种期刊(占1.1%)不降反升。[2] 由此可见,开放获取对期刊的印本发行量会有一定的影响,也就会影响到期刊社的赢利情况。

(三)讨论

虽然对学术期刊实行开放获取存在一定弊端,但实行开放获取带来的好处是毋庸置疑的。目前,我国学术期刊开放获取行动发展缓慢,除知识产权对开放获取的制约以及质量控制对其造成的影响等因素外,科研人员、期刊社、政府部门等对学术期刊实行开放获取的态度很重要,我国学术期刊开放获取的发展需要研究者的支持、学术期刊的积极参与以及政府部门采取有效的措施加以引导。作为科研人员,应充分认识学术期刊开放获取出版的积极意义,在利用他人开放获取成果的同时做到自己在开放获取期刊上发表文章,并将文章存放在公共平台上。对图书馆而言,(1)整理、揭示已有的开放获取资源,为科研人员提供良好的信息服务;(2)对科研人员进行宣传,加深其对开放获取的认识,提高开放获取资源的利用率;(3)加入开放获取出版资助联盟等类似机构,将订购经费用以资助学术期刊的开放获取出版,切实支持开放获取行动。对期刊社来说,要以身作则,积极进行期刊的开放获取出版。对于政府部门来说,一方面要制定相应的政策加以引导;另一方面还可加大经费投入,资助开放获取期刊的运行。

另外,为学术期刊提供良好的开放获取平台也很关键。在我国,科

---

[1] 程维红、任胜利、王应宽等:《中国科协所属期刊在国内三大期刊数据库全文上网情况》,《中国科技期刊研究》2010年第5期。

[2] 初景利、翁彦琴、林晶晶等:《中国科协科技期刊OA政策状况调研与分析》,《数字图书馆论坛》2011年第5期。

技领域学术期刊的开放获取出版走在社科领域学术期刊的前面。究其原因，除不同学科领域科研人员对开放获取的认知差异外，科技类期刊开放获取平台发挥着重要作用。例如，2012 年 1 月 5 日，全国哲学社会科学规划办公室相关领导对"中国科学院科技期刊开放获取平台"（CAS-OAJ）项目进行调研后指出："在当前文化体制改革与发展的过程中，建设期刊开放获取平台，对推进我国文化产业发展、促进学术繁荣具有非常重要的意义，对提升我国学术期刊的影响力、增强国际间的学术交流具有明显的推动作用。"全国哲学社会科学规划办公室将借鉴 CAS-OAJ 建设经验，考虑推动建立我国社会科学期刊的学术交流平台，这对推动我国学术期刊开放获取出版的整体发展大有裨益。

开放获取的数字资源是图书馆数字资源中的重要组成部分，即使重要数据库中的数字资源也有很多是可以通过开放获取的。图书馆如果能够合理整理、利用开放获取的数字资源，将大大补充现有数字资源的不足，可为科研人员提供更及时、更全面的数字资源，从而提高资源保障率。

五 科研评价指标导向因素

（一）我国科研人员对期刊评价的认识

期刊是学术交流的主渠道，具有科研成果记录保存、传播交流、评议审核的重要功能。期刊评价是学术评价的一项重要内容，受到学界及社会的高度关注。对期刊评价进行研究，不仅可以提高期刊内在质量[1]，为优化学术期刊的使用提供重要参考[2]，也会对学术资源分配、研究人员激励、学术研究发展产生影响。[3]

2015 年 11 月 4 日，中国科学技术协会、教育部、国家新闻出版广电总局、中国科学院和中国工程院联合发布《关于准确把握科技期刊在学术评价中作用的若干意见》，指出"学术评价是科技期刊的一项基本

---

[1] 俞立平、潘云涛、武夷山：《学术期刊评价指标选取若干问题的思考》，《情报杂志》2009 年第 3 期。

[2] 邱均平、李爱群：《国内外期刊评价的比较研究》，《重庆大学学报》（社会科学版）2007 年第 3 期。

[3] 叶继元：《学术期刊的定性与定量评价》，《图书馆论坛》2006 年第 6 期。

功能","要充分认识科技期刊及其在学术评价中的独特作用"①。早在几年前,教育部在其发布的《关于进一步改进高等学校哲学社会科学研究评价的意见》中就提出,要"大力推进优秀成果和代表作评价",要"正确认识《科学引文索引》(SCI)、《社会科学引文索引》(SSCI)、《艺术与人文引文索引》(A&HCI)、《中文社会科学引文索引》(CSSCI)等引文数据在科研评价中的作用"②。这也显示了各大部委对已有期刊评价体系的态度。因此,完善、发展期刊评价体系势在必行。

为了建立一套科学的人文社会科学期刊评价体系,中国社会科学院于2014年开展了"我国人文社会科学学术期刊质量评价指标"的调查,旨在了解学界对已有期刊评价体系的认知程度及对已有评价指标的认可程度,为后续科学合理地选取指标、设计指标等提供参考。依据此次调查结果,从科研人员对期刊评价的认识与关心情况出发,准确研判和分析科研人员对我国期刊评价体系的熟识程度,及对引用、转摘、下载等评价指标的认可情况。

1. 问卷设计、发放与回收情况

问卷围绕"对期刊评价的总体认识"和"对期刊评价指标的认识"两部分设计了若干问题。前者包括对学术期刊排名的关心程度、对期刊评价体系的认知和期刊评价体系的使用情况,后者包括对定性定量评价指标的认识、对期刊论文属性指标的认知、对参考文献特征指标的认识以及对被引用、下载和转摘指标的认识。调查对象选取了学科专家、编辑和重点读者(青年学者与博士、硕士研究生)三个层面的人员。这三类人员经常接触期刊、使用期刊,对期刊的发展和期刊评价有一定的了解。

课题组于2014年5月至7月发出问卷5000份,截至2014年9月共收回问卷2752份,回收率为55.04%。回收问卷情况如表3-18所示。

---

① 中国科学技术协会、教育部、国家新闻出版广电总局、中国科学院、中国工程院:《关于准确把握科技期刊在学术评价中作用的若干意见》,2015年11月4日(http://www.cast.org.cn/n35081/n35488/16753578.html. 2015)。

② 教育部:《关于进一步改进高等学校哲学社会科学研究评价的意见》,2011年11月7日(http://www.moe.edu.cn/publicfiles/business/htmlfiles/moe/A13_zcwj/201111/126301.html. 2015)。

表 3-18　　　　　　　　调查问卷样本分布情况

变量	类别	人数	百分比（%）
性别	男	1389	50.47
	女	1363	49.53
学历（经历）	博士后	166	6.03
	博士	769	27.94
	硕士	1188	43.17
	学士	420	15.26
	其他	209	7.60
专业技术职务	正高	251	9.12
	副高	387	14.06
	中级	425	15.44
	初级	84	3.05
	学生	1400	50.87
	其他	205	7.45
年龄	61 岁及以上	31	1.13
	51—60 岁	168	6.10
	41—50 岁	332	12.06
	31—40 岁	596	21.66
	30 岁及以下	1465	53.23
	未填写	160	5.81
从事学科	经济学	548	19.91
	管理学	505	18.35
	法学	253	9.19
	历史学	248	9.01
	文学	181	6.58
	政治学	109	3.96
	马克思主义理论	86	3.13
	新闻学与传播学	82	2.98
	哲学	80	2.91
	社会学	79	2.87
	语言学	77	2.80
	考古学	27	0.98

续表

变量	类别	人数	百分比（%）
从事学科	人口学	21	0.76
	民族学	18	0.65
	宗教学	10	0.36
	其他	428	15.55

2. 对期刊评价的总体认识

（1）对学术期刊排名关心程度的调研

年龄、职称和学历是否会影响到科研人员对学术期刊排名的关心程度呢？调查结果显示，不同年龄、职称、学历的科研人员对期刊排名关心程度的确存在差别。在调查对象中，72%的人表示关心学术期刊排名情况。从年龄来看，31—40岁的科研人员最关心学术期刊排名（86%），41—50岁的科研人员次之（85%），然后是51—60岁的人群（77%）和61岁及以上人群（74%），最不关心该问题的是30岁以下人群。笔者认为，该现象的出现与职称评审有一定关系。期刊论文是一种重要的科研成果形式，在职称评审时，85%的科研人员表示其所在单位将职称评审与期刊论文数量、质量挂钩。如何评定一篇期刊论文的质量？有些机构将期刊影响因子、是否核心期刊作为期刊质量高低的评判标准，然后"以刊评文"，这就促使科研人员关注期刊排名。由于30—50岁人群是评定副高、正高职称的主要人群，所以这个人群最关心学术期刊的排名。

从职称来看，中级职称人群最关心核心期刊排名问题，其次是副高职称人群，然后是正高人群，初级职称人群对此问题的关注度最低。这也再次印证职称评定与学术期刊排名关心程度的关系，比如初级职称人群大多为学历较低者，研究能力相对较弱，他们更关注的通常是论文能否发表以及论文发表的数量，而不太在意发表在什么刊物。

从学历（经历）来看，博士（86%）最关心学术期刊排名，其次是博士后（81%），然后是硕士（67%），最后是本科（60%）。被调查对象中有1400人是在读学生，其中82%的学生表示其就读学校对毕业发文数量和质量有要求，特别是对于博士来说，发表一定数量、质量的期刊论文是毕业的必要条件。期刊质量往往以期刊排名为参考依据，所以博士最关心学术期刊排名问题。博士后人员经过博士阶段的训练，对学术期刊排名问题有了一定认识，所以仍然关心此问题，但博士后出站时对期刊论文质量的要求（从一定程度上讲就是对期刊排名的要求）比对博士的要求要弱，所以博士后人群对学术期刊排名的关注度小于博士人群。

（2）对期刊评价体系认知情况的调研

长期以来，我国人文社会科学领域形成四大期刊评价体系：北京大学《中文核心期刊要目总览》（简称北大总览）、南京大学《中国社会科学引文索引（CSSCI）》（简称南大 CSSCI）、中国社会科学院《中国人文社会科学核心期刊要览》（简称社科院要览）和武汉大学《中国学术期刊评价研究报告——RCCSE 权威期刊和核心期刊排行榜》（简称武大 RCCSE）。四大期刊评价体系在科研人员心目中的认知情况是什么样呢？调查结果显示，南大 CSSCI 最为科研人员所熟知。

在调查人群中，南大 CSSCI 的认知度最高，仅 7% 的人没听说过 CSSCI；其次是北大总览，仅 8% 的人表示没有听说过；社科院要览有 16% 的人没听说过；没听说过武大 RCCSE 的人则高达 35%。

对这四大体系所评价期刊学科范围的调查显示，38% 的人了解南大 CSSCI 的期刊收录范围，35% 的人了解北大总览的评价范围，25% 的人了解社科院要览的评价范围，仅 12% 的人了解武大 RCCSE 的评价范围。调查结果还显示，对四大体系期刊评价指标的了解都不多，即使是最高的南大 CSSCI，了解其评价指标体系的人也仅占 16%。

（3）期刊评价体系的使用情况

期刊评价体系经常被高校或科研机构使用于其科研管理过程，具体使用情况却不得而知。调查结果显示，除武大 RCCSE 较少被使用外，其他三家在各机构中被使用的比例相当。

在调查人群中，有 83% 的人表示在其毕业或评职称时其就读学校或工作单位对发表的期刊论文有要求，详见表 3-19。在学生毕业时，29.09% 的学校以北大总览为期刊划分依据；在评职称时，35.60% 的学校以南大 CSSCI 为期刊划分依据；在年度考核及课题结项时，仍然是以南大 CSSCI 期刊收录结果为主的最高，分别为 31.69% 和 32.60%。总体来看，南大 CSSCI 收录的期刊是使用最多的（30.92%）。另外，有 16.11% 的学校在学生毕业时自己制定期刊名单，20.55% 的单位在评职称、年度考核及课题结项时使用自制名单。除此之外，15.97% 的学校、12.89% 的单位使用其他期刊评价的结果。

表 3-19　　各情况下对发表期刊论文的要求

条件	以哪种评价结果为主（%）					
	北大总览	南大CSSCI	武大RCCSE	社科院要览	自制期刊等级名单	其他
本科生毕业	30.23	20.11	4.61	21.14	16.94	22.52
硕士生毕业	32.02	29.00	5.05	27.22	15.21	12.93
博士生毕业	25.02	36.53	5.41	29.54	16.18	12.47
均值	29.09	28.55	5.02	25.97	16.11	15.97
评职称	27.83	35.60	4.19	32.62	19.68	10.57
年度考核	25.43	31.69	5.12	31.56	21.82	12.46
课题结项	26.59	32.60	4.10	28.64	20.16	15.65
均值	26.62	33.30	4.47	30.94	20.55	12.89
总体均值	27.85	30.92	4.75	28.45	18.33	14.43

3. 对期刊评价指标的认识

（1）对定性定量评价指标的认识

科学合理的期刊评价应是定量分析和定性评价的结合[1]，而其中指标的设置与权重以及定性与定量指标的权重分配对评价结果有至关重要的影响。

在进行期刊的定性评价时，调查对象认为期刊的学术性（期刊内容的学术含量及比重）最重要，其次是期刊论文的学理性与创新性，再次是期刊公信度（学术水平与学风的社会认同度），然后是学术规范性（论文的写作规范和著录规范），最后是编辑质量（编校差错率及选题策划能力）。

---

[1] 苏新宁：《期刊评价的困境与思考》，《重庆大学学报》（社会科学版）2010 年第 6 期。

调查对象认为，期刊评价时最重要的定量评价指标是被引频次，其次是期刊被转摘、转载数量，然后是期刊在各数据库中及开放获取网站中下载次数，最后是期刊获基金资助论文比例。

对定性指标及定量指标权重的调查发现，被调查对象认为定性指标应占到52%的权重，定量指标应占48%的权重。其中认为应该完全采用定性评价的人仅占0.4%，认为应完全定量评价的人更少，在2752个调查对象中，仅1人认为应完全采用定量指标。

（2）对期刊论文属性指标的认识

王翠英[1]调查发现，在180种科技期刊中，有124种（69%）期刊在稿约中明确提出对论文字数的要求，要求论文附摘要的有146种（81%）期刊，要求论文列出关键词的有114种（63%）期刊。这些论文属性与学术水平之间是否有联系呢？对于论文字数来说，29.94%的调查对象认为论文字数与学术水平存在弱相关，有29.29%的人认为两者没有关系（不相关），仅5.78%的人认为字数越多学术水平越高（非常相关），甚至有11.21%的人认为字数越多学术水平越低（负相关），如表3-20所示。David Card等[2]研究发现，1970—2010年40年间，经济学科顶级期刊论文的长度已经增长了近3倍，有些期刊已经出台相应政策限制每篇论文的长度，这种情况在其他学科也同样存在。对于摘要来说，认为有中文摘要的期刊学术水平会高一点的人占72.78%（非常相关、一般相关及弱相关），认为有英文摘要期刊的学术水平要高一点的人占73.12%（非常相关、一般相关及弱相关）。也就是说，大部分调查对象认为，有英文摘要期刊比仅有中文摘要期刊的学术水平要高，有摘要期刊比没有摘要期刊的学术水平要高。对于关键词来说，认为有中文关键词的期刊学术水平会高一点的人占71.5%（非常相关、一般相关及弱相关），认为有英文摘要期刊的学术水平要高一点的人占71.6%（非常相关、一般相关及弱相关）。由此可知，大部分人认为有关键词期刊比没有关键词期刊的学术水平稍高。

---

[1] 王翠英：《180种科技期刊稿约对来稿要求的调查》，《中国科技期刊研究》2000年第6期。

[2] D. Card, S. Dellavigna, "Page Limits on Economics Articles: Evidence from Two Journals", *Journal of Economic Perspectives*, 2014: 149-168.

表3-20　　　　　　　　期刊论文属性与学术水平相关性

论文属性	论文属性与学术水平相关性（%）				
	负相关	不相关	弱相关	一般相关	非常相关
期刊论文的字数多	11.21	29.29	29.94	23.78	5.78
期刊论文包括中文摘要	6.53	20.69	29.56	28.27	14.95
期刊论文包括英文摘要	6.44	20.43	32.22	31.61	9.29
期刊论文包括中文关键词	6.91	21.59	29.33	29.52	12.65
期刊论文包括英文关键词	6.62	21.77	32.55	30.64	8.41
期刊论文的作者知名度高	3.15	9.39	19.19	37.85	30.42
期刊论文的作者单位知名度高	3.89	13.65	26.09	38.45	17.92
期刊论文的作者数量多	17.19	35.47	27.24	17.26	2.83
期刊中合著论文多	11.04	22.95	30.88	29.32	5.80
期刊中基金资助论文多	6.82	18.41	29.09	34.01	11.67
其他	4.64	23.53	28.79	30.96	12.07

从作者知名度来看，87.46%（非常相关、一般相关及弱相关）的调查对象认为作者知名度越高，则其撰写的学术论文的水平也更高，并且有30.42%的人认为作者知名度与学术水平有非常相关的关系。从作者单位知名度来看，82.46%（非常相关、一般相关及弱相关）的人认为知名单位发表的学术论文的水平总体会高一些，有17.92%的人认为单位知名度与学术水平之间存在非常相关的关系。由此反推，高知名度作者、高知名度单位作者（即使作者本身知名度不高）的论文更易被期刊录用、被学者引用。

李霖等[①]认为合作性研究在提高论文质量上优于独立性研究，那么期刊论文的作者数量越多学术水平越高吗？合著论文比例越高，期刊质量就越高吗？从作者数量来看，35.47%的调查对象认为一篇论文作者数量跟学术水平之间没有任何关系（不相关），27.24%的人认为作者数量多一点学术质量也会相应地好一点（弱相关）。认为作者人数越多学术水平越高的人仅有2.83%，认为作者数量越多学术水平越低的人

---

① 李霖、贺凤兰：《从期刊论文的合著现象看高水平研究成果的产出》，《图书馆工作与研究》2007年第2期。

却有 17.19%，这与论文署名中的名誉署名、赠送署名、搭车署名和买卖署名等不端署名情况的存在是有一定关系的。[①] 有 66.00%（非常相关、一般相关及弱相关）的调查对象认为，期刊登载合著论文比例越大，则期刊学术水平越高，仅 22.95% 的人认为不相关，这与李霖等[②]的研究结论相同。

对于单篇论文来说，并非有基金资助的论文质量一定高于无基金资助的论文，甚至部分学科中无基金资助的论文质量更高[③]，有学者甚至提出期刊是否应该停止刊登一些基金资助的论文，比如药品企业基金资助的论文[④]；对于期刊来说，有学者认为"基金论文比"比"影响因子"更能代表科技期刊的学术质量[⑤]，但也有学者认为将"基金论文比"作为学术期刊评价指标是欠科学、欠合理的，基金论文比例高并不代表期刊学术水平高。[⑥] 无论学者得出的结论如何，在本书的调查中，有 74.77%（非常相关、一般相关及弱相关）的调查对象认为基金论文越多，则期刊的学术水平相对越高，科研人员认为基金论文的学术水平还是比较高的。

(3) 对参考文献特征指标的认识

早在 1993 年，冉强辉[⑦]等就提到"引文著录规范化率是否纳入评估指标体系之中，有待商讨"，但"为了全面提高科技期刊的学术质量，引文著录规范化问题理应引起科技期刊编辑的重视"。本书的调查显示，有 83.47%（非常相关、一般相关及弱相关）的人认为，期刊论文的参考文献著录形式越规范，则期刊的学术水平越高，有 22.13% 的人认为

---

① 宋如华：《科技论文不端署名的表现及防范对策》，《编辑学报》2009 年第 5 期。
② 李霖、贺凤兰：《从期刊论文的合著现象看高水平研究成果的产出》，《图书馆工作与研究》2007 年第 2 期。
③ 杨红艳：《基金资助对我国人文社会科学论文质量的影响——基于〈复印报刊资料〉转载论文评分数据》，《情报理论与实践》2012 年第 8 期。
④ R. Smith, P. C. Gotzsche, T. Groves, "Should Journals Stop Publishing Research Funded by the Drug Industry?" *Bmj-British Medical Journal*, 2014.
⑤ 李晓红、于善清、胡春霞等：《科技期刊评价中应重视"基金论文比"的作用》，《科技管理研究》2005 年第 10 期。
⑥ 严燕、顾冠华：《"基金论文比"：一个欠科学的期刊评价指标》，《东南大学学报》（哲学社会科学版）2011 年第 6 期。
⑦ 冉强辉、伍烈尧、何剑秋等：《对科技期刊学术质量评估体系中参考文献构建指标的调查与研究》，《编辑学报》1993 年第 4 期。

两者之间存在非常强的相关关系（非常相关），如表3-21所示。除了形式规范，更是有47.53%的人认为期刊论文参考文献引用的真实准确性与期刊的学术水平高度相关（非常相关），认为学术水平高的期刊其参考文献的准确性就越高的人占到了90.98%（非常相关、一般相关及弱相关）。

表3-21　　期刊论文参考文献特征与学术水平相关性

参考文献特点	参考文献特征与学术水平相关性（%）				
	负相关	不相关	弱相关	一般相关	非常相关
期刊论文的参考文献著录形式规范	3.67	9.52	23.29	38.05	22.13
期刊论文的参考文献引用真实准确	2.22	3.74	11.95	31.50	47.53
期刊论文引用的参考文献多	2.73	13.26	28.96	37.90	12.75
期刊论文引用的中文参考文献多	3.82	15.63	31.80	36.41	8.14
期刊论文引用的外文参考文献多	2.51	11.34	26.93	39.50	14.83
期刊论文引用的期刊论文参考文献多	3.34	12.14	31.18	39.03	9.92
期刊论文引用的图书著作参考文献多	2.94	13.66	31.90	37.25	9.99
期刊论文引用的网络来源参考文献多	13.26	20.53	33.98	23.51	4.14
期刊论文引用的学位论文参考文献多	6.65	18.13	32.56	29.58	7.89
其他	1.16	2.36	5.70	4.91	2.07

毛大胜等[①]认为，科技论文的参考文献数量可以反映论文的学术水平，数量越多水平越高，本书的调查也印证了此观点。79.61%（非常相关、一般相关及弱相关）的调查对象认为期刊论文引用的参考文献数量越多则期刊学术水平越高，并且认为与中文参考文献相比，引用的外文参考文献越多则期刊的学术水平越高。

从参考文献的类型来看，有80.13%（非常相关、一般相关及弱相关）的人认为引用期刊越多则学术水平越高，有79.14%（非常相关、一般相关及弱相关）的人认为引用图书越多则学术水平越高，认为引用

---

① 毛大胜、周菁菁：《参考文献数量与论文质量的关系》，《中国科技期刊研究》2003年第1期。

学位论文越多则学术水平越高的人占70.03%（非常相关、一般相关及弱相关），对来自网络的参考文献的认同度则降低到61.63%（非常相关、一般相关及弱相关），并且有13.26%的人认为引用的网络文献越多则学术水平越低，认为引用图书、期刊文献越多则学术水平越低的人则只有2.94%和3.34%。

（4）对被引用指标的认识

被引用次数一直是重要的定量评价指标，甚至被用作评价期刊质量高低的唯一指标。有88.73%（非常相关、一般相关及弱相关）的调查对象认为，期刊论文的被引用次数越多，则期刊的学术水平越高，甚至有44.22%的人认为两者之间高度相关。认为期刊论文发表当年就被引用的次数越多则学术水平越高的达到88.38%（非常相关、一般相关及弱相关），认为期刊论文发表2年后被引用的次数越多则学术水平越高的达到89.21%（非常相关、一般相关及弱相关），认为5年后被引用的次数越多学术水平越高的人有88.15%（非常相关、一般相关及弱相关）。与前面各指标相比，被引次数是认可度最高的期刊评价指标。

表3-22　　　　期刊论文被引用次数与学术水平相关性

被引用次数	被引用次数与学术水平相关性（%）				
	负相关	不相关	弱相关	一般相关	非常相关
期刊论文被引用次数多	2.80	4.98	10.43	34.08	44.22
期刊论文发表当年就被引用次数多	1.34	5.45	16.10	39.10	33.18
期刊论文发表2年后被引用次数多	1.27	4.61	15.99	44.88	28.34
期刊论文发表5年后被引用次数多	1.71	5.20	15.73	35.39	37.03
其他	0.65	2.22	3.27	4.91	3.02

（5）对转摘、下载指标的认识

二次文献转摘和web下载能从定量角度反映期刊的学术影响力，经常作为期刊评价的重要指标。[①] 对于转摘和下载指标来说，科研人

---

① 邱均平、李爱群、周明华等：《中国学术期刊评价的特色、做法与结果分析》，《重庆大学学报》（社会科学版）2008年第4期。

员对转摘指标和下载指标的认可度也较高,其中有 87.35%(非常相关、一般相关及弱相关)的人认为,期刊论文被转摘次数越多,则学术水平越高;有 85.06%(非常相关、一般相关及弱相关)的人认为,期刊论文下载次数越多,则学术水平越高。刘雪立等[1]研究发现,下载量与被引量呈高度正相关关系,但也有一部分出现下载与被引背离现象,Nieder 等[2]也认为下载量与学术水平之间没有普遍意义上的正相关关系。

表 3-23 期刊论文被引用次数与学术水平相关性

被引用次数	被引用次数与学术水平相关性(%)				
	负相关	不相关	弱相关	一般相关	非常相关
期刊论文被转摘次数多	2.58	5.63	14.06	38.77	34.52
期刊论文被下载次数多	2.83	7.89	22.20	40.08	22.78

4. 讨论

本次问卷的调查对象具有一定的代表性。结果表明:我国在读学生,特别是博士生,很关心学术期刊的排名情况;我国的在职科研人员也非常关心学术期刊的排名情况,其中有副高、正高评审需求的 30—50 岁的人群最为关心;在四大评价体系中,南大 CSSCI 是知名度最高的,其期刊收录名单也是学生毕业、在职人员评职称时使用最多的;定性、定量评价指标的重要性基本相同,指标权重各占一半;被引用指标在评价期刊学术水平时是认可度最高的指标,转摘、下载指标次之;作者知名度越高则其论文学术水平越得到大多数人的认可,作者单位知名度与这些单位作者的论文的学术水平之间也呈正相关关系;认为参考文献越准确、越规范则期刊的学术水平越高,并且外文文献使用比例越高,通常学术水平也比较高。

---

[1] 刘雪立、方红玲、苗媛等:《五种综合性眼科学期刊论文下载量与被引量的关系及部分论文的量引背离现象》,《中国科技期刊研究》2010 年第 5 期。

[2] C. Nieder, A. Dalhaug, G. Aandahl, "Correlation between Article Download and Citation Figures for Highly Accessed Articles from Five Open Ocess Oncology Journals", *Springerplus*, 2013.

（二）欧盟对科研人员的评价方法

同行评议法是一种重要的研究人员评价方法，在科研评价工作中发挥着积极作用，但其评价结果的主观性，甚至是偏见性问题也不容忽视。[1] 随着文献计量学的发展，文献计量学方法被引入科研评价中。发表论文数、被引次数和 h 指数是评价研究人员的主要文献计量学指标[2]，P 指数[3]、Pt 指数[4]等新的综合评价指标也逐渐被应用到研究人员评价中。随着信息获取和学术交流方式的改变，Altmetrics 作为学术影响力评价方法的有效补充[5]，可以更充分地了解研究人员的学术工作以及他们在学术界和学术界之外的影响[6]，但目前以理论研究为主。欧盟项目 ACUMEN（Academic Careers Understood through Measurement and Norms，简称 ACUMEN）在参考欧盟同行评议系统的基础上，提出一种包含文献计量学指标和 Altmetrics 指标的研究人员综合评价体系。本书通过对 ACUMEN 评价方法的分析，为我国研究人员评价实践提供参考。

1. ACUMEN 项目基本情况

ACUMEN 是欧盟的一个研究人员评价标准联合研究计划，于 2010 年启动，2014 年完成，是欧盟第 7 框架计划（FP7）科研体系改革的重要组成部分。ACUMEN 由荷兰莱顿大学、以色列巴伊兰大学、西班牙最高科研理事会、英国胡弗汉顿大学、爱沙尼亚研究委员会、德国洪堡

---

[1] C. J. Lee, C. R. Sugimoto, G. Zhang, et al., "Bias in Peer Review", *Journal of the American Society for Information Science and Technology*, 111 River ST, Hoboken 07030 – 5774, 2013: 2 – 17.

[2] 王炼：《科学计量学应用于科研人员绩效评价的挑战》，《科学学与科学技术管理》2007 年第 4 期。

[3] 王志军、郑德俊：《P 指数运用于人才评价的有效性实证研究》，《图书情报工作》2012 年第 14 期。

[4] 韩毅、夏慧：《时间因素视角下科研人员评价的 Pt 指数研究》，《中国图书馆学报》2015 年第 6 期。

[5] L. Bornmann, "Do Altmetrics Point to the Broader Impact of Research? An Overview of Benefits and Disadvantages of Altmetrics", *Journal of Informetrics*, 2014: 895 – 903. H. F. Moed, G. Halevi, "Multidimensional Assessment of Scholarly Research Impact", *Journal of the Association for Information Science and Technology*, 2015: 1988 – 2002.

[6] S. Konkiel, D. Scherer, "New Opportunities for Repositories in the Age of Altmetrics", *Bulletin of the American Society for Information Science and Technology*, 2013: 22 – 26.

大学、德国维尔道应用技术大学、丹麦哥本哈根大学皇家图书情报学院和荷兰皇家科学院数字人文组，共计9个研究机构联合完成，并由荷兰莱顿大学科学技术研究中心（Center for Science and Technology Studies）主任 Paul Wouters 担任首席研究员。[①]

ACUMEN 项目组指出，目前研究人员评价实践中存在以下不足之处[②]：（1）目前的研究人员评价标准以单学科评价为主，能在一定程度上反映学术成果质量，但不够全面。例如，期刊的影响因子和被引次数等文献计量指标可在一定程度上反映一篇论文的学术质量，但却不能反映出这篇论文与社会经济发展之间的关系。（2）随着研究人员规模的增加，学术研究体系的日益复杂，已有的评价方法，如同行评议法的局限性逐渐显现。（3）原有的评价体系不能评价新的知识创新模式和学术交流方式，例如研究人员间以网络为媒介进行的合作和交流。（4）有些文献计量学指标是宏观、中观层面的测度指标，并不适合微观层面，如研究人员个体层面的测度。（5）原有的评价指标未涉及性别差异，但由于社会分工的存在，性别差异带来的影响确实存在。

ACUMEN 项目组为解决以上评价实践中的问题和不足，将项目任务分为6个子项目[③]：（1）分析比较了欧洲当前的同行评审系统，分析了当前评价和同行评审实践中的经验和观点，深入探索新的个体研究人员评价方法。（2）重点关注研究人员的网络显示度，开发了一系列基于网络数据的评价指标和工具。（3）研究了学术研究如何在网络上讨论，重点关注社交媒体平台。（4）分析了评价指标、定性标准和评价过程对女性研究人员职业发展的影响。（5）评估了现有绩效评价中的科学计量指标，从已有指标中选择部分指标，同时还考虑了指标可能的负面影响，分析了如何使用好指标来测量生产力、影响、合作和多样性。（6）汇集以上各子项目信息，在以上研究基础上设计出 ACUMEN 评价指标体系，并制定了评价实践指南。

ACUMEN 设计出的研究人员评价指标体系包含了研究人员学术生涯

---

① ACUMEN about. ［2015-01-25］. http：//research-acumen.eu/about.
② ACUMEN Report Summary-Periodic Report Summary 2. ［2015-01-25］. http：//cordis.europa.eu/result/rcn/157417_en.html.
③ Ibid..

的三个主要方面（专长、产出和影响力）。该评价指标体系能够凸显研究人员的成绩，更好地展示每一个研究人员，还可作为传统个人简历的补充。

2. ACUMEN 评价方法

（1）评价思想与模型

传统的评价过程中，科研绩效评价通常是机构、团队或科研人员产出的直接测量，研究人员在评价过程中仅仅是评价对象而不是重要参与者。评估者的视野往往局限于特定的评价，不能对科研人员在科学或学术系统更高层面的影响力进行全面评价，评价过程又往往保密。ACUMEN 项目组摈弃以上做法，提出全新的评价视角。ACUMEN 项目组认为评价是评估者与被评者之间复杂的互动过程，而不是简单的研究人员的绩效测量，评估者与被评者之间可以就选择合适的评价标准和评价材料进行交流；应该考虑评价系统对科研人员职业发展的影响。同时还分析比较了不同国家、不同学科和不同机构已有的评价实践，以及这些评价实践对科研人员职业发展的影响。[1] 基于以上评价思想，ACUMEN 项目组提出让科研人员在评价实践中发出自己声音的评价模式。其评价模型以研究人员陈述为中心，辐射以专长、产出和影响力。评价模型见图3-19。ACUMEN 项目组在此模型基础上设计出了一套评价工具，即A-CUMEN 研究人员评价指标体系。

图 3-19　ACUMEN 研究人员评价模型

---

[1] ACUMEN Report Summary-Final Report Summary. [2015-01-25]. http：//cordis. europa. eu/result/rcn/157423_ en. html.

(2) ACUMEN 研究人员评价指标体系[①]

ACUMEN 研究人员评价指标体系就是 ACUMEN 项目组在其评价思想和评价模型基础上设计出的一套评价工具。该指标体系包含科研人员三个方面的主要信息：专长、产出和影响力。具体有四个文件组成：陈述与学术年龄计算、专长、产出和影响力。[②] 每一个研究人员都要填写这四个文件，每一个文件里都包含了研究人员职业和成绩方面的材料。

1）文件1——陈述与学术年龄计算

● 陈述。学者可以在此部分阐释本人作为研究人员的价值，尽可能辅以证据。学者可以陈述本人的主要贡献，比如是在发表文章方面，还是在学生教育方面抑或是媒体方面，类似于国内人才评价（如职称评审等）中的个人主要业绩的自述部分。

● 学术年龄。学术年龄计算方法及详细说明见表3–24。

表3–24　　　　　　　　学术年龄计算方法及说明

学术年龄计算	说明
博士起始日 博士答辩日 博士答辩完后养育孩子数和特殊情况 学术年龄＝博士答辩后全职工作年限—养育孩子数—特殊情况（其中计算单位都是年）。	学术年龄有助于评委准确评判。 其中养育孩子数，如果一个孩子出生后由本人独自抚养，则计数为1，如果由夫妻两人抚养，则计数为0.5。特殊情况则指由于生病等其他原因而没有从事学术工作的时间

"学术年龄"主要是考虑到研究人员真正从事学术活动的时间，尤其是女性研究人员。不考虑性别年龄因素而直接对评价结果进行比较显然有失公允。ACUMEN 项目组的调查结果证实了传统的性别模式，即男性出版物产出数量平均比女性要高，女性在合著中的地位不能平等地

[①] 本部分主要编译自 ACUMEN Portfolio。
[②] ACUMEN Portfolio. [2015 – 01 – 25]. http：//research-acumen. eu/wp-content/uploads/Blank_ AcumenPortfolio. v13x. pdf.

体现出来。① 因此，ACUMEN 项目组在评价体系中充分考虑了性别因素。同时，一些研究人员由于抚养孩子、生病或其他原因从事科研活动的实际时间与工作年限会有所不同，因此，ACUMEN 项目组提出了学术年龄的概念。

2）文件2——专长

研究人员可以在此部分阐述自己在学术、教学、技术、交流、组织等方面的能力，同时可以辅以定量数据或者具体事例加以佐证。具体指标和说明详见表 3-25。

表 3-25　　　　　　　　"专长"具体指标和说明

专长	子项	声明和证据
科学或学术专长	理论	简要概述本人的理论专长，要有依据支撑。② 理论专长可以是本人遵循的理论框架或理论范式。如果是实证领域，就注明"不适用于本人研究领域"
	学科	简要概述本人的学科专长，要有依据支撑。通常指从事的主要学科领域或专业领域
	方法论	简要概述本人方法方面的专长，要有依据支撑。主要指研究中使用的主要方法
	原创的或自主的	简要概述本人原创或自主方面的专长，要有依据支撑，说明研究中的原创点
知识转移	审核	审核的会议论文和期刊论文数。给出审核文章样例（列出前 3 个）
	创业	列出参加的创业活动，如启动或参与企业分拆，参与行业、非政府组织或政府的联合项目等
教学专长	授课	授课时间（以小时计）。所授课程类型的描述，所授课程不包括在线课程和大规模网络开放课程。可以是所授课程的一个列表，也可以是所授课程主题和水平的一个整体描述。只列重要的前 3 个
	其他教学专长	如暑期学校

---

① Van der Weijden I, Calero Medina C. Gender, "Academic Position and Scientific Publishing: A Bibliometric Analysis of the Oeuvres of Researchers", Leiden: 2014. Neylon C, Wu S. Article-Level Metrics and the Evolution of Scientific Impact. PLos Biol. 2009: e1000242.

② 通过引用本人的相关论文或者其他方式来证明自己的声明，下同。

续表

专长	子项	声明和证据
技术专长	方法	简要概述本人的技术方法专长,要有依据支撑
	工具和实验室设备	简要概述本人工具和实验室设备方面的专长,要有依据支撑
	软件	简要概述本人软件使用方面的专长,要有依据支撑
	数据管理和数据监护	简要概述本人数据管理和数据监护方面的专长,要有依据支撑
交流专长	语言	列出获得的正式的语言水平资格证书
	作报告	在其他机构或者会议上作主旨发言或受邀讲话(列出前3个)
	写作	论文获奖(列出前3个)
	公共参与(媒体采访等)	视频或音频媒体采访的例子(列出前3个)
组织专长	管理	管理角色描述,包括计划、组织、人员配备或领导团队(列出前3个)
	建议	对其他机构(如大学等)的访问以及提供的建议(列出前3个)
	项目领导	领导的项目和团队(列出前3个),包括团队规模以及是否为国际性合作
	合作	参与而非领导的项目和团队(列出前3个),包括团队规模、是否为国际性合作以及本人在团队中的角色
	行政和委员会工作	行政职务,包括委员会成员、主席或秘书、组织研讨会或会议、组织在线讨论(列出前3个)

此部分多是研究人员通过示例或描述来证明自己各方面的专长或技能,其中很多指标在国内研究人员评价时也会用到,如授课时间、作报告、论文获奖、接受媒体采访、行政职务等。

3)文件3——产出

研究人员可以在此部分展示其在学术、教学等方面的成果产出。此部分成果产出不仅包括传统的期刊论文、图书、专利等产出,也包括数据集、软件工具等,还包括在社交媒体等网站上的贡献等,需要有定量数据和具体事例加以佐证。具体指标和说明详见表3-26。

表 3-26　　　　　　　　"产出"具体指标和说明

产出	子项	声明和证据
学术产出	图书	出版学术图书或会议论文集数，列出 3 本
	图书章节	出版图书章节数，列出 3 个
	图书评论	发表图书评论数
	社论	发表社论数
	期刊论文	发表期刊论文数或经充分审阅的会议论文数，列出 3 篇
	会议论文	发表的会议摘要、小组讨论或海报文章数
向公众传播	新闻报道	发表杂志或报纸文章数（本人撰写而非报道本人），列出 3 篇
	网络百科文章	发表网络百科文章数（不包括维基百科之类），列出 3 篇
	通俗读物	发表通俗读物数，列出 3 本（篇）
教学	教科书	出版教科书数，列出 3 本
	在线课程	创建的在线课程列表（包括 MOOC），包括创建日期、产生的材料类型和每年的学生数，列出 3 个
	毕业生数	作为主要导师培养并已毕业的本科生数 作为主要导师培养并已毕业的硕士生数 作为主要导师培养并已毕业的博士生数
网络和社交媒体学术交流	在线存在	以学术为目的的社交媒体账号、学术网络账号、数字存储库账号，创建或用于创作产出的网站，如果已申请了这些账户，说明其活跃程度（如 twitter, blogs, ResearchGate, SlideShare），列出 3 个
	在线贡献	举例说明做的其他在线学术讨论贡献，列出 3 个
数据集、软件、工具、仪器	数据集	出版的数据集数，简要描述数据集，列出 3 个
	软件、工具、仪器	研发的软件、工具和仪器数，简要概述研发的软件、工具和仪器，列出前 3 个
注册登记的知识产权和工业产权	专利	公布的专利、标准和指南数，简要概述公布的专利、标准和指南，列出前 3 个
	发现	注册登记的发现数，如动物种类、天体、DNA 序列、算法等，简要概述之，列出前 3 个
基金及资助	基金	基金项目数以及收到的资助总额，简要概述项目，列出 3 个
其他		不在上述范围内的其他类型的相关产出

4)文件4——影响力

研究人员可以在此部分展示其在科学或学术、社会、经济、教学等方面的影响力,要有定量数据或者具体事例加以佐证。具体指标和说明详见表3-27。

表3-27　　"影响力"具体指标和说明

影响力	子项	声明和证据
科学影响力	总被引次数和篇均被引次数	所有出版物在Google Scholar中的总被引次数及篇均被引 所有出版物在WOS或Scopus中的总被引次数及篇均被引
	论文被引次数	列出3篇高被引文章及其分别在Google Scholar、WOS或Scopus中的总被引次数及基本信息(包括题名、年和作者)
	h指数	Google Scholar、WOS或Scopus中的h指数值
	图书被引次数	列出3本在Google Books里的高被引图书,包括书名、出版年、作者及在Google里的总被引次数
	年龄矫正后的h指数	Google Scholar、WOS或Scopus中的m商(此处的m商是指年龄矫正后的h指数,m商=h指数/学术年龄)
	多作者补偿	为了使评估者评估多作者情况下的被引次数,应公布下述之一: 列出在Google Scholar中的出版物的平均作者数(包括本人) 列出在Google Scholar中的第一作者的出版物比例
	学术奖	获得的学术奖项(地方、国家和国际),列出3个
	编辑和审稿	审稿、编辑或编委任务,列出3个
	理事	会议理事或项目理事,列出3个
	在线讨论—社交网络追随者	追随者数量,列出3个网站名字及追随者数
	下载数	下载文章数,列出前3个,包括文章名和下载次数
	Mendeley读者	去Mendeley网站计算Mendeley读者数,列出前3篇文章
	应邀演讲	国外会议上应邀主旨演讲次数 国内会议上应邀主旨演讲次数 国外大学应邀主旨演讲次数 国内其他大学应邀主旨演讲次数 每种都列出前3个演讲的基本信息,包括名称和地点

续表

影响力	子项	声明和证据
社会影响力	普通公众	杂志或报纸文章关于本人研究的报道次数，并列出3篇
	关于出版物的推文或博文	列出文章名及该文的推特数 列出文章名及有关该文的博文数
	报告或建议	学术、经济和教育之外作为专家提供建议或作报告的次数，并举出3个例子
	专业实践	利用学科专长进行的专业实践（如作律师），举出3个例子
	法律、法规和方针	基于本人研究制定的法律、法规和方针，列出3个
经济影响力	收入	商业活动收入
	顾问	担任公司顾问或咨询数
	专利引用次数	专利引用本人研究工作的次数，列出引用本人工作的3个专利名称
	专利被引次数	学术文献引用本人专利的次数
	分拆公司数	分拆公司数
教学影响力	奖励	教学奖励（包括机构内和机构外），列出3个
	在线评论	课件视频在一些视频网站上的评论数，列出3个视频网站及其网站上的评论
	教学大纲	在线教学大纲或者课程笔记网页数，列出3个
	教材销售	教材销售额（册）
	应邀讲座	应邀给其他高校本科生做讲座数
	数据集或软件下载	本人创建的数据集或软件的下载次数，列出3个
其他		不在上述范围内的其他类型的相关影响力

文件3和文件4是目前研究人员评价中经常用到的两项内容，只不过评价内容更加细化和全面，而且增加了新型媒体环境下的产出和影响。如今，学者可以通过网络这种非正式途径进行学术交流，如通过个人网站、研究小组网站、机构库、预印本、研究博客或社交网站。研究人员还可以通过添加标签和评论，与网络上他人的出版物进行互动和反馈。因此，网络指标和Altmetrics指标可以作为传统影响力指标的补充，

为测量学者和出版物影响力提供了一种新方式。[①] ACUMNE 主要在"产出"和"影响力"评价方面采用了网络计量指标和 Altmetrics 指标。

文件4中引入学术搜索引擎数据。科研评价中常用的数据源就是 Web of Science 和 Scopus。Web of Science 数据库更倾向于收录英文语种出版物，而且收录期刊文献里社会科学中的部分学科和人文艺术类覆盖不足。[②] Scopus 数据库系统覆盖范围起始于1995年，收录年限较短，不适于评价青年学者。因此，ACUMEN 项目组充分考虑了这些数据源的优缺点，使用这些传统引文数据库的同时，引入了 Google 数据作为补充，使用了 Google Scholar 和 Google Books 引文指标以及基于 Google Scholar 的 h 指数。

文件3和文件4中的指标比较全面，但同时也存在某些指标数据不易获取（如商业活动收入），某些指标数据可能不真实（如 Altmetrics 指标数据）等问题，因此具体使用时应根据评价目的、评价对象、数据可获取性等因素对指标进行有选择性地删减。

3. ACUMEN 评价方法特点

ACUMEN 评价方法作为欧盟项目的一个研究成果，历经四年，其研制过程也是众多学者潜心研究的过程。透过其研制过程及各阶段研究成果，可发现该评价方法具有以下特点。

（1）研究人员在评价过程中扮演着重要的角色

ACUMEN 项目组一改传统评价过程中研究人员仅仅是评价对象的做法，而是让研究人员在评价过程中发出自己的声音，具体表现在：其一，研究人员可以在文件1的"陈述"部分以"故事"的形式讲述自己所做的主要学术成绩、贡献及社会经济价值等；其二，研究人员可以在其他指标部分辅以说明性或证据式的描述。因此，该方法中研究人员通过示例或描述来证明自己的成绩或技能，而不是仅仅列出成果和活动清单。通过研究人员的参与，有助于评估者了解隐藏于数字背后的东西。

[①] J. Bar-Ilan, S. Haustein, I. Peters, et al., "Beyond Citations: Scholars' Visibility on the Social Web. Montreal", *Canada: 2012*. Kousha K, Thelwall M. Web Impact Metrics for Research Assessment. *Beyond Bibliometrics: Harnessing Multidimensional Indicators of Scholarly Impact*, MIT Press, 2014.

[②] H. F. Moed, "Citation Analysis in Research Evaluation", *Netherland: Springer Netherlands*, 2005: 135.

（2）多维度、多角度综合评价研究人员

研究人员除了从事科研活动有直接的科研产出如论文、图书等，还有其他职责或活动，如教学、准备教学材料，接受媒体采访，参加企业活动或者参加其他同行评议活动。ACUMEN 项目组从科研活动的社会经济功能出发，从研究人员的专长、成果产出及影响力三个维度综合衡量。其中每一个维度里又包含多方面，而不仅仅是学术，如影响力就包括学术、社会、经济、教学等多方面。指标选取方面既有诸如引文数这样的定量指标，也有获奖、受邀讲话等之类的定性指标。因此，该方法试图全方位、多视角地反映出研究人员学术、社会、经济等方面的综合价值。

（3）评价指标体系的灵活性

ACUMEN 研究人员评价指标体系可谓是一个针对研究人员的文件包，但是不同学科领域研究人员从事的活动相差巨大，研究形式各异。人文社会科学领域图书扮演着重要角色，而工程学领域和应用科学领域会议论文和技术参考手册起重要作用。[①] 如果每位研究人员都填写统一的文档表格，则不仅浪费时间精力，也可能不适用。因此，ACUMEN 项目组建议不同学科、不同领域、不同目的的评估者可以依据本身的特点，对评价指标体系进行不同程度有针对性的删减，仅保留能体现评价需求的重要指标，以减少研究人员的填写压力，适应具体的评价需求。

（4）有相应的指南用以指导评价

ACUMEN 项目组在设计评价指标体系的同时，创建了评价指南，指南里不仅解释了各种数据源的优缺点，还解释了各种定量方法和指标，指出各种方法和指标的优势及不足，指导评估者根据其评价目的、所在学科领域选择适用的评价指标，并通过具体评价样例详细说明如何利用此评价方法开展评价。该指南不仅有利于评估者和研究人员深入了解此套评价方法，有助于评估者开展评价，也有利于研究人员参与到评价过程。

4. 讨论

ACUMEN 作为欧盟第 7 框架计划的一个重要部分，其参与成员机构

---

① H. F. Moed, *Citation Analysis in Research Evaluation*, Netherland: Springer Netherlands, 2005: 135.

多达9个，其中包括多个从事计量学和科学评价的重要研究机构。因此，作为其研究成果的 ACUMEN 研究人员评价方法也体现了欧盟研究人员评价发展的最新趋势。ACUMEN 评价方法对于我国研究人员评价甚至科研评价实践具有一定的启发意义。

（1）扩展研究人员评价内容、构建多维度的评价体系

评价是指从人类活动的行为中发现行为的意义与价值，揭示价值内涵的一种方法与手段，实质是人把握被评价对象对人类社会发展、经济发展以及人类生存环境的改善等方面产生的意义与价值这样一种观念性活动。[①] 由此可推，研究人员的评价就是对研究人员从事学术活动对人类社会发展、经济发展以及人类生存环境的改善等方面所产生的意义和价值作出一种观念性的判断。因此，研究人员的评价体系中应纳入社会价值或公共价值、经济价值之类的考量指标。作为科研活动主体的研究人员并不是仅仅从事发表论文、出版图书等直接的科研活动，也有其他职责和活动，如教学、接受媒体采访、参加企业活动或者参与其他同行评议活动。这些活动都是重要的评价内容，因此，简单以论文、专利、项目和经费作为主要评价内容的学术评价体系已不适用，需要构建全面衡量研究人员的多维度评价体系，除评价研究人员的学术成绩外，还要测度研究人员教学、技术、经济、社会和文化方面的影响或价值。

（2）引入网络计量学和 Altmetrics

随着网络在社会生活各方面的渗透和普及、web2.0 技术的推广，各种网络平台与社交媒体平台正在改变着研究人员的科研模式和学术交流模式，以及科研成果的传播与扩散方式。传统文献数据库已经无法满足目前信息技术环境下的科学评价，网络计量指标与 Altmetrics 指标的加入成为必然。网络计量指标在测度某些学术影响力（如学术成果的网络影响力）或教学影响力（如网络课件的利用情况）时具有优势，而 Altmetrics 在测度社会影响力时更具优势。

（3）分类评价、分学科评价

分类、分学科是评价工作的基本原则。实际上，即使分类评价，同一类里，如基础研究中不同学科也存在较大差异。评价中的很多指标

[①] 潘云涛：《科技评价理论、方法及实证》，科学技术文献出版社 2008 年版，第1页。

(如引用）学科差异明显，因此，在考虑学科差异性的基础上，充分考虑学科特点，有选择性地制定适用于本学科的评价标准，避免"一刀切"现象。《教育部关于深化高等学校科技评价改革的意见》中也曾指出"实施分类评价"，"按照基础研究、应用研究、技术转移、成果转化等不同工作的特点"建立科学合理、各有侧重的评价标准。[①]

（4）鼓励研究人员参与评价

目前我国科研评价过程中，研究人员作为评价客体一直处于被评价的位置，几乎不参与评价过程。其实，评价与被评价应该是一个互动的过程，评估者可能会对学科科学活动缺乏深入了解，在评价标准制定的过程中通过与研究人员的沟通交流能够选取更适用于本学科、更易被研究人员接受的指标，这样也促使研究人员在评价之初就对评价方法和指标有个感性认识，减少评价过程中的抵触情绪。同时，研究人员参与评价还可通过提供定量数据的同时辅以描述性的文字作为定量数据的证据支撑，为评估者提供参考。

（5）公开评价指标体系并制定使用指南

我国研究人员评价体系多是由科研管理者制定，研究人员对指标体系虽有一定了解，但并不深入，很多科研人员不清楚指标的具体含义，因此出现了研究人员要求检索机构检索其论文"影响因子"的现象。科研管理部门应在制定好评价指标体系后，辅以使用指南，用以解释需要的数据源、指标含义、指标的使用范围等，并将这些材料公布于众，真正做到公开、公平、公正地评价，让研究人员了解具体评价方法的同时也能起到研究人员自评的效果，促使最后评价结果的可靠性。

由于图书专著、期刊论文以及专利等科研成果的发表、收录、被引、被转等数据在科研评价中扮演者越来越重要的角色，所以图书馆在购买数字资源时要注意数据采集的全面性，不仅为科研人员提供科研支撑，也可为管理人员提供相应的评价数据支撑。

[①]《教育部关于深化高等学校科技评价改革的意见》，2015年1月25日（http://www.gov.cn/gzdt/2013-12/20/content_2551954.htm）。

第四章 科学院图书馆的数字资源实证

科学院图书馆的数字资源实证研究从数字资源采购、数字资源建设和数字资源利用情况三个方面入手进行分析。

一 数字资源采购情况

数字资源采购情况分为数字资源采购价格和数字资源采购经费两部分内容。

(一) 数字资源采购价格情况

国内的电子资源集团采购从 1997 年开始，经过 20 年的发展，已经卓有成效，尤以中国科学院图书馆系统和高校图书馆数字资源采购联盟为代表，它们分别代表我国专业图书馆系统和高校图书馆系统，在各自的系统内搭建服务平台，制定规范条例，以集团采购的方式引进国内外重要的学术数据库，为我国科研和教育事业提供了重要的支撑。

1. 高校图书馆数字资源采购联盟

2010 年 5 月 12 日，在中国高等教育文献保障系统（China Academic Library & Information System，CALIS）第八届国外引进数据库培训周大会上，联盟理事长朱强馆长正式宣布高校图书馆数字资源采购联盟（Digital Resource Acquisition Alliance of Chinese AcademicLibraries，DRAA）成立，高校引进资源工作正式由 CALIS 移交至 DRAA。据 DRAA 理事会年度报告统计，截至 2014 年底，DRAA 共有 596 家成员馆，2014 年度 DRAA 引进的数据库增长到 134 个，参加的图书馆馆次总数达 7966 次，购库总费用约 11.85 亿元人民币。

高校图书馆数字资源采购联盟（以下简称"联盟"）是由中国部分高等学校图书馆共同发起成立的，由成员馆、理事会、秘书处组成。联盟的宗旨为：团结合作开展引进数字资源的采购工作，规范引进资源集团采购行为，通过联盟的努力为成员馆引进数字学术资源，谋求最优价格和最佳服务。根据《高校图书馆数字资源采购联盟工作规范（草案）》规定，联盟理事馆均可牵头组织数据资源采购活动，牵头具体数据的谈判组组长所在单位称为数据库的牵头馆。联盟引进资源集团采购工作通过单一来源谈判方式进行，对于存在集团采购可能性的数据库，由牵头馆联系数据库商或代理商组织试用，根据试用、馆藏等情况确定是否组织集团采购谈判，并上报联盟理事会。各个引进数据库（资源内容或整合平台）均由国外唯一的数据库商提供，其中部分通过国内独家代理经销商代理，数据库价格由唯一数据库商或代理商与联盟进行谈判，形成评估报告及采购方案，高校图书馆、其他图书情报机构自愿参加联盟，自主决定是否参加联盟组织的数字资源集团采购。

2001 年 10 月 8 日，《中国科学院文献情报系统"十五"建设方案》获得中国科学院院长办公会议通过，这一方案的主要目标是为期 5 年的国家科学数字图书馆（英文缩写为 CSDL）项目建设获得中国科学院拨款 1.4 亿元人民币，由中国科学院文献情报系统"百人计划"入选者张晓林博士担任项目主要负责人。据《2014 年度中国科学院文献资源建设与服务白皮书》统计，自 2003 年中国科学院图书馆牵头组织数字文献资源集团采购起，截至 2014 年底，中国科学院共引进数据库 153 个，现有 127 个成员单位，集团引进数字资源已经成为中国科学院引进学术资源的主要途径。2014 年，中国科学院引进了 109 个数据库，院内共计 1603 所次参加，购库总费用约 2.01 亿元人民币。中国科学院数字资源建设采用统筹规划、集团采购的方式，从而形成可靠的文献资源保障体系。

2. 国外数字资源采购价格

国外数字资源 2017 年的采购价格如表 4-1 所示。从表 4-1 可以看出，国外数字资源的价格都比较高，例如 ScienceDirect（SD）全文数据库的购买价格是 120 万元，甚至有些图书馆购买该库的招标价格达到 204 万元、230 万元不等。Springer Nature 电子书的招标价格为 42 万元。二次文摘库如 Web of Science（SCI、SSCI、A&HCI）的采购招标价格达到 96 万元。

表 4-1　　　　　　　　　国外数字资源价格统计表

序号	数据库名称	金额
1	ACS Chemical & Engineering News	700 美元（约 0.4783 万元）
2	AIP（美国物理联合会）全文数据库，包括电子期刊及会议录数据库	2016 年度：23101 美元（约 15.7835 万元）
3	AMD 海外收藏的中国近代史珍稀史料文献库	25370 英镑（约 21.9793 万元）
4	ASM（美国微生物学会）期刊全文数据库	13 万元
5	Begell（工程分库）数据库续订	6.5 万元
6	CAMIO 艺术博物馆	2.4 万元
7	CPCI（Conference Proceedings Citation Index）会议索引	9.3 万元
8	EBSCO（ASC+BSC）期刊全文数据库	16.2 万元
9	EBSCO 全文数据库，包括学术期刊数据库 ASP、商业资源数据库 BSP、环境数据库 EC	12 万元
10	Emerald-200 管理学期刊数据库	11.5 万元
11	Emerald 数据库	19 万元
12	Engineering Village．Compendex 数据库	11 万元（有些图书馆的招标价格为 24 万元）
13	ESI（基本科学指标）数据库	11.4 万元
14	IEL（IEEE）数据库	56 万元（有些图书馆的招标价格为 58 万元）
15	InCites 等数据库	29.5 万元
16	INSPEC	18.2 万元
17	JCR（Journal Citation Reports，期刊引用报告）	7.4 万元
18	JSTOR 西文过刊数据库	2016 年度：34330 美元（约 23.4556 万元）

第四章　科学院图书馆的数字资源实证　133

续表

序号	数据库名称	金额
19	LexisNexis Academic 学术大全数据库	2016 年度：9337 美元（约 6.3794 万元） 2017 年度：9337 美元（约 6.3794 万元）
20	MathSciNet（美国《数学评论》网络版）+ 电子刊（AMS）	19 万元
21	Nature 数据库	22 万元
22	Nature 系列期刊全文数据库	2016 年度：20.8708 万元
23	OCLC FirstSearch	2016 年度：2633 美元（约 1.7990 万元）
24	OSA（美国光学学会）期刊全文数据库	11 万元
25	ProQuest 学位论文全文数据库	12.8 万元
26	PubMed	10 万元
27	RSC 英国皇家化学会期刊	11844 英镑（约 10.2610 万元）
28	SAGE 期刊数据库（现期+回溯）、Wiley 数据库（化学材料包）	42.5 万元
29	SCI Finder	54380 美元（约 37.1546 万元，有些图书馆的招标价格为 61.2 万元）
30	Science Online	8 万元
31	ScienceDirect（SD）全文数据库	120 万元（有些图书馆的招标价格为 204 万元、230 万元）
32	SCIE 数据库	39 万元
33	Springer Materials 数据库	16 万元
34	Springer Nature 电子书	42 万元
35	Springer 电子期刊全文数据库	2016 年度：60695 欧元（约 46.2381 万元，有些图书馆的招标价格为 44 万元）
36	Web of Science（SCI、SSCI、A&HCI）	96 万元
37	Westlaw Next 法律在线服务平台	5505 美元（约 3.7612 万元）
38	Wiley Online Library	36 万元
39	wiley 化学学科组期刊	9653 美元（约 6.5953 万元）
40	剑桥期刊在线数据库	2016 年度：11282.13 英镑（约 9.7743 万元）

续表

序号	数据库名称	金额
41	美国机械工程师学会数据库	4.2 万元
42	牛津期刊现刊数据库	14 万元

注：1. 表中除明确标明年度外均为 2017 年度的采购价格，除标明币种外均为人民币。

2. 上表外币与人民币的换算按照 2017 年 5 月 4 日的汇率进行换算，1 美元 = 6.8324 元人民币，1 英镑 = 8.6635 元人民币，1 欧元 = 7.6181 元人民币。

3. 该表根据中国采招网（http://www.bidcenter.com.cn）的资料进行整理。

3. 国内数字资源采购价格

国内数字资源 2017 年招标采购价格如表 4-2 所示。从表 4-2 可知，中国知网（CNKI）网络资源数据库的价格是最高的，但也仅为 50 万元，还包含了期刊数据库、报纸数据库、会议论文数据库、学位论文数据库、专利数据库等众多子数据库。中国知网的子库中学术期刊数据库的价格相对较高，为 20 万元。二次文献数据库中，中文社会科学引文索引（CSSCI）的招标采购价格为 20 万元，中国科学文献服务系统（CSCD）的招标采购价格为 10 万元（有些图书馆的招标价格为 5.3 万元、3.99 万元）。

表 4-2　　　　　　　　国内数字资源价格统计表

序号	数据库名称	金额
1	E 线图情	3.5 万元
2	RESSET 国际经济金融研究数据库	5 万元
3	SIAM 数据库	4.4 万元
4	VIPExam 网络考试资源数据库	2 万元
5	Wind 资讯数据库	6.8 万元
6	WSN 电子期刊全文数据库	6.7 万元
7	爱迪科森《网上报告厅》	3.4 万元（有些图书馆的招标价格为 5.2 万元、7 万元、7.6 万元）
8	安邦行业数据库	2.02 万元
9	百链 MedaLink	9 万元（有些图书馆的招标价格为 7.2 万元、10.1 万元）

续表

序号	数据库名称	金额
10	北大法宝	4万元
11	博看期刊数据库	3.5万元
12	博图外文电子书	5万元
13	超星读秀学术搜索	7万元
14	超星读秀学术搜索及电子图书	24万元
15	超星读秀学术搜索数据库	12万元
16	超星读秀知识库	13.65万元
17	超星名师讲坛系统	14.4万元
18	超星网络访问	13.9万元
19	超星知识服务资源（含百链、读秀、移动图书馆及超星视频名师讲坛数据库）	33万元
20	触摸屏报刊阅读系统	4万元
21	读览天下电子杂志	1万元
22	方略知识管理系统	1.4万元
23	方正阿帕比全文报纸数据、触摸读报系统（中华数字书苑—中国报纸全文数据库）	4.5万元
24	方正数字资源平台——中华数字书苑	5.5万元
25	歌德电子书借阅机系统	4万元
26	国道外文专题数据库	6.5万元
27	国家建筑标准设计电子书库	1.8万元
28	瀚堂典藏古籍数据库、瀚堂近代报刊数据库	18万元
29	黑球多媒体库（含龙源、KUKE）	6万元
30	华艺台湾人社期刊、学位论文数据库	14万元
31	机械工业出版社教育资源库	9万元
32	基于移动略式统一检索系统	15万元
33	教学资源素材库在线服务	9.96万元
34	九星时代在线读报	0.6万元
35	科研绩效SDA检索系统	6万元

续表

序号	数据库名称	金额
36	龙源期刊	3万元
37	迈特思创循证医学数据库	13.8万元
38	民国期刊检索系统	4.8万元
39	皮书数据库	8.8万元
40	起点自主学习考试系统	8.15万元
41	全国报刊索引数据库	5万元
42	人大复印报刊资料	3.5万元（有些图书馆的招标价格为4.1万元、4.88万元）
43	锐思数据库	10万元
44	尚唯产品样本数据库	3万元
45	社科文献皮书系列数据库、中国数字方志库、中华再造善本数据库	32万元
46	世界名校精品课资源服务平台	8.4万元
47	书世界	6.8万元
48	数字资源利用统计分析与民国文献数据库	8.95万元
49	台湾学术文献数据库	15万元
50	外刊资源服务系统	4.5万元
51	外文数据库RSC数据在线服务	3.6万元
52	外语学习资源库	4.99万元
53	万方数据（学位+专利）	11.5万元
54	万方数据库	10万元
55	万方数据知识服务平台项目	17.4万元
56	万方数据知识资源系统	32万元
57	维普科技期刊	6万元
58	维普期刊资源整合服务平台	8.8万元
59	维普知识资源系统、维普考试资源系统项目	8.1万元
60	维普智立方知识资源服务平台	10.4万元
61	新东方多媒体学习库	3.6万元

续表

序号	数据库名称	金额
62	易瑞校外访问系统	1.2万元
63	银符考试模拟系统	2.6万元
64	知识视界视频教育资源库	8万元
65	智华信无忧读报	0.8万元
66	中国科学文献服务系统（CSCD）	10万元（有些图书馆的招标价格为5.3万元、3.99万元）
67	中国权威经济论文库	3.5万元
68	中国生物医学文献数据库（CBM）	1.2万元
69	中国数字方志库	7万元
70	中国知识网络总库（CNKI）	11.5万元
71	中国知网（CNKI）报纸数据库	4.8万元
72	中国知网（CNKI）博士学位论文数据库	7.3万元
73	中国知网（CNKI）高教期刊	1.8万元
74	中国知网（CNKI）工具书（网络总库）	5.6万元
75	中国知网（CNKI）会议论文数据库	3.1万元
76	中国知网（CNKI）硕士学位论文数据库	14.4万元
77	中国知网（CNKI）网络资源数据库	50万元
78	中国知网（CNKI）学术期刊数据库	20万元
79	中国知网（CNKI）专利数据库	3.7万元
80	中国知网学术不端文献检测系统软件	3万元
81	中文社会科学引文索引（CSSCI）	20万元
82	中文在线"微书房"移动借阅系统	3.5万元
83	中新金桥"软件通"数据库	1万元

注：1. 表中除明确标明年度外均为2017年度的采购价格，除标明币种外均为人民币。

2. 该表根据中国采招网（http://www.bidcenter.com.cn）的资料进行整理。

（二）数字资源采购经费情况

根据中国社会科学院图书馆2017年3月公布的经费执行情况看，截至2017年3月，该图书馆图书购置及数字资源采购经费为1500万元,图书回溯编目及图书馆系统服务与维护经费为100万元。

下面从各图书馆的年度总经费、文献购置经费和数字资源购置经费三个方面对高校图书馆的经费情况进行分析。

1. 年度总经费最多的图书馆

根据教育部高等学校图书情报工作指导委员会网站公布的数据,整理640所高校图书馆2015年购买数字资源经费如附表1-2所示。这640所高校的年度总经费总和为390443万元,平均年度总经费为1218万元。这640所高校图书馆中,年度总经费最多的20大图书馆如表4-3所示。从表4-3可知,北京大学图书馆的年度总经费达到5022万元,其中文献购置费为3708万元,数字资源购买经费为1573万元,占文献购置费的42.43%。位列20名的东南大学图书馆的年度总经费也达到2778万元,其中文献购置费为2315万元,数字资源购买经费为971万元,占文献购置费的41.97%。

2. 文献购置经费比例最高的图书馆

这640所高校2015年的文献购置经费总和为330123万元,平均文献购置经费为1030万元,文献购置经费占年度总经费的比例平均为84.55%。在640所高校图书馆中,有57所高校图书馆的年度总经费全部用来购置文献资源,文献购置经费比例最高且文献购置经费最高的20家高校图书馆如表4-4所示。从表4-4可知,武汉大学图书馆的年度总经费达到4564万元,全部用来进行文献购置,其数字资源购买经费为2146万元,占文献购置费的47.02%。位列20名的巢湖学院图书馆的年度总经费虽然仅为290万元,但也全部用于文献购置,其数字资源购买经费为90万元,占文献购置费的31.03%。

3. 数字资源购置经费最多的图书馆

这640所高校2015年的数字资源购置经费总和为160199万元,平均数字资源购置经费为499万元,平均数字资源经费正好占文献购置经费的50%。数字资源购置经费最高的20家高校图书馆如表4-5所示。从表4-5可知,华中科技大学图书馆的数字资源购置经费达到2891万元,占文献购置费的71.88%。位列20名的福州大学图书馆的数字资源经费为1272万元,占文献购置费的71.10%。

表4-3　年度总经费TOP20图书馆

序号	机构	年度总经费（元）	文献购置经费（元）	文献购置经费/年度总经费（%）	纸质资源经费（元）	纸质资源经费/文献购置经费（%）	电子资源经费（元）	电子资源经费/文献购置经费（%）
1	北京大学图书馆	50220498.9	37077971.1	73.83	19644306.3	52.98	15733658.0	42.43
2	四川大学图书馆	45917495.3	40485805.6	88.17	12889061.9	31.84	27498730.3	67.92
3	武汉大学图书馆	45641364.2	45641364.2	100.00	22374871.3	49.02	21458415.8	47.02
4	中山大学图书馆	45518400.0	42845400	94.13	27714300.0	64.68	15131100.0	35.32
5	复旦大学图书馆	43572340.3	38557733.5	88.49	25136869.7	65.19	13232030.0	34.32
6	同济大学图书馆	41571249.2	26652394.1	64.11	8781667.9	32.95	17759632.3	66.63
7	华中科技大学图书馆	41286901.9	40218554.8	97.41	11284620.8	28.06	28911063.0	71.88
8	浙江大学图书馆	40176710.8	39142910.7	97.43	18114115.2	46.28	20560747.0	52.53
9	上海交通大学图书馆	36950942.5	33232140.7	89.94	9114968.8	27.43	24022214.9	72.29
10	北京师范大学图书馆	34770494.6	32446266.9	93.32	15800778.6	48.70	15876806.5	48.93
11	华东师范大学图书馆	33700211.7	29193989.9	86.63	16337860.3	55.96	12739879.0	43.64
12	南京农业大学图书馆	33209003.4	10787982.2	32.49	6135192.0	56.87	4632790.2	42.94
13	河南大学图书馆	31985000.0	22140000	69.22	9860000.0	44.53	12280000.0	55.47
14	厦门大学图书馆	29514675.1	27332871.2	92.61	6018193.2	22.02	21156060.5	77.40
15	东北师范大学图书馆	29032348.0	17489400	60.24	6901215.0	39.46	10585476.0	60.53
16	西南交通大学图书馆	29017749.8	25901989.3	89.26	9120581.3	35.21	16780467.8	64.78
17	西安交通大学图书馆	28837545.2	26523903.9	91.98	11666316.5	43.98	14857587.5	56.02
18	山东师范大学图书馆	28581843.5	7849459.8	27.46	2751396.1	35.05	5091787.0	64.87
19	电子科技大学图书馆	27943902.6	24811213	88.79	6389640.5	25.75	18372288.1	74.05
20	东南大学图书馆	27781346.0	23145753.9	83.31	13382237.7	57.82	9713516.2	41.97

注：1. 表中为2015年数据。
2. 该表根据教育部高等学校图书情报工作指导委员会网站（http://www.scal.edu.cn/）的资料进行整理。

表 4-4　文献购置经费比例 TOP20 图书馆

序号	机构	年度总经费（元）	文献购置经费（元）	文献购置经费/年度总经费（%）	纸质资源经费（元）	纸质资源经费/文献购置经费（%）	电子资源经费（元）	电子资源经费/文献购置经费（%）
1	武汉大学图书馆	45641364.2	45641364.2	100.00	22374871.3	49.02	21458415.8	47.02
2	重庆大学图书馆	20536100.0	20536100	100.00	7545000.0	36.74	12991100.0	63.26
3	华侨大学图书馆	13944994.3	13944994.3	100.00	7884994.3	56.54	6060000.0	43.46
4	重庆工商大学图书馆	9353627.1	9353627.1	100.00	6494728.1	69.44	2818899.0	30.14
5	南京工业大学图书馆	7954562.1	7954562.1	100.00	3707365.4	46.61	4247196.8	53.39
6	安徽工业大学图书馆	7287500.0	7287500	100.00	3461500.0	47.50	3826000.0	52.50
7	上海外国语大学图书馆	6774887.9	6774887.9	100.00	1689033.9	24.93	5085854.0	75.07
8	中国传媒大学图书馆	5062338.8	5062338.8	100.00	2274530.8	44.93	2787808.0	55.07
9	上海体育学院图书馆	4403654.3	4403654.3	100.00	1313326.3	29.82	3090323.0	70.18
10	福建中医药大学图书馆	4370437.0	4370437	100.00	2887726.0	66.07	1482711.0	33.93
11	哈尔滨师范大学图书馆	4270139.4	4270139.4	100.00	2411160.4	56.47	1858977.0	43.53
12	北华大学图书馆	4227500.0	4227500	100.00	2000000.0	47.31	2227500.0	52.69
13	成都师范学院图书馆	3870411.3	3870411.3	100.00	2074261.3	53.59	1796150.0	46.41
14	安徽工程大学图书馆	3814700.0	3814700	100.00	1091400.0	28.61	2723300.0	71.39
15	平顶山学院图书馆	3800266.0	3800266	100.00	2420000.0	63.68	1380266.0	36.32
16	沈阳农业大学图书馆	3467958.6	3467958.6	100.00	1907958.6	55.02	1560000.0	44.98
17	重庆师范大学图书馆	3369667.4	3369667.4	100.00	1647746.4	48.90	1721921.0	51.10
18	福州外语外贸学院图书馆	3315527.7	3315527.7	100.00	3206627.7	96.72	108900.0	3.28
19	厦门医学高等专科学校图书馆	3003224.0	3003224	100.00	2441046.0	81.28	562178.0	18.72
20	巢湖学院图书馆	2900000.0	2900000	100.00	2000000.0	68.97	900000.0	31.03

注：1. 表中为 2015 年数据。
2. 该表根据教育部高等学校图书情报工作指导委员会网站（http://www.scal.edu.cn/）的资料进行整理。

第四章 科学院图书馆的数字资源实证　141

表4-5　数字资源购置经费比例 TOP20 图书馆

序号	机构	年度总经费（元）	文献购置经费（元）	文献购置经费/年度总经费（%）	纸质资源经费（元）	纸质资源经费/文献购置经费（%）	电子资源经费（元）	电子资源经费/文献购置经费（%）
1	华中科技大学图书馆	41286901.9	40218554.8	97.41	11284620.8	28.06	28911063.0	71.88
2	四川大学图书馆	45917495.3	40485805.6	88.17	12889061.9	31.84	27498730.3	67.92
3	上海交通大学图书馆	36950942.5	33232140.7	89.94	9114968.8	27.43	24022214.9	72.29
4	武汉大学图书馆	45641364.2	45641364.2	100.00	22374871.3	49.02	21458415.8	47.02
5	厦门大学图书馆	29514675.1	27332871.2	92.61	6018193.2	22.02	21156060.5	77.40
6	浙江大学图书馆	40176710.8	39142910.7	97.43	18114115.2	46.28	20560747.0	52.53
7	电子科技大学图书馆	27943902.6	24811213	88.79	6389640.5	25.75	18372288.1	74.05
8	同济大学图书馆	41571249.2	26652394.1	64.11	8781667.9	32.95	17759632.3	66.63
9	首都师范大学图书馆	26843145.5	23791559.2	88.63	6606589.8	27.77	17048900.0	71.66
10	西南交通大学图书馆	29017749.8	25901989.3	89.26	9120581.3	35.21	16780467.8	64.78
11	北京师范大学图书馆	34770494.6	32446266.9	93.32	15800778.6	48.70	15876806.5	48.93
12	北京大学图书馆	50220498.9	37077971.1	73.83	19644306.3	52.98	15733658.0	42.43
13	南方科技大学图书馆	21195143.4	20997750.4	99.07	5468893.8	26.05	15528856.6	73.95
14	中山大学图书馆	45518400.0	42845400	94.13	27714300.0	64.68	15131100.0	35.32
15	西安交通大学图书馆	28837545.2	26523903.9	91.98	11666316.5	43.98	14857587.5	56.02
16	深圳大学图书馆	22389567.0	20304567	90.69	6125694.4	30.17	14174261.6	69.81
17	复旦大学图书馆	43572340.3	38557733.5	88.49	25136869.7	65.19	13232030.0	34.32
18	重庆大学图书馆	20536100.0	20536100	100.00	7545000.0	36.74	12991100.0	63.26
19	华东师范大学图书馆	33700211.7	29193989.9	86.63	16337860.3	55.96	12739879.0	43.64
20	福州大学图书馆	18191946.1	17891946.1	98.35	5170838.1	28.90	12721108.0	71.10

注：1. 表中为2015年数据。
2. 该表根据教育部高等学校图书情报工作指导委员会网站（http://www.scal.edu.cn/）的资料进行整理。

二 数字资源建设情况

在各科学院图书馆网站上,均在相应位置对自身数字资源建设情况进行简要介绍。除此之外,还会以列表方式、检索方式等揭示各图书馆的数字资源拥有情况。下面从图书馆数字资源自述、笔者自己整理和数字资源网站揭示方式三个方面入手来分析四大科学院图书馆的数字资源建设情况。

(一) 中国科学院图书馆数字资源建设情况

1. 自述资源情况

截至 2015 年 6 月底,中国科学院图书馆(包括三个地区中心)本着共建共享、"资源到所,服务到人"的服务理念,通过集团采购网络数据库 109 个,借助国家平台开通数据库 44 个,集成开通开放获取数据库 20 个,共计 173 个。保障院内科研用户即查即得外文期刊(现刊)近 1.8 万种,外文图书 9.9 万卷/册,外文工具书 0.7 万卷/册,外文会议录 3.8 万卷/册,外文学位论文 48.5 万篇,外文行业报告 163.2 万篇;中文图书 35.2 万种(套)(37.8 万册),中文期刊 1.7 万种,中文学位论文 247.3 万篇。①

在 2012 年时,中国科学院图书馆全面推进开放学术资源保障、数字文献资源长期保存等工作,共完成引进数据库 150 个,全院相关研究所可共享的外文电子全文外文期刊 16259 种,外文图书 39748 卷/册,外文工具书 5102 卷/册,外文会议录 31841 卷/册,外文学位论文 40.42 篇,外文行业报告 166.55 万篇,中文图书 41.11 万种(42.62 万册),中文期刊 1.4 万种,中文学位论文 183.63 万篇,文献传递服务继续稳步推进,全年接受请求 11 万余篇,满足率 92%,提供查新检索 5000 多项,中国科学引文数据库拥有机构用户 217 家,系统运行稳定,"综合科技信息资源登记系统"和"开放会议资源采集与服务系统"开始提

---

① 中国科学院图书馆:《资源体系》,2017 年 5 月 1 日(http://www.las.ac.cn/zhinan/zyyfw_1.html)。

供服务，启动了"开放教育资源采集与服务系统"和"开放社会经济信息集成揭示与服务系统"。新增自然出版集团（NPG）、英国皇家化学会（RSC）、施普林格（Springer）电子图书的长期保存，新增 arXiv org 和 BioMed Central 全文数据库的中国本地长期保存，标志着中国科学院图书馆在科技文献长期保存资源类型上取得突破性进展。

而在 2010 年时，中国科学院图书馆开通数据库 160 个，全院研究所可共享的外文期刊为 12870 种，外文电子图书 30275 卷/册，外文电子工具书 2066 卷/册，外文电子会议录 25250 卷/册，外文电子学位论文 25.8 万篇，中文电子图书 32 万余种，中文电子期刊 10434 种，中文学位论文约 129 万篇，全院科研人员文献全文下载量达到 2756 万次。全院原文传递服务超过 13 万余篇，整体满足率 95%。"NSTL 外文回溯期刊全文数据库"服务系统在全国范围内得到应用，"跨库检索系统"中嵌入了可视化交互功能，研发"集成融汇服务平台"和"网络科技信息监测系统"进入应用测试阶段，建立了中国科学院机构知识库网格集成服务门户，面向全院开通专利在线分析系统二期。在 2010 年时，中国科学院的科学数据资源得到进一步整合，科学数据资源中心总存储容量达 6PB，实现数据应用环境的开放共享和知识服务。

从 2010 年、2012 年、2015 年三个年度数字资源建设情况来看，中国科学院图书馆数字资源，无论是中文电子资源还是外文电子资源，无论是电子期刊、电子书、电子学位论文还是电子会议录，数量有了稳步提升。

2. 数字资源情况

笔者从中国科学院图书馆网站整理其数字资源建设情况如下。

（1）数据库数量

中国科学院图书馆共有 192 个数据库。[1]

---

[1] 中国科学院图书馆：《数字资源学科分布》，2017 年 5 月 1 日（http://www.las.ac.cn/browse.do? action = database_ turnPage&page = 1&query = &field = &history = （e-version-institute%3a311001 + %7c%7c + e-version-institute%3a888888 + %7c%7c + e-version-institute%3a999999 + %7c%7c + e-version-institute%3a777777）&sortfield = dbscore&allSearch = false &pagesize = 10）。

(2) 数据库类型

中国科学院图书馆将数字资源类型划分为"全文""二次文献""工具事实型""数值型"和"多媒体"。从数字资源类型看,中国科学院图书馆全文型数字资源146个,二次文献型19个,工具事实型17个,数值型7个,多媒体型2个,见表4-6。从表4-6可以看出,该图书馆全部数字资源为192个,但是按照学科类进行划分时只有191个,少了的这1个数字资源未做任何说明。

表4-6　　　中国科学院图书馆数字资源类型情况

序号	数据库类型	数量
1	全文	146
2	二次文献	19
3	工具事实型	17
4	数值型	7
5	多媒体	2
合计		191

(3) 数据库学科覆盖

这192个数据库覆盖39个学科,每个学科的数据库数量如表4-7所示,其中生物是数据库量最多的学科,有54个数据库中拥有生物领域的数字资源。

这是中国科学院图书馆根据每个数字资源的实际情况进行的划分,在进行数字资源的学科分类时,有的学科划分欠妥当,比如第15个分类是"人文与社会科学",第23个分类是"社会科学";第9个分类是"天文",第39个分类是"天文学"。

3. 资源揭示情况

中国科学院图书馆资源揭示方法主要有三种。

(1) 一站式检索方式

一站式检索,也叫快速检索,类似于搜索引擎,将一定范围的资源,如馆藏资源、数字资源等进行集成,通过一个检索框进行检索。该

表4-7　　　　　中国科学院图书馆数字资源学科覆盖情况

序号	学科	数据库数量	序号	学科	数据库数量
1	生物	54	21	计算机科学	9
2	综合	51	22	通讯与信息科学	8
3	物理	46	23	社会科学	7
4	医学	40	24	能源	7
5	化学与化工	39	25	地球科学	6
6	数学	39	26	自动化	6
7	农业	35	27	物理学	5
8	地质	28	28	矿业	5
9	天文	25	29	环境	4
10	地理	23	30	自然科学	4
11	工程技术	21	31	农业科学	3
12	材料科学	20	32	植物学	3
13	环境科学	15	33	统计学	3
14	生命科学	12	34	光学	2
15	人文与社会科学	11	35	农业等	2
16	化学	11	36	凝聚态和材料科学	2
17	电子	11	37	动物学	2
18	计算机	11	38	化学工程	2
19	经济	9	39	天文学	2
20	航空航天	9			

方式的特点是便捷,适用于对资源有一定了解和特定检索目的的用户使用。[①] 从中国科学院图书馆首页看到,在页面的正中位置就是"馆藏集成发现",可以检索该图书馆的图书、期刊、学术论文、科技报告、国防、标准等类型的资源。

(2) 资源栏目

在图书馆网站首页的二级栏目中,涉及"资源"的,可称为"资

[①] 胡芳、钟宇:《基于我国高校图书馆网站对资源揭示的调查研究——以20所高校图书馆网站为例》,《国书馆联盟建设与发展》,会议论文,2012年,第7页。

源栏目"。资源栏目是图书馆揭示资源最为集中、内容最为详细、形式最为多样的版块，适用于不同用户的不同需求。中国科学院图书馆在首页"资源集成发现"中可分别检索"馆藏纸本""电子期刊""电子图书""数据库"等类型的资源。

（3）资源导航

中国科学院图书馆为数据库、电子期刊、电子图书等类型的数字资源设立了资源导航。中国科学院图书馆按照"订购单位""访问权限""按学科分类浏览""数据库类型""出版单位"等进行揭示。

每个数据库的"详细信息""订购单位""覆盖期刊""使用指南""培训教程"等详细列出，如有疑问还可以直接"问图书馆员"，并且可"分享到"微博、微信等多个媒体。

- 详细信息。在详细信息中，列出了数据库内容、数据库缩写、数据库简介等7项内容。

案例：APS Journals 的订购单位	
中国科学院文献情报中心	化学研究所
福建物质结构研究所	合肥物质科学研究院
上海应用物理研究所	中国科学院武汉文献情报中心
宁波材料技术与工程研究所	中国科学院兰州文献情报中心
武汉物理与数学研究所	西安光学精密机械研究所
上海高等研究院	中国科学院成都文献情报中心
力学研究所	近代物理研究所
长春应用化学研究所	国家授时中心
长春光学精密机械与物理研究所	北京纳米能源与系统研究所
大连化学物理研究所	上海天文台
金属研究所	上海光学精密机械研究所
上海技术物理研究所	上海硅酸盐研究所
理论物理研究所	上海微系统与信息技术研究所
高能物理研究所	中国科学院大学
物理研究所	微电子研究所
数学与系统科学研究院	半导体研究所
国家纳米科学中心	苏州纳米技术与纳米仿生研究所

- 订购单位。在订购单位中，列出了订购此资源的所有下级研究所（院）的信息，便于了解该资源的访问权限。
- 问图书馆员。在问图书馆员中，可直接以表单方式向图书馆员进行咨询，并且咨询的回答期限是 2 天，在 2 天内图书馆员会将问题的回答情况回复到作者预留的邮箱中。
- 分享到。在分享到，可将该资源分享到 21 种社交媒体。

（4）文献移动获取平台

文献移动获取平台是基于移动互联网的中国科学院知识服务品牌，通过整合中国科学院图书馆引进的数字资源、集成中国科学院重要科技进展报道以及其他科技情报产品和知识信息服务，支持科研人员、学生、科技管理者等各类型用户随时阅读科研文献、便捷获取科技资讯。支持安卓系统和苹果系统

（二）中国社会科学院图书馆数字资源建设情况

1. 自述资源概况

中国社会科学院图书馆现有藏书 240 万册，其中古籍约 20 万册，珍善本书达 3650 多册，2007 年被国务院列为全国古籍重点保护单位。中国社会科学院图书馆是国务院学位办确定的人文社会科学硕士、博士学位论文收藏点之一。目前收藏学位论文约 20 万册。1995 年院图书馆设立了地方志收藏中心，经过十余年的发展，已经成为全国最大的地方志收藏机构，馆藏志书总量已达 53600 册，其中新编地方志书为 26000 册。收藏的地名志 1512 册，涵盖全国地名志的 93%。[1]

中国社会科学院图书馆从 2003 年开始陆续展开数字资源采购工作。截至 2011 年 6 月，该图书馆共引进中外文数据库 90 余种。其中，中文图书 140 万余册，期刊 9000 余种；外文图书 18.5 万余册，期刊 7000 余种，部分内容可以追溯到第 1 卷第 1 期。此外，还有报纸、年鉴、统计数据、参考工具等各个类型。内容覆盖中国社会科学院人文、社会科学的各个领域，同时又加大重点学科资源建设的力度，例如法学、经济

---

[1] 中国社会科学院图书馆：《纸本资源》，2017 年 4 月 13 日（http://www.lib.cass.org.cn/paper/index.htm）。

学、哲学等学科。语种以中文和英文为主，也包含少量小语种，如西班牙语、法语、德语、意大利语、葡萄牙语。①

2. 数字资源情况

（1）数据库数量

中国社会科学院图书馆共有 205 个数据库。在计算该图书馆的数据库数量时遇到两个问题。一是在这 205 个数据库中，存在数据库重复、总数据库和包含的子数据库同时列出等问题，如表 4-8 所示。"中国知网（CNKI）"和"中国知网（CNKI）系列资源"作为总库同时列出（表 4-8 中第 1、2 行），"中国知网——中国博士学位论文全文数据库"和"中国知网——中国硕士学位论文全文数据库"（表 4-8 中第 7、12 行）作为其子库又与总库并列列出。这样就存在大量重复计算数量的问题。二是很多"合同已到期"无法使用的数据库仍然列在数据库列表中，在这 205 个数据库中，有 76 个数据库名称后面标注了"（合同已到期）"字样。

表 4-8　中国社会科学院图书馆数据库数量计算问题示例

序号	数据库名称	揭示深度	资源类型
1	中国知网（CNKI）	全文	综合
2	中国知网（CNKI）系列资源	全文	综合
3	中国知网——国际会议论文全文数据库	全文	学位论文、会议论文
4	中国知网——国学宝典（古籍）	全文	古籍
5	中国知网——哈佛商业评论	全文	期刊论文
6	中国知网——中国党建期刊文献总库	全文	期刊论文
7	中国知网——中国博士学位论文全文数据库	全文	学位论文、会议论文
8	中国知网——中国法律知识资源总库	全文	综合
9	中国知网——中国经济与社会发展统计数据库	全文	数值数据
10	中国知网——中国年鉴网络出版总库	全文	年鉴
11	中国知网——中国期刊网络出版总库	全文	期刊论文

---

① 中国社会科学院图书馆：《电子资源：数字资源手册》，2017 年 4 月 13 日（http://www.lib.cass.org.cn/electron/index.aspx）。

续表

序号	数据库名称	揭示深度	资源类型
12	中国知网——中国硕士学位论文全文数据库	全文	学位论文、会议论文
13	中国知网——中国学术辑刊全文数据库	全文	期刊论文
14	中国知网——中国重要报纸全文数据库	全文	报纸
15	中国知网——中国重要会议论文全文数据库	全文	学位论文、会议论文

（2）数据库类型

中国社会科学院图书馆将数字资源类型划分为"期刊论文"，"参考资料"，"古籍"，"综合"，"数值数据"，"报纸"，"电子书"，"研究报告"，"研究工具"，"学位论文、会议论文"，"年鉴"，"文摘索引"，"引文索引"，"音、视频"。各类型数字资源的数量如表4-9所示。

表4-9　　　　中国社会科学院图书馆数字资源类型

序号	数字资源类型	数据库数量	序号	数字资源类型	数据库数量
1	期刊论文	44	9	研究工具	5
2	参考资料	43	10	学位论文、会议论文	4
3	古籍	22	11	年鉴	3
4	综合	21	12	文摘索引	3
5	数值数据	19	13	引文索引	2
6	报纸	18	14	音、视频	1
7	电子书	13		总计	205
8	研究报告	7			

（3）数据库学科覆盖

从数字资源学科类导航看，中国社会科学院图书馆数字资源被分为17个学科，每个学科的数据库数量如表4-10所示。从表4-10可以看出，中国社会科学院图书馆的数字资源分学科导航建设可再提高。

第一，该图书馆把所有 205 个数字资源全部放到了"社会科学综合"类中，等于没有进行分类。

第二，"管理学"等 9 个类下的数字资源数量为"0"。这就存在两种情况：一是所有的数字资源中未覆盖这 9 个学科类，那么在设计学科类的时候是否设置空类值得商榷；二是该图书馆数字资源覆盖了这 9 个（或部分）学科类，但该导航未进行正确的揭示。

第三，将"报纸"也作为一个类放在分类导航中，此学科分类的恰当性值得商榷。

表 4-10　　中国社会科学院图书馆数字资源学科覆盖情况

序号	学科	数据库数量	序号	学科	数据库数量
1	社会科学综合	205	10	人类学	0
2	经济	11	11	新闻传播	0
3	历史	6	12	艺术	0
4	法学	5	13	语言学	0
5	政治	1	14	文学	0
6	图书馆/信息科学	1	15	哲学	0
7	社会学	1	16	计算机科学	0
8	教育/文化	1	17	报纸	0
9	管理学	0			

3. 资源揭示情况

中国社会科学院图书馆资源揭示方法主要有三种。

（1）一站式检索方式

从中国社会科学院图书馆网站首页看到，在页面的正中位置就是"搜索专区"，可以"找资源""找数据库""找纸本图书""找纸本期刊"。

（2）资源栏目

中国社会科学院图书馆在网站首页"快速浏览"中有"常用数据库浏览""试用数据库浏览"及"电子期刊"项。另外，该图书馆在网站首页导航栏目中专门设置了"电子资源"一项。

(3) 资源导航

中国社会科学院图书馆为数据库、电子期刊两种类型的数字资源设立了资源导航。中国社会科学院图书馆揭示数据库时有三种方式，即"按名称字顺浏览""按学科分类浏览"和"按语种浏览"；揭示西文电子期刊有两种方式，即"按名称字顺浏览"和"按学科分类浏览"。未设置中文电子期刊的导航。

每个数据库详细列出"数据库名称""数据库网址""数据库类别""语种""资源类型""揭示深度""学科""使用方式""使用范围""数据库简介"等内容。

(三) 中国医学科学院图书馆数字资源建设情况

1. 自述资源概况

现有馆藏 275 万余册、外文医学期刊 6900 余种（其中纸质期刊 3600 余种）、中文医学期刊 1400 余种、网络数据库和光盘数据库 84 种、研究生论文 10000 余册，还藏有 1000 余部中医古籍、1000 余种外文医学史专著和 2 万余册 WHO 系列出版物等特色资源。[①]

2. 数字资源情况

(1) 数据库数量

中国医学科学院图书馆共有 122 个数据库。

(2) 数据库类型

中国医学科学院图书馆将数字资源类型划分为"全文数据库""期刊论文""图书""多种文献类型""学位论文"和"会议"，每种类型的数据库数量分别是 63 个、38 个、21 个、5 个、5 个和 2 个。除"全文数据库"外，基本是按照文献类型进行划分。由于有的数据库同时标注了两个类型，所以按照类型划分时，数据库的标注存在重复，数量为 134 个，多于 122 个（见表 4-11）。例如 Wiley Online Library Journals 数据库就同时标注了"期刊论文"和"全文数据库"两个属性。

---

① 中国医学科学院图书馆：《医学信息研究所/图书馆概况》，2017 年 4 月 13 日（http://www.imicams.ac.cn/publish/default/sggk/）。

表4-11　　中国医学科学院图书馆数字资源类型

序号	数据库类型	数量
1	全文数据库	63
2	期刊论文	38
3	图书	21
4	多种文献类型	5
5	学位论文	5
6	会议	2
	合计	134

(3) 数据库学科覆盖

这122个数据库覆盖14个学科，每个学科的数据库数量如表4-12所示，其中医学是数据库量最多的学科，有73个数据库。

表4-12　　中国医学科学院图书馆数字资源学科覆盖情况

序号	学科	数据库数量
1	医学	73
2	生物学	29
3	综合学科	19
4	自然科学各个学科	13
5	药学	10
6	社会科学	7
7	经济学	5
8	循证医学	4
9	心理学	3
10	图书馆学、情报学	3
11	化学	2
12	护理学	2
13	公共卫生与预防医学	2
14	替代医学	1
	合计	173

3. 资源揭示情况

中国医学科学院图书馆资源揭示方法主要有三种。

（1）一站式检索方式

从中国医学科学院图书馆网站首页看到，在页面的正中位置就是"发现医学知识"，可以检索该图书馆的"文章""图书/期刊""数据库"。

（2）资源栏目

中国医学科学院图书馆在网站首页"资源与服务"中可分别进入"电子期刊""数据库""电子图书"等不同类型的资源。

（3）资源导航

中国医学科学院图书馆为数据库、电子期刊、电子图书等类型的数字资源设立了资源导航。

中国医学科学院图书馆对每个数据库给出了11项详细信息，如"资源类型""内容描述""覆盖范围""语种""出版商"等。

（4）核心期刊资源

中国医学科学院图书馆为方便科研人员更好地了解期刊，有针对性地发表论文，建设了"核心期刊"的导航。在"核心期刊"导航中，可以按照"刊名"检索，从而确定一本期刊是否属于核心期刊。该图书馆收录的核心期刊名录为 SCI、SSCI、A&HCI、Ei Compendex、Medline、中国科技期刊引证报告（科技部）、中文核心期刊要目总览（北京大学）、中文社会科学引文索引（CSSCI，南京大学）和中国科学引文数据库（CSCD，中国科学院）。找到所需核心期刊后，不仅可以看到该刊被哪个数据库收录、该刊的影响因子等信息，还可以"查看投稿指南"，并且可以知道"哪里有全文"。

（四）中国农业科学院图书馆数字资源建设情况

1. 自述资源概况

国家农业图书馆（中国农业科学院图书馆）作为国家唯一重点支持的国家级农业图书馆，拥有全国最丰富的农业科技文献信息资源，是国家农业科学数据中心。[①] 现有馆藏文献210余万册，33万余种。

---

① 中国农业科学院图书馆：《国家农业图书馆总体概况介绍》，2017年4月13日（http://www.nais.net.cn/publish/default/bgjs/）。

其中中外文图书31万余册，25万余种；资料12万余册，11万余种；期刊164.7万余册，1.4万余种；宋、元、明、清代古籍1.3万余册，1.2万余种；目前订购中外文科技期刊3600余种，包括中文科技期刊1100种，外文科技期刊2500种，其中1200余种外文期刊是全国的孤本。

电子文献资源方面该馆引进中外文电子数据库36个，其中中文数据库5个，外文数据库31个。借助NSTL开通数据库45个，其中农业和农业相关学科数据库32个，均为外文全文数据库。目前，国家农业图书馆（中国农业科学院图书馆）开通服务的中文全文期刊达到近10000种，外文全文期刊近3500种，自行研建的中国农业科技文献数据库、国外农业科技文献数据库、国家农业图书馆馆藏文献目录数据库、农牧渔业科技成果数据库、世界农业发展动态数据库、中国食物与宏观农业数据库、中国农业经济分县基础数据库等各类实用型数据库50余个，数据量1500万条，每年新增记录50余万条。且这些数据库绝大多数已经实现了网络对接，中国农业科学院工作IP地址内用户均可以通过网络享有最大的使用权限。为方便读者使用馆藏文献，国家农业图书馆还利用E-mail、新浪微博、电话、传真、快递等手段开展了文献提供、代查代借、定题检索、SCI引用查询、电子文献目录推送和针对院士及高层次科研团队的学科化信息服务。

国家农业图书馆（中国农业科学院图书馆）在2000年被确定为国家科技图书文献信息中心（NSTL）的农业分馆，不仅承担国家科技图书文献中心国际农业科技文献数字化和馆藏文献数字化加工任务，还肩负着国内外农业科技文献资源体系建设、全国农业科研系统电子资源共建共享体系建设以及全国农业科研系统电子资源集团引进工作。

2. 数字资源情况

（1）数据库数量

中国农业科学院图书馆共有27个数据库。

（2）数据库类型

中国农业科学院图书馆将数字资源类型划分为"期刊""学位论文""多种类型""图书""会议论文"和"报纸"，如表4-13所示。从数字资源类型看，中国农业科学院图书馆共有39个，这与前面揭示的全馆共有 27 个数据库数量不符，一个可能是对数据库的统计口径不同，另一个可能是因为有的数据库被分到两个及以上的类型中去。

表 4 - 13　中国农业科学院图书馆数字资源类型情况

序号	数据库类型	数量
1	期刊	20
2	学位论文	6
3	多种类型	5
4	图书	4
5	会议论文	3
6	报纸	1
合计		39

（3）数据库学科覆盖

中国农业科学院图书馆的数据库覆盖 18 个学科，每个学科的数据库数量如表 4 - 14 所示，其中"农业/食品"是数据库量最多的学科。

表 4 - 14　中国农业科学院图书馆数字资源学科覆盖情况

序号	学科	数据库数量	序号	学科	数据库数量
1	农业/食品	30	10	环境/能源	21
2	医药	28	11	人文	19
3	化学/化工/材料	27	12	生物	19
4	计算机/网络	26	13	综合	19
5	物理/力学	25	14	地球科学/天文学	17
6	电子电气	25	15	机械	17
7	社科	23	16	土木/建筑	17
8	经济	22	17	数学	16
9	管理	21	18	交通/航空/航天	16

值得注意的是，在数据库导航时并未遵照严格的学科分类体系进行

数据库所属学科的划分，而是根据中国农业科学院图书馆数字资源、用户的实际情况进行划分。由表4-14可以看出，在进行数字资源的学科分类时，有的学科划分欠妥当，比如第7个分类是"社科"，第8个分类是"经济"，第9个分类是"管理"，而"经济"和"管理"应该是"社科"的下位类。另外，进入数据库导航时显示全部数据库的数量为27个，但是在进行分类揭示时，"农业/食品"和"医药"的数量分别为30个和28个。由此可知，在进行数据库数量揭示时，对数据库的定义并不完全一致。对数据库定义的不一致，不仅存在于同一个图书馆之中，而且存在于多个图书馆之间，使得对各图书馆数据库的统计缺少可比性。

3. 资源揭示情况

中国农业科学院图书馆资源揭示方法主要有三种。

（1）一站式检索方式

从中国农业科学院图书馆网站首页看到，在页面的重要位置就是"整合检索"，可以检索该图书馆的图书、期刊、论文等类型的资源。

（2）资源栏目

中国农业科学院图书馆在网站首页中有"数据库"和"电子期刊"两种数字资源的资源栏目。

（3）资源导航

中国农业科学院图书馆为数据库、电子期刊两种类型的数字资源设立了资源导航。中国农业科学院图书馆以"按字顺浏览""按语种浏览""按学科浏览""按类型浏览""按其他方式"等进行揭示。

中国农业科学院图书馆对每个数据库给出了8项详细信息，如"资源类型""内容描述""覆盖范围""分类/子类"等。

三　基于第三方工具的数字资源利用情况

（一）图书馆网站检测基本情况

1. 图书馆网站创建时间

图书馆网站是用户使用图书馆数字资源的重要渠道，四大科学院图书馆中，中国科学院、中国社会科学院和中国医学科学院三院图书馆的创建时间均为 1997 年，中国农业科学院图书馆的创建年限为 2005 年，较其他三个图书馆略晚。除中国农业科学院图书馆的注册商是阿里云计算有限公司（万网）外，其他三个图书馆的注册商都是北京中科三方网络技术有限公司（见表 4-15）。中国科学院图书馆的联系人是其自己（中国科学院文献情报中心），中国社会科学院图书馆的联系人是其上级单位（中国社会科学院），中国医学科学院图书馆和中国农业科学院图书馆的联系人均为其对应的研究所。

表 4-15　　　　　四大科学院图书馆网站检测基本情况

图书馆名称	域名	注册商	联系人	创建时间	过期时间
中国科学院图书馆	las.ac.cn	北京中科三方网络技术有限公司	中国科学院文献情报中心	1997/1/5	2017/7/1
中国社会科学院图书馆	cass.org.cn	北京中科三方网络技术有限公司	中国社会科学院	1997/10/13	2018/10/13
中国医学科学院图书馆	imicams.ac.cn	北京中科三方网络技术有限公司	中国医学科学院医学信息研究所	1997/1/5	2021/7/1
中国农业科学院图书馆	nais.net.cn	阿里云计算有限公司（万网）	中国农业科学院农业信息研究所	2005/6/28	2018/6/28

资料来源：利用"站长工具"（http://tool.chinaz.com/）进行辅助分析。

2. 图书馆网站测速情况

研究表明，用户最满意的打开网页时间是 2 秒以内，用户能等待的时间为 6—8 秒。[①] 如果网页打开速度太慢的话，容易让用户忘了下一步要干什么，会让他们重新回忆，进而会恶化用户的使用体验。有搜索引擎做过一个试验，显示 10 条搜索结果的页面载入需要 0.4 秒，显示 30 条搜索结果的页面载入需要 0.9 秒，结果后者使其总的流量和收入减少了 20%。Amazon 的统计也显示了相近的结果，首页打开时间每增加 100 毫秒，网站销售量会减少 1%。因此，为提高图书馆用户的使用体验，图书馆网站首页的打开速度是需要考虑的。

---

① 于长钺、于秀山、马睿涵：《基于网站集中的 Web 信息搜索速度优化研究》，《情报科学》2012 年第 5 期。

对四大科学院图书馆网站的速度测试结果，中国医学科学院图书馆与中国农业科学院图书馆的速度较中国科学院图书馆和中国社会科学院图书馆的速度略快。四大科学院图书馆网站在我国大陆各省、直辖市、自治区（以下简称省份）的速度测试结果如表 4-16 所示。

表 4-16　　　　四大科学院图书馆网站速度测试结果　　　　单位：毫秒

序号	省（市、区）	中国科学院	中国社会科学院	中国医学科学院	中国农业科学院
1	北京市	1200—1600	400—800	≤400	≤400
2	天津市	1200—1600	400—800	≤400	>1600
3	上海市	>1600	800—1200	400—800	800—1200
4	重庆市	400—800	1200—1600	≤400	≤400
5	河北省	>1600	400—800	≤400	≤400
6	山西省	>1600	400—800	≤400	≤400
7	辽宁省	400—800	400—800	≤400	≤400
8	吉林省	—	—	—	—
9	黑龙江省	1200—1600	800—1200	≤400	≤400
10	江苏省	1200—1600	800—1200	≤400	≤400
11	浙江省	800—1200	800—1200	≤400	400—800
12	安徽省	1200—1600	400—800	400—800	400—800
13	福建省	1200—1600	1200—1600	≤400	400—800
14	江西省	1200—1600	1200—1600	400—800	800—1200
15	山东省	1200—1600	400—800	400—800	≤400
16	河南省	超时	超时	≤400	超时
17	湖北省	>1600	>1600	>1600	>1600
18	湖南省	800—1200	800—1200	≤400	400—800
19	广东省	1200—1600	1200—1600	>1600	400—800
20	海南省	—	—	—	—
21	四川省	>1600	800—1200	400—800	超时
22	贵州省	>1600	>1600	800—1200	>1600
23	云南省	1200—1600	800—1200	400—800	≤400
24	陕西省	800—1200	>1600	≤400	400—800

续表

序号	省（市、区）	中国科学院	中国社会科学院	中国医学科学院	中国农业科学院
25	甘肃省	——	——	——	——
26	青海省	——	——	——	——
27	台湾省	——	——	——	——
28	内蒙古自治区	——	——	——	——
29	广西壮族自治区	1200—1600	1200—1600	400—800	400—800
30	西藏自治区	——	——	——	——
31	宁夏回族自治区	——	——	——	——
32	新疆维吾尔自治区	>1600	>1600	800—1200	800—1200
33	香港特别行政区	——	——	——	——
34	澳门特别行政区	——	——	——	——

注：表中"——"表示未进行测试。

将表 4-16 中的测试结果进行整理后如表 4-17 所示。从表 4-17 可知，中国医学科学院图书馆、中国农业科学院图书馆的访问速度低于 400 毫秒的省份分别有 13 个和 9 个，没有访问超时的省份，但是中国科学院图书馆和中国社会科学院图书馆访问速度没有低于 400 毫秒的省份，且分别都有一个省份出现超时。中国科学院图书馆有 11 个省份的测试速度在 1200—1600 毫秒的速度段，有 7 个省份的测试速度在高于

表 4-17　　四大科学院图书馆网站速度测试结果汇总

序号	速度（毫秒）	中国科学院	中国社会科学院	中国医学科学院	中国农业科学院
1	≤400	0	0	13	9
2	400—800	2	7	7	7
3	800—1200	3	7	2	3
4	1200—1600	11	5	0	0
5	>1600	7	4	2	3
6	超时	1	1	0	2
7	——	10	10	10	10

1600 毫秒的速度段；中国社会科学院图书馆的测试速度则主要集中在 400—800 毫秒和 800—1200 毫秒的速度段；中国医学科学院图书馆则主要集中在低于 400 毫秒及 400—800 毫秒的速度段；中国农业科学院图书馆与中国医学科学院图书馆的速度测试情况类似，也是主要集中在低于 400 毫秒及 400—800 毫秒的速度段。

（二）由搜索引擎反推的数字资源利用情况

要想使用图书馆的数字资源，访问图书馆网站是不可避免的。数字资源访问次数越多，图书馆网站的访问量就越大，搜索引擎对该网站的评估值就越高。由此反推，从搜索引擎对图书馆网站的评估值出发测度图书馆网站的访问量，从而测度数字资源的访问情况。

1. 基于搜索引擎 PR 值反推的数字资源利用情况

PR 值全称为 PageRank（网页级别），PR 值是 Google 等搜索引擎用于标识网页的等级、重要性、网站的好坏的重要标准之一。本书使用 Google 和搜狗两个搜索引擎给出的 PR 值来反推四大科学院图书馆数字资源的使用情况，其中 Google PR 值主要代表国（境）外对该图书馆网站的访问情况，搜狗 PR 值则主要代表国（境）内对该图书馆网站的访问情况。PR 值级别从 0 到 10，其中 10 级为满分。PR 值越高说明该网页越受欢迎，访问量越大。例如：一个 PR 值为 1 的网站表明这个网站不太具有流行度，而 PR 值为 7 到 10 则表明这个网站非常受欢迎，访问量很大，或者说该网站极其重要。一般情况下，如果 PR 值达到 4，就是一个不错的网站。例如，Google 把自己网站的 PR 值计算为 9，这说明 Google 这个网站是非常受欢迎的，访问量很大，也可以说这个网站非常重要。基于搜索引擎反推的四大科学院图书馆数字资源使用情况如表 4 - 18 所示。

表 4 - 18　基于搜索引擎 PR 值反推的数字资源使用情况

序号	图书馆	Google PR 值	搜狗 PR 值
1	中国科学院图书馆	7	6
2	中国社会科学院图书馆	—	1

续表

序号	图书馆	Google PR 值	搜狗 PR 值
3	中国医学科学院图书馆	—	5
4	中国农业科学院图书馆	6	4

注：表中"—"表示未检测到 PR 值。

由表 4-18 反推的数据可知，在四大科学院图书馆中，中国科学院图书馆数字资源的访问量在四个科学院图书馆中最大，其 Google PR 值达到 7 级，搜狗 PR 值为 6，这两个搜索引擎的 PR 值均是四大科学院图书馆中最大的。其次是中国农业科学院图书馆，其 Google PR 值为 6 级，搜狗 PR 值为 4。列第三位的是中国医学科学院图书馆，虽然无 Google PR 值，但其搜狗 PR 值却达到 5 级。最后一位是中国社会科学院图书馆，在无 Google PR 值的情况下，其搜狗 PR 值也仅为 1。

2. 基于搜索引擎权重反推的数字资源利用情况

搜索引擎权重是针对网站访问历史预估的访问流量情况，同样是划分出 0—9 共计十个等级。权重数值越大，说明网站自然流量越大，自然流量大，权重与流量之间是相辅相成的。基于搜索引擎权重反推的数字资源使用情况如表 4-19 所示。

表 4-19　　基于搜索引擎值权重反推的数字资源使用情况

序号	图书馆	百度搜索引擎 PC 值 权重	百度搜索引擎 PC 值 预估流量	百度搜索引擎 移动值 权重	百度搜索引擎 移动值 预估流量	360 搜索引擎 PC 值 权重	360 搜索引擎 PC 值 预估流量	360 搜索引擎 移动值 权重	360 搜索引擎 移动值 预估流量
1	中国科学院图书馆	2	413↑	2	107↓	2	186↑	1	52—
2	中国社会科学院图书馆	2	226↑	1	26↑	1	32↓	1	19↓
3	中国医学科学院图书馆	2	181↑	1	29↑	1	6—	1	1—
4	中国农业科学院图书馆	0	0↓	0	0↓	0	39↓	0	4↓

注：表中"↑"表示呈上升趋势，"↓"表示呈下降趋势，"—"表示基本无变化。

从表 4-19 可知，根据搜索引擎权重反推的四大科学院图书馆的流量是比较低的。中国科学院、中国社会科学院及中国医学科学院三大科学院图书馆的百度 PC 权重均为 2 级，也就是说百度预估通过电脑等非移动端访问这三大图书馆的流量仅在 100—499 之间；360 测度的这三大科学院图书馆 PC 权重除中国科学院图书馆为 2 外，另外两个图书馆的 PC 权重值均为 1，也就是说中国社会科学院和中国医学科学院图书馆的流量仅在 0—99 之间。从手机等移动端预估的访问量来看，无论是百度搜索引擎还是 360 搜索引擎，测度的中国科学院图书馆的移动端权重为 2，另外两个图书馆的移动端权重均为 1，也就是说另外两个图书馆的移动端流量均在 0—99 之间。中国农业科学院图书馆搜索引擎权重均为 0，预估的流量均非常低。

这种情况的出现是由于受到搜索引擎权重计算方法的限制，例如百度权重的计算仅是根据竞价排名网站情况来测度，这对于图书馆等公益性网站来说无疑会受到严重影响。

四 基于数据库商的数字资源利用变化趋势情况

此节均以中国社会科学院图书馆为对象进行分析。

（一）2015—2016 年度数字资源利用变化趋势情况

截至 2016 年底，中国社会科学院图书馆中、外文数据库合计 70 个，其中 2016 年全年正式购买使用的有 24 个数据库，包括 8 个中文数据库和 16 个外文数据库。依据 2016 年各数据库使用量统计，下面主要对数字资源总体使用情况、电子期刊和电子图书的总体使用情况以及具有代表性的中、外文数字资源使用情况进行统计。

1. 数字资源总体使用情况

（1）数字资源全年使用量统计

2016 年中国社会科学院图书馆数字资源访问次数达 1529.40 万次，全文下载篇数达 1769.66 万篇。

（2）中外文数据库全年使用量对比

中文数据库访问次数为 1523.21 万次，全文下载篇数为 1633.48 万篇；外文数据库访问次数为 6.19 万次，全文下载篇数为 136.18 万篇，如表4-20所示。从整体来看，中国社会科学院科研人员对中文数据库的使用量较大。

表4-20 2016年数字资源使用情况汇总

时间（年）	数字资源	访问次数（万次）	全文下载篇数（万篇）
2016	中文数据库	1523.21	1633.48
	外文数据库	6.19	136.18
	总计	1529.40	1769.66

2. 数字资源月度使用变化情况

（1）数字资源分月使用量统计

中国社会科学院图书馆2016年各月使用量统计如表4-21所示。

表4-21 2016年数字资源月度使用情况

时间（月）	访问次数（万次）	全文下载篇数（万篇）
1	134.32	122.77
2	86.13	124.64
3	155.56	142.58
4	141.20	136.09
5	92.94	194.09
6	86.68	148.97
7	89.35	156.11
8	93.00	60.49
9	121.77	193.01
10	145.36	159.69
11	150.41	152.90
12	214.21	155.75
合计	1510.93	1747.09

从图4-1可以清晰地看出，数字资源访问情况与假期、毕业等紧密相关。例如，2月是寒假放假时间，该月的数据资源访问次数从1月

的 134.32 万次下降至 86.13 万次，而 3 月开学季又迅速上升。虽然 2 月的访问次数下降了，但是全文下载篇数却并未下降，也就是说每访问一次数字资源意味着更多全文的下载。这也可能与大家下载资料后带回家阅读有关。特别是到了 5 月（访问次数 92.94 万次，全文下载篇数为 194.09 万篇），每访问一次意味着更多次数的全文下载，因为 5 月意味着答辩前修改论文的最后时间。5—8 月是毕业季，是暑假，所以访问次数处于全年一个较低的时期，特别是 8 月（访问次数 93.00 万次，全文下载篇数为 60.49 万篇）降至全年最低。9—12 月的访问次数属于上升趋势，这与开学后进入新的学习周期是有密切关系的。有意思的是，9—12 月的访问次数呈现上升趋势，但全文下载篇数却呈现下降趋势，这可能受到新入学学生文献使用习惯的影响。

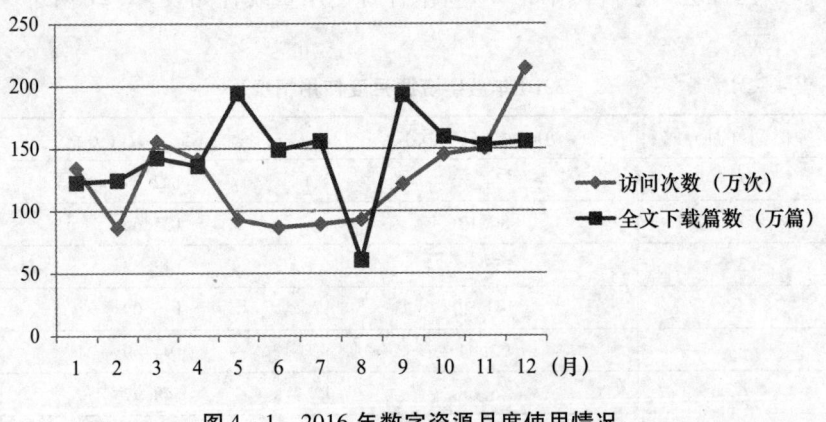

图 4-1　2016 年数字资源月度使用情况

（2）中外文数据库分月使用量对比

① 中文数据库分月使用量统计情况

中文数据库分月使用量统计如表 4-22 所示。从表 4-22 可知中国社会科学院图书馆读者以使用中文数字资源为主，2016 年中文数据库访问次数（1504.77 万次），占所有数据库访问次数（1510.93 万次）的 99.59%，中文全文下载篇数（1610.92 万篇）占所有下载篇数（1747.09 万篇）的 92.21%。

表 4-22　　　　　　　2016 年中文数据库月度使用情况

时间（月）	访问次数（万次）	全文下载篇数（万篇）
1	133.93	115.30
2	85.91	120.44
3	155.09	133.13
4	140.73	130.62
5	92.52	183.32
6	86.26	137.41
7	88.53	146.11
8	92.56	55.99
9	121.14	165.13
10	144.63	144.46
11	149.97	138.78
12	213.50	140.23
合计	1504.77	1610.92

从图 4-2 可以清晰地看出，中文数据库的访问次数和全文下载篇数图形与所有数据库的情形基本一致。

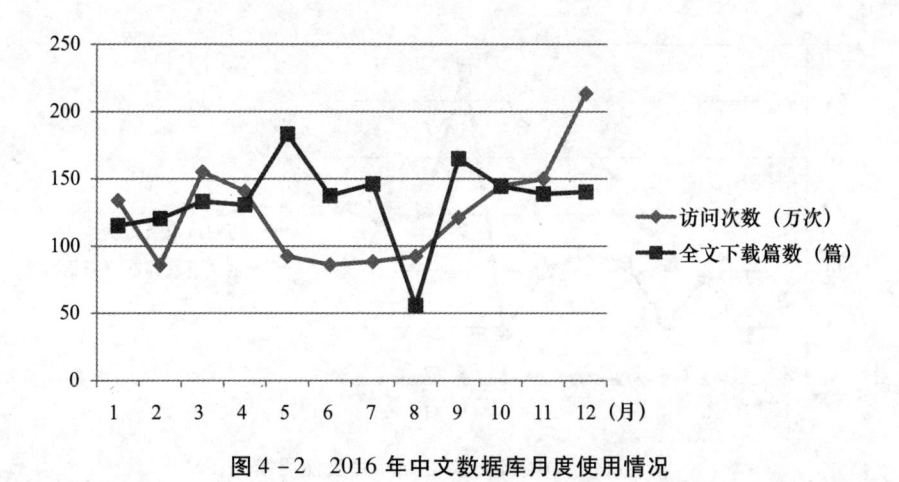

图 4-2　2016 年中文数据库月度使用情况

② 外文数据库分月使用量统计情况

外文数据库分月使用量统计如表4-23所示。从表4-23可知，外文数据库的访问次数与全文下载篇数和中文相比均处于比较低的水平。

表4-23　　　　　　　2016年外文数据库各月使用情况

时间（月）	访问次数（万次）	全文下载篇数（万篇）
1	0.3952	7.4623
2	0.2226	4.2009
3	0.4637	9.4531
4	0.4629	5.4746
5	0.4145	10.7710
6	0.4183	11.5559
7	0.8221	10.0084
8	0.4663	4.5052
9	0.627	27.8802
10	0.7364	15.2350
11	0.4484	14.1235
12	0.7076	15.5245

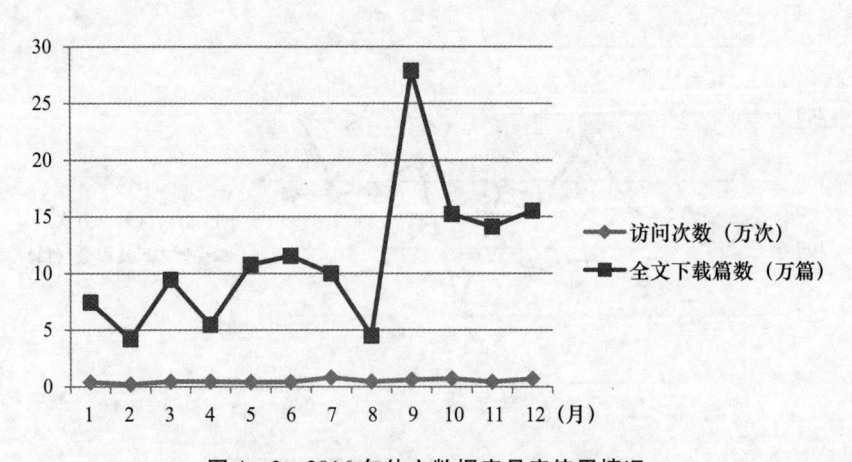

图4-3　2016年外文数据库月度使用情况

根据对 2016 年全年外文数据库分月使用情况统计，从全文下载篇数可以看出，外文数据库 2 月使用量最小，访问次数 0.22 万次，全文下载篇数 4.20 万篇；9 月使用量最大，其访问次数 0.63 万次，全文下载篇数为 27.88 万篇。

3. 数字资源年度使用变化情况

下面以中国社会科学院图书馆在 2015—2016 年连续两年均购买使用的数据库（如表 4-24 所示）为对象，分析数字资源年度使用变化情况。

表 4-24　　　　　2015—2016 年连续使用数字资源

序号	数据库名称
1	人民日报图文数据库
2	晚清、民国时期期刊全文数据库
3	知网—中国学术期刊全文总库
4	知网—中国优秀硕士学位论文全文数据库
5	知网—中国博士学位论文全文数据库
6	知网—中国重要报纸全文数据库
7	知网—中国重要会议论文全文数据库
8	知网—中国经济与社会发展统计数据库
9	搜数网统计数据库
10	中国资讯行高校财经数据库
11	CEIC 经济数据库
12	牛津大学出版社数据库
13	A&HCI 数据库
14	ProQuest—近现代中国英文报纸库
15	ProQuest-DNSA—解密后的美国国家安全档案
16	ProQuest—越南战争和美国外交政策 1960—1975
17	SAGE 研究方法在线
18	SAGE 全文期刊数据库

续表

序号	数据库名称
19	SAGE 过刊库
20	T&F 南亚回溯数据库

对比 2015 年相同数据库的统计数据，2016 年中国社会科学院图书馆数字资源访问次数相对减少，但全文下载篇数有大幅增加。

表 4-25　　　2015—2016 年数字资源使用情况对比

时间（年）	访问次数（万次）	全文下载篇数（万篇）
2015	1840.78	186.31
2016	1504.76	497.27

从图 4-4 则可以清晰地看出这种变化。

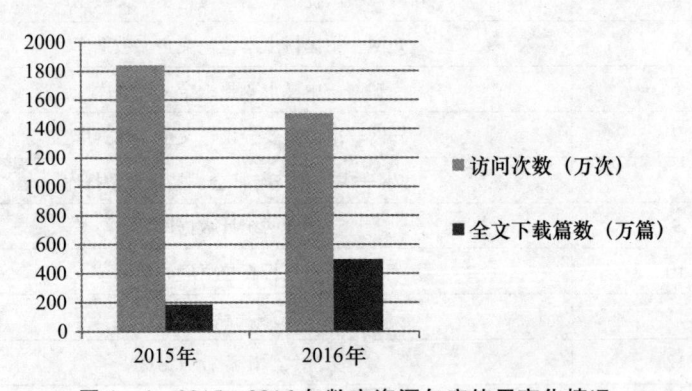

图 4-4　2015—2016 年数字资源年度使用变化情况

4. 中文代表性在线版数据库使用变化情况

下面以中国知网（网络版）为对象分析中文数据库使用情况，2016 年中文在线版数据库使用排名如表 4-26 所示。根据 2016 年中文各数据库使用统计情况对比，按照全文下载篇数排序中国知网访问次数达 1419.45 万次，占访问总次数的 95%；全文下载篇数达 332.02 万篇，占全文下载总篇数的 67%，在中文网络版数据库排名第一。

表4-26　　　　2016年数字资源（中文网络版）使用情况

数据库名称	访问次数（万次）	全文下载篇数（万次）
知网	1419.45	332.02
搜数网统计数据库	9.95	12.47
中国资讯行高校财经数据库	8.51	10.11

从图4-5可清晰地看出中国知网、搜数网和中国资讯行高校财经数据库三者的访问次数和全文下载篇数情况。

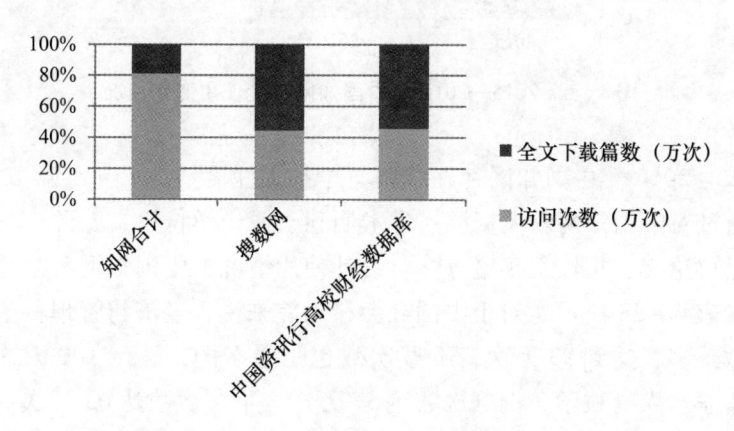

图4-5　2016年数字资源（中文网络版）使用情况

（1）2015年和2016年中国知网使用情况对比

表4-27　　　　2015—2016年中国知网年度使用变化情况

时间（年）	检索次数（万次）	全文下载篇数（万篇）	浏览次数（万次）	拒绝登录次数（万次）
2015	2142.7	199.2	157.7	1.1
2016	1419.4458	332.0154	157.6416	0.3318

中国知网连续两年的检索次数、全文下载篇数、浏览次数和拒绝登录次数如图4-6所示。从图中可以清晰地看出相比较2015年，2016年中国知网（在线版）全文下载篇数、浏览次数有所增长，拒绝登录

次数已远少于 2015 年。

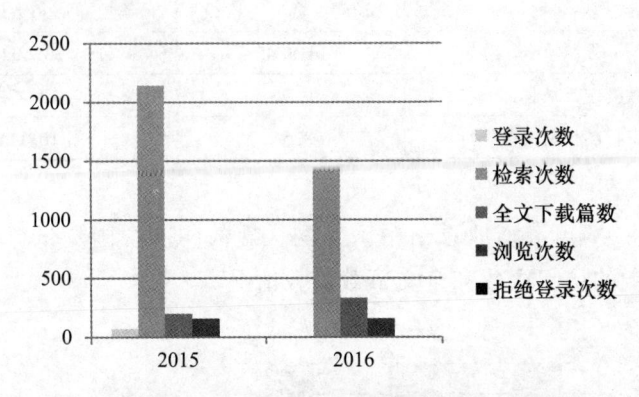

图 4-6　2015—2016 年中国知网年度使用变化情况

(2) 2016 年中国知网（在线版）学科关注度情况

通过对中国知网六大资源：学术期刊、博士学位论文、硕士学位论文、会议论文、报纸、年鉴分学科统计使用情况，中国知网各学科使用情况如表 4-28 所示。对于中国社会科学院来说，经济与管理科学的浏览次数最多，达到 93 万次，下载次数也是最多的，达到 100 万次。其次是哲学与人文科学，浏览次数达 57 万次，下载次数达 63 万次。社会科学Ⅰ辑和社会科学Ⅱ辑分列第三位和第四位。

表 4-28　　　　2016 年中国知网各学科使用情况

学科分类	浏览次数（万次）	下载次数（万次）
经济与管理科学	93.4277	100.1786
哲学与人文科学	57.3893	63.1085
社会科学Ⅰ辑	55.9910	60.4038
社会科学Ⅱ辑	15.9744	17.4564
信息科技	9.9324	10.6216
工程科技Ⅰ辑	4.8770	4.9626
工程科技Ⅱ辑	4.6324	4.8310

续表

学科分类	浏览次数（万次）	下载次数（万次）
基础科学	3.7374	4.0142
医药卫生科技	2.9276	2.8155
农业科技	1.3264	1.4524

5. 中文代表性镜像数据库使用情况

以晚清民国期刊全文数据库（镜像版）为对象进行分析。晚清民国期刊全文数据库是中国社会科学院图书馆所购古籍资源之一，对比该馆目前正在使用的镜像版数据库，按访问次数排序，晚清民国期刊全文数据库访问次数49.22万次，全文下载篇数6.55万篇，排名第一位，如表4-29所示。

表4-29　　　　　　　2016年中文镜像版数据库使用情况

学科分类	访问次数（万次）	全文下载篇数（万篇）
晚清民国期刊全文数据库	49.22	6.55
中国基本古籍库	45.5	1272.34
书同文（合计）	16.52	
青苹果申报系列数据库（合计）	12.21	
搜数网统计数据库	9.95	12.47
东方杂志全文检索数据库	8.82	
中华经典古籍库	3.54	
中国共产党思想理论数据库	1.54	
人民日报图文数据库	1.52	
雕龙古籍数据库（合计）	0.05	
中国历代典籍总目分析系统	0.02	

从图4-7可以清晰地看出，晚清民国期刊全文数据库与中国基本古籍库的使用量远大于其他数据库。

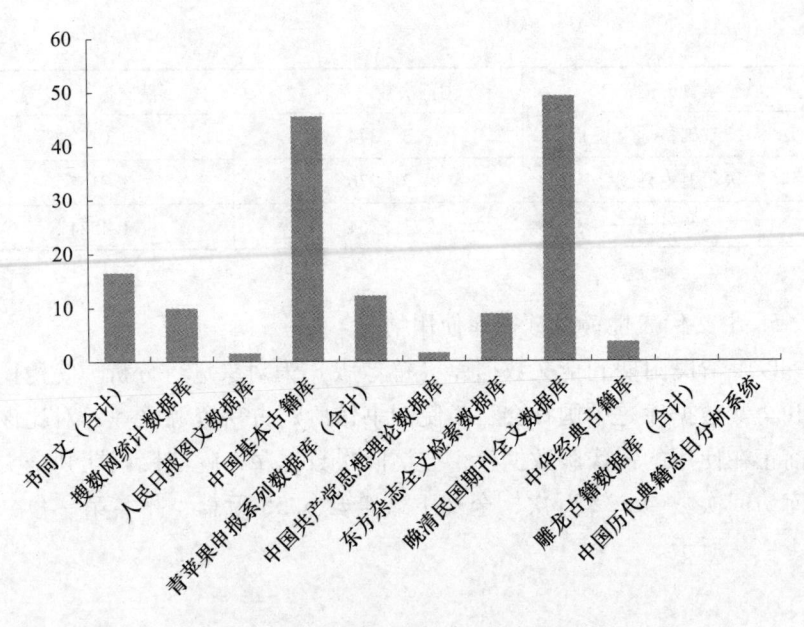

图4-7　2016年镜像版数据库访问量对比

6. 外文代表性数据库使用情况

以CEIC为对象分析外文数据库的使用情况。中国社会科学院图书馆引进的CEIC数据库为数值数据，按照各数据库全文下载篇数排名，2016年CEIC数据库全文下载篇数达130.22万篇，占全文下载总篇数的26%，排名第一。

表4-30　　　　2016年外文镜像版数据库使用情况

学科分类	访问次数（万次）	全文下载篇数（万篇）
CEIC经济数据库		130.22
SAGE全文期刊数据库	0.04	2.14
ProQuest（合计）	2.92	1.46
T&F南亚回溯数据库	1.11	0.86
牛津大学出版社数据库		0.47
SAGE过刊库	0.04	0.06
Arabia Monitor	0.05	0.05

续表

学科分类	访问次数（万次）	全文下载篇数（万篇）
SAGE 研究方法在线	0.02	0.01
A&HCI	0.36	
SSCI	1.08	

从图 4-8 可以清晰地看出 CEIC 经济数据库在中国社会科学院科研工作中发挥的作用。

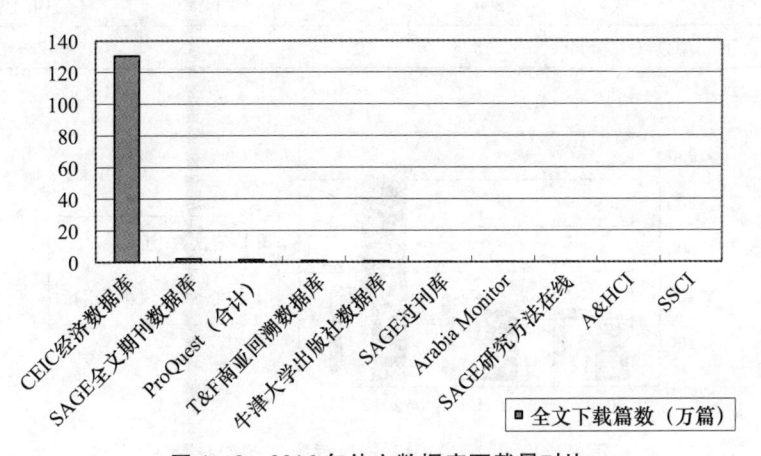

图 4-8　2016 年外文数据库下载量对比

（七）2010—2012 年度数字资源利用变化趋势情况

1. 数字资源使用情况概述

总体而言，2010—2012 年中国社会科学院图书馆数字资源使用情况良好，稳中有升。在 2010—2012 年期间，检索总次数达到 1314.1 万次，全文下载总篇数达到 982.7 万篇。其中，2012 年的总检索次数为 844.8 万次，全文下载篇数为 362.8 万篇。

电子期刊是数字资源的重要组成部分，在中国社会科学院图书馆已经形成了比较完善的馆藏和稳定的用户群体与使用习惯，使用量大，使用统计的发展趋势与数字资源的总体使用情况相一致。电子图书当时刚兴起，读者还处于阅读习惯的培养阶段，使用量虽然不大，但也呈现逐年上升趋势。此外，研究报告、数值数据、参考资料等其他载体类型也越来越得到中国社会科学院科研人员的青睐。下面主要对数字资源使用概况、电子期刊和电子图书的使用情况逐年进行统计和分析。

(1) 数字资源总体使用情况

表4-31清晰地显示了2010—2012年数据库检索次数和全文下载篇数的变化趋势。

表4-31　　　　　2010—2012年数据库使用变化情况

时间（年）	2010	2011	2012	2010—2012
检索次数（万次）	204.1	265.2	844.8	1314.1
全文下载篇数（万篇）	268.3	351.6	362.8	982.7

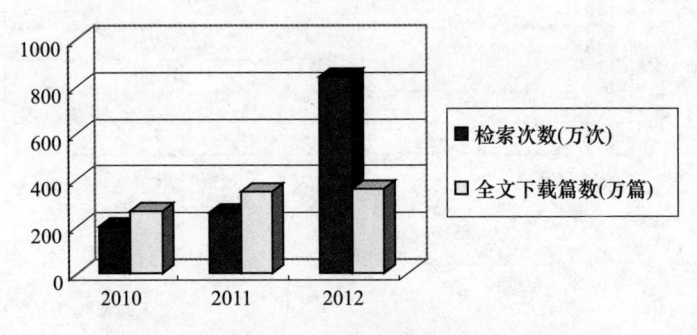

图4-9　2010—2012年数据库使用变化情况

注：根据CNKI后台统计，2012年CNKI资源总的检索次数为705.7万次，比2011年高出将近500万次，推断原因是中国社会科学院2012年全面开通了CNKI所有资源的试用，促使检索量剧增所致。因此，2012年中国社会科学院图书馆数据库总的检索次数剧增至844.8万次。

(2) 电子期刊使用情况

2010—2012年度，中国社会科学院图书馆电子期刊使用变化情况如表4-32所示。

表4-32　　　　　2010—2012年电子期刊使用变化情况

时间（年）	2010	2011	2012
检索次数（万次）	80.1	113.2	220.3
全文下载篇数（万篇）	183.5	231.5	257

从图 4-10 可以清晰地看出数字资源在这三年的使用变化情况。

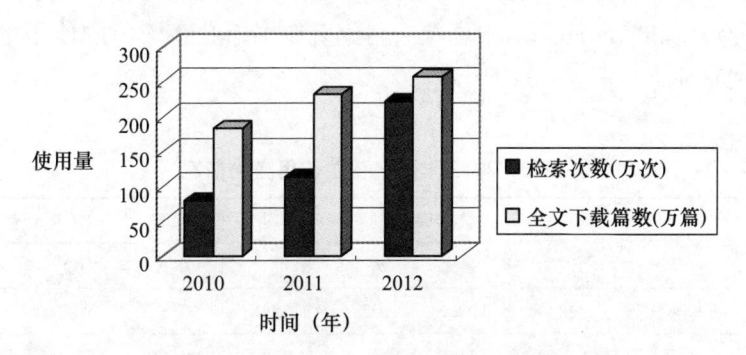

图 4-10　2010—2012 年电子期刊使用变化情况

（3）电子图书使用情况

2010—2012 年中国社会科学院图书馆电子图书的使用变化情况如表 4-33 所示。

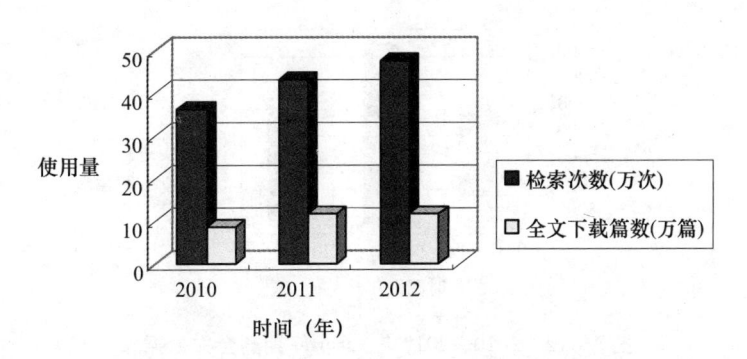

表 4-33　　　　2010—2012 年电子图书使用变化情况

时间（年）	2010	2011	2012
检索次数（万次）	36.1	43.1	47.7
全文下载篇数（万篇）	8.5	11.7	11.7

图 4-11　2010—2012 年电子图书使用变化情况

2. 数字资源使用情况详细数据

在对数字资源使用总体情况进行整理和分析的基础上,这里进一步从语种角度和时间序列对中国社会科学院图书馆数字资源的使用情况进行详细整理,如表4-34所示。

表4-34　　　　2010—2012年数字资源使用变化情况

年份	统计项	数据库使用量 中文	数据库使用量 外文	电子图书使用量 中文	电子图书使用量 外文	电子期刊使用量 中文	电子期刊使用量 外文
2010	检索次数（万次）	193.8	102.5	35.8	0.3	74.8	5.3
2010	全文下载篇数（万篇）	214.9	53.4	7.9	0.6	171.0	12.5
2011	检索次数（万次）	250.1	14.9	42.5	0.6	107.3	5.9
2011	全文下载篇数（万篇）	272.4	79.2	10.7	1.0	216.7	14.8
2012	检索次数（万次）	821.3	23.5	46.5	1.2	211.5	8.8
2012	全文下载篇数（万篇）	333.0	29.8	11.3	0.4	241.7	15.4

3. 中外文数字资源使用情况列举

在中外文数字资源中,Elsevier、JSTOR、中国学术期刊网络出版总库的使用情况都比较好,这三个数据库2010—2012年使用情况如图4-12至图4-14所示。

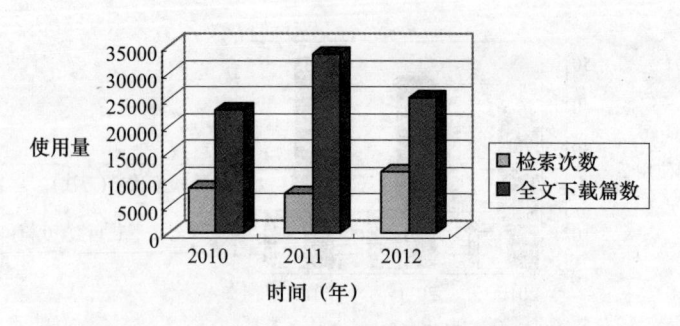

图4-12　2010—2012年Elsevier期刊全文数据库使用变化情况

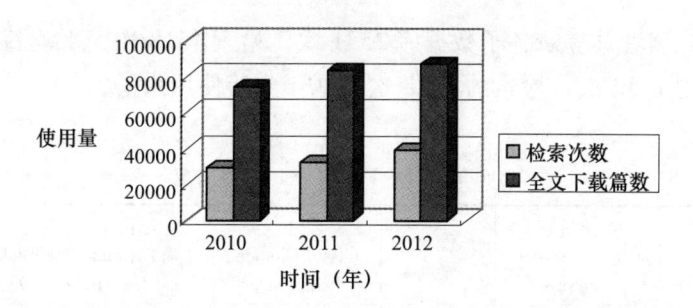

图 4–13　2010—2012 年 JSTOR 期刊全文数据库使用变化情况

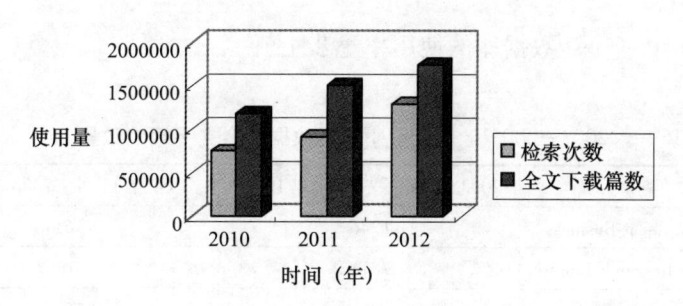

图 4–14　2010—2012 年中国学术期刊网络出版总库使用变化情况

（三）其他年度数字资源利用变化趋势情况

1. 2005 年数字资源利用情况

（1） JSTOR 数据库

JSTOR 数据库是较受欢迎的外文数据库，2004 年全年全文下载 119678 篇，而 2005 年度截至 11 月 9 日上午，全文下载就已达到 186282 篇，平均每月全文下载 1.8 万篇，远远高于 JSTOR 全球同类数据库的平均水平。各学科对 JSTOR 使用的偏好有较大差别。经济管理、国际政治、社会学和哲学等学科使用较多，经济管理类期刊尤其受欢迎，数据库中全文下载最多的 5 种期刊全部为经济类期刊。

（2） OCLC FirstSearch 数据库

2005 年 OCLC FirstSearch 在中国社会科学院使用情况保持平稳（见表 4–35）。截至 2005 年 10 月（含），中国社会科学院读者共使用 OCLC FirstSearch 1657 次进程。由于中国社会科学院订购的 OCLC FirstSearch 只有 2 个并发用户，因此同时被拒绝的进程也有 248 次。中国社会科学院读者共登录各子数据库 2531 次，检索 4518 次，平均每进程登录数据约 1.53 次，检索约 2.73 次，属于中等使用水平。

表 4-35 2005 年 OCLC FirstSearch 使用情况

进程数 （次） (Sessions)	拒绝进程 （次）(Session Turnaways)	登录 (logons)	检索（次） (Total Citation Searches)	全文下载 （篇）(Full Text Used)	文摘（篇） (Total Abstract Displays)
1657	248	2531	4518	993	357

（3）ProQuest 数据库的使用率稳步上升

表 4-36 2003—2005 年 ProQuest 系列数据库全文下载的数量　　　　单位：次

	2003 年 11 月—2004 年 10 月	2004 年 11 月—2005 年 10 月
ProQuest Asian Business	1246	1611
Academic Research Library	7811	10119
ProQuest Newspapers	657	1543

（4）Kluwer 数据库的使用率保持平稳

表 4-37 2004—2005 年 Kluwer 数据库平均每月使用情况统计　　　　单位：次

	登录人次	检索次数	浏览次数	下载次数
2005 年（1—9 月平均）	185	189	468	169
2004 年（全年平均）	245	196	1198	168

（5）中国资讯行高校财经数据库是中文数据库中使用量较高的数据库

表 4-38 中国资讯行高校财经数据库 2005 年 1—10 月下载情况

月份	下载量（万字节）
1	4425.021
2	2152.191

续表

月份	下载量（万字节）
3	4849.515
4	2938.447
5	1377.991
6	1757.418
7	3313.088
8	428.2883
9	1663.766
10	3490.018
合计	26395.74

2. 2006 年数字资源利用情况

2006 年绝大多数电子资源数据库的访问统计呈持续上升趋势。例如，JSTOR 数据库 2006 年平均每月全文下载 1.7 万篇，基本与上一年持平，远高于 JSTOR 全球同类订购单位的平均下载水平。商业、经济学等学科的下载量尤其大，其中 American Economic Review 更是达到了 10065 篇的下载量。ProQuest 系列数据库下载量也有较大增加，例如 Asia Business、Academic Research Library（ARL）和 Newspapers 2005 年的下载量分别为 1611 篇、10119 篇和 1543 篇，而 2006 年下载量分别达到 3064 篇、18592 篇和 5038 篇，增幅分别为 90%、84% 和 227%。中文方面，中经网日平均访问超过 70 次。人民日报全文数据库前 10 月共检索 2.4 万次（不包括 4 月），人大报刊复印资料全文被检索 1.6 万次（不包括 4 月）。与国内各高校和科研机构相比，中国社会科学院对引进的电子资源的使用率水平总体上是比较高的。

3. 2010 年数字资源利用情况

2010 年 1—10 月部分数据库的使用情况统计如下。

中文数据库中，维普期刊数据库合计访问 65293 人次，全文下载 111271 篇。中国期刊全文数据库检索次数 290156 次，浏览次数 171494 次，全文下载 212186 次。中国博士学位论文全文数据库检索次数 242674 次，浏览次数 18341 次，全文下载 25716 次。中国优秀硕士学位论文全文数据库检索次数 230372 次，浏览次数 29627 次，全文下载 45088 次。中国年鉴网络出版总库检索次数 128817 次，浏览次数 924 次，全文下载 4407 次。国研网登录次数 70763 次，检索次数 47744 次，全文下载 62025 篇。

外文期刊全文数据库中，JSTOR 的使用状况仍然保持较高，检索次数为 22667 次，全文下载 14709 篇。EBSCO 平台全部数据库（包括试用数据库）登录次数 2623 次，检索次数 38671 次，全文下载 4367 篇，文摘下载 1996 篇。其中，EconLit with Full Text 检索次数 4481 次，全文下载 2360 篇。和上一年相比，有所下降。SocINDEX with Full Text 检索次数 1683 次，全文下载 713 篇。ScienceDirect 电子期刊年全文下载量为 6980 篇，和上一年相比有所下降；Emerald 年全文下载量为 6194 篇，检索量 6603 篇，登录量 8258 次。SAGE 全文下载量 8153 篇。ProQuest 数据库总的检索次数为 8228 次，较上一年有所增加。其中 Academic Research Library 检索次数为 4821 次；ProQuest Asian Business and Reference 检索次数为 1100 次；ProQuest Dissertations and Theses 检索次数为 483 次；ProQuest Newspapers（Christian Science Monitor/New York Times/）检索次数为 1231 次。

其他类型数据库，如 NewsBank 报纸全文数据库检索次数 955 次，和上一年相比有所下降。GALE 参考资料数据库用户在线总时间为 13296 分钟，总检索次数 4647 次，全文下载 1075 篇。OCLC 文摘索引数据库检索次数为 6680 次。EB-online 数据库登录次数为 4386 次。

4. 2011 年数字资源利用情况

2011 年 1—10 月部分数据库的使用情况统计如下。

维普期刊数据库合计访问 172031 人次，全文下载 498521 篇。中国期刊全文数据库检索次数 1336129 次，浏览次数 837504 次，全文下载 1443657 次。中国博士学位论文全文数据库检索次数 827790 次，浏览次数 93480 次，全文下载 113348 篇。中国优秀硕士学位论文全文数据库检索次数 717111 次，浏览次数 103913 次。中国年鉴网络出版总库检索次数 376029 次，浏览次数 4597 次，全文下载 20875 篇。中国资讯行高校财经数据库检索次数 17049 次，全文下载 36476 篇。NewsBank 报纸全文数据库检索次数 2230 次，浏览次数 13844 次。

整体上看，数据库使用量呈稳步上升趋势。

5. 2012年数字资源利用情况

2011年10月至2012年10月部分数据库的使用情况统计如下。

JSTOR数据库全年下载全文83093篇，浏览次数35647次，登录次数22310次。Emerald数据库全年下载全文10133篇，检索次数10575次，登录次数12521次。Elsevier数据库全年下载全文44630篇；ProQuest点击次数160843次，登录次数885次，检索次数882次，全文获取757篇；Wiley数据库全文下载11873篇；NewsBank报纸全文数据库检索次数1959次，全文下载1565篇。

中国期刊全文数据库检索次数372675次，浏览次数264008次，全文下载219247篇。中国博士学位论文全文数据库检索次数376101次，浏览次数33887次，全文下载35513篇。中国优秀硕士学位论文全文数据库检索次数365587次，浏览次数67010次，全文下载64940篇。中国年鉴网络出版总库检索次数120171次，浏览次数2293次，全文下载8960篇。中国统计年鉴挖掘版检索次数13619次；浏览次数12798次，下载次数15481次。万方知识服务平台—数字期刊检索次数142707次，下载次数93272次；学位论文检索次数16775次；下载次数36088次。中经专网登录页数17635页；中国资讯行高校财经数据库检索次数39996次，下载次数92306次。国研网登录次数101278次。

第五章 数字资源建设与利用的建议

一 数字资源建设、统计、利用的建议

根据前面的分析和实证研究,对于数字资源的建设、统计和利用有以下建议。

(一)数字资源建设的建议

1. 建立数字资源统一平台,提升国家战略文献资源保障能力

鉴于国内单位购买的电子资源基本只能通过各数据库提供商的服务平台进行访问,一旦退订即面临无法访问已买断资源的问题,建议由国家投资建立一个统一的数字资源采购与访问平台,对全国的数字资源进行集中管理。例如,"NSTL 回溯数据服务系统"已实现对已购回溯数据资源进行有效管理和利用,供国内非营利机构能够有效地检索、浏览、下载和利用。虽然"NSTL 回溯数据服务系统"目前仅提供 15 个数据库(数据来源于 NSTL 回溯数据服务平台网站)的回溯数据,系统建设还不够完善,但这是我国首次通过自己的服务平台构建面向全国科技界的回溯全文检索获取服务,实现了对已购数字资源的本地化集中存储和利用,为将来建立统一的全国数字资源采购和访问平台奠定了基础,有效地提升了国家战略文献资源保障能力。

国家科技图书文献中心(National Science and Technology Library,简称 NSTL)是经国务院批准,于 2000 年 6 月 12 日成立的一个基于网络环境的科技信息资源服务机构。中心由中国科学院文献情报中心、中国科学技术信息研究所、机械工业信息研究院、冶金工业信息标准研究院、

中国化工信息中心、中国农业科学院农业信息研究所、中国医学科学院医学信息研究所、中国标准化研究院标准馆和中国计量科学研究院文献馆组成。不无遗憾的是，NSTL 在框架设计上就未涉及我国人文社会科学领域。因此在 NSTL 基础上，须构建国家级、全学科的数字资源平台。

2. 加强交流合作，促进各图书馆间信息资源共建共享

数字资源的国际化采购正在萌芽，以行业或系统为联盟的集团采购有逐步向国家采购和全球性合作采购发展的趋向。信息资源保障不等同于采购，还可以通过资源共享实现。我国的资源共享体系分为中国科学院、NSTL、国家图书馆、CALIS、CASHL 等几大阵营，各大阵营各自为政，虽有共同的资源共享诉求，然彼此间的合作却并不顺畅。由于没有统一的全国文献资源集成发现平台，检索时需要在各大网站逐一检索，极不方便。各科研、教育机构对化学、物理等重点学科领域的核心资源重复建设现象严重，而对人文社会科学领域、边缘交叉学科、新兴高新科技等领域的重要文献则普遍存在较大缺口。为提高数字资源的建设力度，建议组建全国统一的文献情报系统，以共知、共建、共享为目的，将信息资源保障提升到国家战略，对于利用率较低的纸本书则应统筹协调，合理配置，减少重复建设开支，提高文献利用率。

3. 深入开展调研，为联合采购数字资源提供依据

随着集团采购逐渐进入成熟阶段，各成员单位越来越重视对数据库的评估和成本核算，包括不同数据库间的重复收录情况、数据库的 OA 期刊和论文比重、NSTL 等国家层次保障的资源情况、数据库的利用效率、使用成本、用户的满意程度等。我国对于引进电子资源的内涵研究和价值评价体系还不够深入，滞后于数字资源市场的蓬勃发展。据统计，2004 年 Pro-Quest 的 ARL 和 Ebsco 公司 ASP + BSP 的重复电子期刊达到 1254 种，并且多家图书馆还重复订购这三个数据库。为了更好地提高电子资源的利用效率、效能和价值，采购联盟要花力气对电子资源开展调研，深入分析电子资源的内涵、类型和特点，构建数字资源绩效评价的指标体系，进行前瞻性的探讨，为联盟采购决策提供数据平台和参考依据。

4. 推动数字资源开放获取，促进数字资源传播和利用

公共资金资助科研成果的开放获取，已成为各国推动科技创新和支

持经济增长的战略措施以及多数国家的科技资助机构采用的正式政策。在这个信息爆炸的时代，任何一家机构都难以买得起所需要的所有期刊。图书馆可以保障全社会获取公共资金资助科研成果权利为己任，积极参与推动学术信息的开放获取，联合推动科学知识的传播和利用，充分支持大众创业、万众创新，切实提高整个国家创新体系和社会公众的创新能力。

（二）数字资源统计的建议

1. 建立统一的数字资源统计标准

国外数字资源统计项目设置的指标之间存在很大差异，国内数字资源统计标准之间的差异也不小，这使得采用不同标准统计的数字资源有时很难进行横向比较。为有效进行数字资源建设，应建立或采用统一的数字资源统计标准。

2. 充分利用数字资源统计工具

目前，一些图书馆已开始利用数字资源统计工具采集的统计数据来协助工作。例如通过 COUNTER 查看检索统计数据，监测用户对某个数据库的接受程度；根据使用统计数据，提出推广或取消某数据库的建议；重新评估对一些以前未订购期刊的需求；重新考虑花费（基于使用量）是否在学校各院系成员中得到合理的分配；查看数字图书馆的应用情况如何，从而决定还需购置何种期刊。

3. 建立数字资源访问管理系统

在电子资源的使用过程中，为有效统计数字资源使用情况，避免发生"违规"下载行为，科学管理数字资源使用情况，保障数字资源使用畅通，可建立数字资源访问管理系统，对数字资源访问情况进行管理和实时监控，不仅可对有可能被数据库商视为"违规"下载的用户行为给予提醒和及时制止，以避免因个别用户的恶意下载行为影响所有用户的合理使用，还可以更准确更全面地了解数字资源的使用情况。[①]

[①] 北京大学图书馆：《电子资源访问管理与统计系统即将上线》，2017 年 4 月 13 日（http://www.lib.pku.edu.cn/portal/news/0000000778）。

(三) 数字资源利用的建议

1. 增加数字资源利用友好性

图书馆网站建设要有利于数字资源的使用，增加用户使用数字资源的友好性。一方面，在保护数据商知识产权的同时，尽可能地增加数字资源访问形式的多样性，如 IP 地址访问方式、VPN 方式、开放获取方式等；另一方面，简化图书馆数字资源的访问路径，方便科研人员发现资源、使用资源，如减少数字资源访问链接层级，在图书馆网站首页设置明显的数字资源提示等。

2. 加大数字资源的宣传推广力度

为充分实现数字资源的价值，需要在数字资源生命周期内，通过多种方式，鼓励更多的科研人员了解和使用该数字资源，以最大限度地实现数字资源的使用价值。

二 研究不足之处与展望

本书在研究数字资源统计标准、评价指标及数据采集方法的基础上，重点分析了新环境下影响数字资源使用的五大影响因素，然后以四大科学院图书馆为对象，分析四大图书馆数字资源的建设现状、利用情况和变化趋势，但本研究存在一些不足之处，有待进一步研究解决。

第一，数字资源统计标准有待进一步统一，评价指标有待进一步完善，并且统计和评价的效果需要进一步检验。书中提到了访问次数、点击量、下载量等数字资源利用统计指标，但是这些指标的评价效果却没有得到很好的验证，在今后的研究中可以从截面数据和面板数据两个角度入手对统计的准确性、评价的效果进行检验。

第二，在分析数字资源的影响因素时，从文献使用习惯、学科交叉演化、学术合作的跨地域和国际化、学术出版模式变化及科研评价指标导向五个方面进行了分析，但却未对资源覆盖全面性、资源利用方便性等因素的影响进行分析。

第三，在进行数字资源的实证时，虽然既有截面数据又有面板数据，但是图书馆的样本量较少，基本是以中国社会科学院图书馆的情况进行的分析，这就难免会存在一定的偏差。因此，以后研究中不仅要尽量增加图书馆的样本量，还要增加每个图书馆面板数据的样本量，这样才能更准确、更全面地反映科学院图书馆数字资源的建设和利用情况。

第四，本书主要以四大科学院图书馆为对象进行研究，未对地方科学院图书馆进行分析；由于受数据获取的限制，未能对更多科学院图书馆数字资源利用变化趋势进行分析。这是以后需要进行重点研究的内容。

附录1 资源购置经费统计表

从公共图书馆和高校图书馆两个角度来看图书馆的资源购置经费。

1. 全国公共图书馆的资源购置经费

全国公共图书馆自1979年至2015年经费支出及设置情况如附表1-1所示,该表中数据来自国家图书馆出版社出版的《中国文化文物统计年鉴(2016)》。

附表1-1　1979—2015年全国公共图书馆经费收支及设施情况

年份	收入合计（万元）	财政拨款（万元）	支出合计（万元）	新增藏量购置费（万元）
1979年	5040	5040	5206	2163
1980年	5476	5476	5486	2273
1985年	15272	15272	13393	4164
1986年	19891	19070	17242	5300
1990年	32328	29292	30271	8474
1991年	36764	32593	34388	8927
1992年	45354	39010	41132	9916
1993年	50917	42975	48211	10698
1994年	74586	60639	63295	9252
1995年	79685	65829	74080	16788
1996年	93235	76582	88963	19626
1997年	114004	93177	113927	25527
1998年	129082	107521	127032	28067

续表

年份	收入合计（万元）	财政拨款（万元）	支出合计（万元）	新增藏量购置费（万元）
1999 年	137430	115830	135826	30473
2000 年	163799	139321	157173	37141
2001 年	183368	152732	187661	36489
2002 年	213322	176882	208929	41853
2003 年	242188	205252	235819	44407
2004 年	281234	238141	275034	50780
2005 年	325880	277848	312571	59781
2006 年	366089	319479	344076	66095
2007 年	450512	395441	431326	78262
2008 年	531926	477616	519841	83832
2009 年	613175	550808	606630	104404
2010 年	646085	583685	643629	111093
2011 年	813232	756357	794778	141477
2012 年	1002068	934890	977556	147785
2013 年	1151163	1070575	1130035	165959
2014 年	1212979	1137210	1163583	170133
2015 年	1358370	1270354	1340481	197468

2. 高校图书馆的数字资源购置经费

根据教育部高等学校图书情报工作指导委员会网站（http://www.scal.edu.cn/）公布的数据，整理 640 所高校图书馆 2015 年购买数字资源经费如附表 1－2 所示。附表 1－2 中，经费的单位是"元"，百分比的计算方法如下，按照数字资源经费百分比从高到低进行排序：

- 数字资源经费百分比 = 电子资源经费/文献购置经费×100%
- 纸质资源经费百分比 = 纸质资源经费/文献购置经费×100%
- 其他资源经费百分比 = 其他资源经费/文献购置经费×100%
- 文献购置经费百分比 = 文献购置经费/年度总经费×100%

附表1-2　2015年640所高校图书馆经费统计情况

序号	机构名称	数字资源 经费(元)	数字资源 百分比(%)	纸质资源 经费(元)	纸质资源 百分比(%)	其他资源 经费(元)	其他资源 百分比(%)	文献购置 经费(元)	文献购置 百分比(%)	年度总经费(元)
1	临沂大学图书馆	3597581	100	150	0	0	0	3597731	37	9730055
2	辽源职业技术学院图书馆	258000	100	19	0	0	0	258019	100	258019
3	四川工商职业技术学院图书馆	190000	98	3000	2	0	0	193000	58	332199
4	四川文理学院图书馆	716400	87	109644	13	0	0	826044	55	1501784
5	南方医科大学图书馆	5281790	86	835000	14	35000	1	6151790	94	6518790
6	南京工程学院图书馆	1899934	86	296275	13	26847	1	2223056	78	2869366
7	汕头大学医学院图书馆	1655694	83	340776	17	0	0	1996470	93	2151646
8	北京理工大学图书馆	11250493	79	3001694	21	0	0	14252187	99	14367945
9	东北农业大学图书馆	4940953	78	1382092	22	3500	0	6326545	95	6629403
10	北京工业大学图书馆	12236350	78	3500000	22	30619	0	15766969	97	16232539
11	厦门大学图书馆	21156061	77	6018193	22	158618	1	27332871	93	29514675
12	广西大学图书馆	12039645	77	3519467	23	0	0	15559112	83	18768457
13	安徽农业大学图书馆	3783790	77	1110877	23	4000	0	4898667	85	5791064
14	青海师范大学图书馆	2138000	76	660000	24	2000	0	2800000	35	7925577
15	南昌航空大学图书馆	4167500	76	1293500	24	10000	0	5471000	76	7187000
16	山西大学图书馆	9935206	76	3107642	24	11110	0	13053958	100	13076605
17	洛阳师范学院图书馆	1904020	76	611598	24	0	0	2515618	92	2725618
18	吉林农林科技学院图书馆	2844000	76	917667	24	0	0	3761667	40	9400310
19	大连大学图书馆	5031800	76	1630847	25	0	0	6662647	33	20181495

续表

序号	机构名称	数字资源 经费(元)	数字资源 百分比(%)	纸质资源 经费(元)	纸质资源 百分比(%)	其他资源 经费(元)	其他资源 百分比(%)	文献购置 经费(元)	文献购置 百分比(%)	年度总经费(元)
20	东北电力大学图书馆	2858930	75	942900	25	0	0	3801830	35	10866582
21	上海外国语大学图书馆	5085854	75	1689034	25	0	0	6774888	100	6774888
22	湖南大学图书馆	12575376	75	4001474	24	223530	1	16800380	87	19321492
23	辽宁医学院图书馆	2804706	74	967998	26	0	0	3772704	100	3781362
24	电子科技大学图书馆	18372288	74	6389641	26	49284	0	24811213	89	27943903
25	南方科技大学图书馆	15528857	74	5468894	26	0	0	20997750	99	21195143
26	延边大学图书馆	4243683	73	1573171	27	0	0	5816854	95	6116854
27	上海中医药大学图书馆	4244985	73	1590600	27	500	0	5836085	98	5936854
28	华北电力大学图书馆	9343643	73	3500790	27	2196	0	12846629	97	13294975
29	上海交通大学图书馆	24022215	72	9114969	27	94957	0	33232141	90	36950943
30	华中科技大学图书馆	28911063	72	11284621	28	22871	0	40218555	97	41286902
31	汕头大学图书馆	5526720	72	2100662	27	80000	1	7707382	97	7945436
32	首都师范大学图书馆	17048900	72	6606590	28	136069	1	23791559	89	26843146
33	安徽工程大学图书馆	2723300	71	1091400	29	2450	0	3814700	100	3814700
34	广州医科大学图书馆	5441281	71	2184555	29	2450	0	7628286	80	9589926
35	福州大学图书馆	12721108	71	5170838	29	0	0	17891946	98	18191946
36	陕西科技大学图书馆	6475202	71	2647454	29	4000	0	9126656	90	10101656
37	中央民族大学图书馆	6857249	71	2837894	29	0	0	9695143	98	9917643
38	上海应用技术学院图书馆	4428211	71	1821821	29	20000	0	6270031	97	6494010

附录1 资源购置经费统计表

续表

序号	机构名称	数字资源 经费(元)	数字资源 百分比(%)	纸质资源 经费(元)	纸质资源 百分比(%)	其他资源 经费(元)	其他资源 百分比(%)	文献购置 经费(元)	文献购置 百分比(%)	年度总经费(元)
39	成都理工大学图书馆	10409090	71	4338390	29	2819	0	14750299	95	15540984
40	西南石油大学图书馆	4534675	71	1895304	30	2946	0	6432925	95	6787590
41	上海体育学院图书馆	3090328	70	1313326	30	0	0	4403654	100	4403654
42	西安电子科技大学图书馆	8385229	70	3594538	30	5900	0	11985667	96	12508667
43	福建体育职业技术学院图书馆	166000	70	71737	30	0	0	237737	100	237737
44	深圳大学图书馆	14174262	70	6125694	30	4611	0	20304567	91	22389567
45	中国科学技术大学图书馆	10520117	70	4585126	30	3877	0	15109120	98	15485315
46	西南财经大学图书馆	11748156	69	5166088	31	13695	0	16927939	94	18006050
47	广州大学图书馆	7055300	69	3180465	31	0	0	10235765	100	10236265
48	上海理工大学图书馆	5989843	69	2694581	31	9362	0	8693786	95	9188066
49	西南科技大学图书馆	8445705	69	3834426	31	2042	0	12282174	80	15435697
50	东华大学图书馆	10917927	68	5064254	32	0	0	15982181	94	17084681
51	上海公安高等专科学校图书馆	925000	68	431661	32	0	0	1356661	100	1358661
52	长治学院图书馆	1118900	68	525000	32	0	0	1643900	100	1651900
53	四川大学图书馆	27498730	68	12889062	32	98013	0	40485806	88	45917495
54	吉林工程职业学院图书馆	136600	68	65073	32	0	0	201673	100	201673
55	东北财经大学图书馆	4438432	68	2117493	32	500	0	6556425	79	8320103
56	山西农业大学图书馆	2569094	67	1242679	33	2800	0	3814573	95	4001999
57	华东理工大学图书馆	11054062	67	5380713	33	6660	0	16441435	90	18183931

续表

序号	机构名称	数字资源 经费(元)	数字资源 百分比(%)	纸质资源 经费(元)	纸质资源 百分比(%)	其他资源 经费(元)	其他资源 百分比(%)	文献购置 经费(元)	文献购置 百分比(%)	年度总经费(元)
58	首都医科大学图书馆	7456448	67	1935250	17	1750000	16	11141698	96	11572529
59	上海政法学院图书馆	4231498	67	2097090	33	700	0	6329288	74	8599671
60	同济大学图书馆	17759632	67	8781668	33	111094	0	26652394	64	41571249
61	浙江师范大学图书馆	6956411	67	3505786	34	3800	0	10465997	79	13289355
62	西北大学图书馆	5555398	66	2808893	34	25464	0	8389756	97	8651858
63	广州中医药大学图书馆	3686372	66	1850000	33	40000	1	5576372	94	5955072
64	北京科技大学图书馆	11428627	66	5865547	34	800	0	17295073	69	25110094
65	长春工程学院图书馆	4500000	66	2312945	34	0	0	6812945	97	6999215
66	华南理工大学图书馆	12617930	66	6511724	34	0	0	19129653	93	20483540
67	福建农林大学图书馆	9212400	66	4825774	34	1500	0	14039674	76	18584897
68	山东农业大学图书馆	4633006	65	2508238	35	0	0	7141243	92	7799070
69	山东师范大学图书馆	5091787	65	2751396	35	6277	0	7849460	28	28581844
70	西南交通大学图书馆	16780468	65	9120581	35	940	0	25901989	89	29017750
71	西安工程大学图书馆	4102919	65	2252074	35	1420	0	6356413	78	8200317
72	上海工程技术大学图书馆	6060000	64	3388906	36	0	0	9448906	95	9907373
73	西华大学图书馆	3517716	64	1988052	36	0	0	5505768	98	5641772
74	宁波大学图书馆	10880000	64	6219000	36	0	0	17099000	96	17776000
75	浙江中医药大学图书馆	3263748	64	1867332	36	1500	0	5132580	62	8260107
76	揭阳职业技术学院图书馆	199400	64	114379	37	0	0	313779	85	367879

附录1　资源购置经费统计表　193

续表

序号	机构名称	数字资源 经费(元)	数字资源 百分比(%)	纸质资源 经费(元)	纸质资源 百分比(%)	其他资源 经费(元)	其他资源 百分比(%)	文献购置 经费	文献购置 百分比(%)	年度总经费(元)
77	四川警察学院图书馆	2289950	64	1312668	36	1000	0	3603618	92	3931618
78	贵州医科大学图书馆	3500000	63	2018000	37	0	0	5518000	99	5578000
79	重庆大学图书馆	12991100	63	7545000	37	0	0	20536100	100	20536100
80	承德医学院图书馆	860500	63	500000	37	0	0	1360500	87	1570500
81	沈阳师范大学图书馆	3005100	63	1771200	37	0	0	4776300	100	4786543
82	温州大学图书馆	6406788	63	3787933	37	5007	0	10199728	85	12014043
83	上海大学图书馆	10355611	63	6164062	37	8354	0	16528027	89	18609843
84	西北农林科技大学图书馆	9259564	63	5526462	37	0	0	14786027	93	15894527
85	苏州大学图书馆	8980000	63	5358884	37	5660	0	14344544	92	15523106
86	安徽师范大学图书馆	7099900	62	4300220	38	0	0	11400120	58	19534906
87	徐州工程学院图书馆	1692552	62	1042235	38	0	0	2734787	89	3061215
88	北京联合大学图书馆	3856940	62	2397589	38	0	0	6254529	93	6745391
89	辽宁石油化工大学图书馆	1294080	62	809824	38	0	0	2103904	94	2241289
90	扬州大学图书馆	8434316	62	5286134	39	0	0	13720450	92	14890429
91	上海海关学院图书馆	1982795	61	1247180	39	2700	0	3232676	56	5729176
92	华南师范大学图书馆	11040000	61	6980235	39	0	0	18020235	91	19836667
93	河北建筑工程学院图书馆	795967	61	505989	39	0	0	1301956	100	1301956
94	南京师范大学图书馆	9224214	61	5838894	39	31298	0	15094406	75	20273611
95	江西师范大学图书馆	7148600	61	4601000	39	0	0	11749600	81	14464107

续表

序号	机构名称	数字资源 经费（元）	百分比（%）	纸质资源 经费（元）	百分比（%）	其他资源 经费（元）	百分比（%）	文献购置 经费（元）	百分比（%）	年度总经费（元）
96	中国矿业大学（北京）图书馆	5162081	61	3323169	39	0	0	8485250	86	9855250
97	西北民族大学图书馆	5260952	61	3400000	39	0	0	8660952	81	10696728
98	西北工业大学图书馆	12557506	61	8130260	39	0	0	20687765	89	23186742
99	吉林工商学院图书馆	1110000	61	718956	39	23	0	1828980	47	3868980
100	成都信息工程大学图书馆	3474320	61	2260048	39	1500	0	5735868	74	7738114
101	东北师范大学图书馆	10585476	61	6901215	40	2709	0	17489400	60	29032348
102	武夷学院图书馆	976084	60	638905	40	652	0	1615640	93	1738967
103	西南政法大学图书馆	3098736	60	2034565	40	1500	0	5134801	59	8740493
104	陇东学院图书馆	1205000	60	795000	40	0	0	2000000	92	2169700
105	长春理工大学图书馆	2068108	60	1336366	39	30618	1	3435092	48	7140897
106	西安邮电大学图书馆	2433885	60	1610820	40	500	0	4045205	77	5244759
107	浙江农林大学图书馆	3800659	60	2546706	40	1725	0	6349090	87	7276229
108	西安理工大学图书馆	4009885	60	2705047	40	1000	0	6715932	95	7104597
109	合肥工业大学图书馆	8420241	60	5703145	40	17000	0	14140386	92	15365796
110	新疆大学图书馆	632	60	430	41	0	0	1062	2	51487
111	江苏师范大学图书馆	6010135	59	4114053	41	17459	0	10141647	94	10792066
112	深圳大学城图书馆	11754531	59	8048258	41	39525	0	19842315	99	19960855
113	东莞理工学院图书馆	3730000	59	2568300	41	0	0	6298300	81	7758379
114	陕西师范大学图书馆	7480756	59	5169734	41	7413	0	12657902	90	14018725

续表

序号	机构名称	数字资源 经费(元)	数字资源 百分比(%)	纸质资源 经费(元)	纸质资源 百分比(%)	其他资源 经费(元)	其他资源 百分比(%)	文献购置 经费(元)	文献购置 百分比(%)	年度总经费(元)
115	桐城师范高等专科学校图书馆	858000	59	600000	41	0	0	1458000	77	1888000
116	中南林业科技大学图书馆	3417200	59	2279235	39	122000	2	5818435	96	6083855
117	河北工业大学图书馆	4145855	59	2897834	41	23420	0	7067109	95	7414165
118	中国人民公安大学图书馆	2115400	59	1498460	42	0	0	3613860	85	4249260
119	福建船政交通职业学院图书馆	445800	58	318330	42	0	0	764130	90	853130
120	中国医科大学图书馆	3834573	58	2745605	42	11165	0	6591343	98	6749942
121	浙江工业大学图书馆	9977884	58	7208193	42	247	0	17186324	98	17571114
122	北京农学院图书馆	1908682	58	1400000	42	0	0	3308682	89	3735682
123	江苏大学图书馆	7830891	58	5751712	42	872	0	13583475	81	16727723
124	大连海事大学图书馆	4743588	58	3497123	42	0	0	8240711	96	8549821
125	常熟理工学院图书馆	3204380	58	2363515	42	0	0	5567895	95	5890194
126	成都体育学院图书馆	677635	57	485178	41	20000	2	1182813	70	1694131
127	营口职业技术学院图书馆	265000	57	199972	43	0	0	464972	77	604972
128	山东中医药大学图书馆	1111600	57	843967	43	0	0	1955567	99	1974033
129	南京林业大学图书馆	4204149	57	3198728	43	539	0	7403416	95	7832648
130	淮海工学院图书馆	2020000	57	1552268	44	0	0	3572268	97	3673468
131	华北理工大学图书馆	2686902	57	2065888	44	0	0	4752790	76	6237330
132	广东外语外贸大学图书馆	5408182	56	4161081	43	23000	0	9592263	75	12877263
133	华南农业大学图书馆	7290194	56	5719289	44	0	0	13009483	95	13761911

续表

序号	机构名称	数字资源 经费(元)	数字资源 百分比(%)	纸质资源 经费(元)	纸质资源 百分比(%)	其他资源 经费(元)	其他资源 百分比(%)	文献购置 经费(元)	文献购置 百分比(%)	年度总经费(元)
134	西安交通大学图书馆	14857588	56	11666317	44	0	0	26523904	92	28837545
135	上海电力学院图书馆	3797036	56	2993409	44	0	0	6790445	97	6997539
136	中国石油大学（华东）图书馆	5907393	56	4738047	45	0	0	10645440	99	10795440
137	河南大学图书馆	12280000	56	9860000	45	0	0	22140000	69	31985000
138	宜宾学院图书馆	1764600	55	1430408	45	0	0	3195008	81	3956808
139	北京教育学院图书馆	902000	55	735927	45	0	0	1637927	100	1637927
140	中国传媒大学图书馆	2787808	55	2274531	45	0	0	5062339	100	5062339
141	岭南师范学院图书馆	2242398	55	1814389	45	18091	0	4074879	88	4652407
142	沈阳理工大学图书馆	1100000	55	900000	45	0	0	2000000	95	2115000
143	福建师范大学图书馆	9254672	55	7647809	45	3792	0	16906273	95	17717452
144	盘锦职业技术学院图书馆	495000	55	409440	45	0	0	904440	86	1050240
145	北京舞蹈学院图书馆	800000	54	670000	46	0	0	1470000	78	1896600
146	石河子大学图书馆	5542894	54	4667718	46	8000	0	10218612	93	11017392
147	东北大学图书馆	11429534	54	9675033	46	2660	0	21107227	98	21627218
148	北方民族大学图书馆	2289595	54	1947046	46	0	0	4236641	97	4385125
149	浙江工商大学图书馆	4009508	54	3431686	46	0	0	7441194	76	9798281
150	西交利物浦大学图书馆	9221300	54	7945000	46	1626	0	17167926	99	17387926
151	上海财经大学图书馆	6631371	54	5719324	46	7200	0	12357895	67	18522382
152	江南大学图书馆	5478331	54	4729333	46	20000	0	10227664	75	13579891

续表

序号	机构名称	数字资源 经费(元)	数字资源 百分比(%)	纸质资源 经费(元)	纸质资源 百分比(%)	其他资源 经费(元)	其他资源 百分比(%)	文献购置 经费(元)	文献购置 百分比(%)	年度总经费(元)
153	杭州电子科技大学图书馆	5192526	53	4520079	47	5000	0	9717605	90	10863399
154	南京工业大学图书馆	4247197	53	3707365	47	0	0	7954562	100	7954562
155	阜阳职业技术学院图书馆	350500	53	306160	47	0	0	656660	99	664660
156	兰州交通大学图书馆	3369064	53	2952696	47	0	0	6321760	96	6560734
157	兰州大学图书馆	6725835	53	5859340	46	39975	0	12625150	79	16074565
158	绵阳师范学院图书馆	1542000	53	1363500	47	0	0	2905500	97	2985500
159	沈阳航空航天大学图书馆	2511052	53	2224347	47	500	0	4735899	90	5241357
160	浙江理工大学图书馆	5465000	53	4853029	47	20674	0	10338703	94	10964209
161	北华大学图书馆	2227500	53	2000000	47	0	0	4227500	100	4227500
162	南京医科大学图书馆	4713226	53	4224570	47	7400	0	8945196	95	9374652
163	浙江大学图书馆	20560747	53	18114115	46	468049	1	39142911	97	40176711
164	安徽工业大学高等专科学校图书馆	3826000	53	3461500	48	0	0	7287500	100	7287500
165	长春医学高等专科学校图书馆	664800	52	603050	48	0	0	1267850	57	2207850
166	中南民族大学图书馆	4806601	52	4367741	48	5000	0	9179342	54	17031591
167	西安医学院图书馆	1710864	52	1560054	48	500	0	3271418	87	3758317
168	牡丹江师范学院图书馆	1096986	52	1001566	48	0	0	2098552	96	2180432
169	合肥师范学院图书馆	1677100	52	1536712	48	0	0	3213812	82	3917370
170	广东省外语艺术职业学院图书馆	1606800	52	1481579	48	180	0	3088559	84	3663251
171	石家庄铁道大学图书馆	1665200	52	1536634	48	0	0	3201834	62	5160492

续表

序号	机构名称	数字资源 经费(元)	百分比(%)	纸质资源 经费(元)	百分比(%)	其他资源 经费(元)	百分比(%)	文献购置 经费(元)	百分比(%)	年度总经费(元)
172	广东海洋大学图书馆	2609569	52	2427778	48	2000	0	5039347	86	5854627
173	兰州理工大学图书馆	2835800	52	2643333	48	0	0	5479133	94	5822002
174	北京大学医学图书馆	4015549	52	474871	6	3274873	42	7765293	91	8521019
175	安徽大学图书馆	5284241	52	4950000	48	0	0	10234241	47	21890387
176	闽江学院图书馆	3511178	52	3297589	48	0	0	6808767	97	7052723
177	武汉理工大学图书馆	9397245	52	8833204	48	0	0	18230448	84	21824796
178	广东工业大学图书馆	5179670	52	4870513	48	0	0	10050183	92	10900183
179	上海对外经贸大学图书馆	3219690	51	3054716	49	422	0	6274828	96	6521825
180	上海第二工业大学图书馆	1468819	51	1394249	49	0	0	2863068	37	7793068
181	西安建筑科技大学图书馆	2879645	51	2734324	49	2756	0	5616725	89	6292317
182	河北师范大学图书馆	5203179	51	4923599	48	37187	0	10163965	93	10924772
183	重庆师范大学图书馆	1721921	51	1647746	49	0	0	3369667	100	3369667
184	陕西警官职业学院图书馆	325000	51	312619	49	0	0	637619	44	1443619
185	西藏民族大学图书馆	2593900	51	2492941	49	8300	0	5095141	76	6687599
186	皖西学院图书馆	2222200	51	2150000	49	0	0	4372200	87	5007200
187	中国矿业大学图书馆	8543716	51	8326372	49	30000	0	16900088	82	20539688
188	浙江财经大学图书馆	4780880	51	4690000	50	0	0	9470880	98	9623680
189	中国计量学院图书馆	4570500	50	4496755	50	0	0	9067255	84	10750490
190	广东女子职业技术学院图书馆	580000	50	572325	50	0	0	1152325	100	1152325

附录1 资源购置经费统计表　199

续表

序号	机构名称	数字资源 经费(元)	数字资源 百分比(%)	纸质资源 经费(元)	纸质资源 百分比(%)	其他资源 经费(元)	其他资源 百分比(%)	文献购置 经费(元)	文献购置 百分比(%)	年度总经费(元)
191	邢台职业技术学院图书馆	310000	50	260000	42	50000	8	620000	85	729000
192	杭州职业技术学院图书馆	500000	50	500000	50	2200	0	1002200	92	1084250
193	乐山师范学院图书馆	3084000	50	3113980	50	0	0	6197980	100	6199980
194	西安外国语大学图书馆	3581975	50	3625159	50	200	0	7207333	99	7252613
195	上海海洋大学图书馆	3574009	49	3647698	50	14330	0	7236037	84	8589480
196	广州番禺职业技术学院图书馆	1600000	49	1647714	51	0	0	3247714	73	4467126
197	浙江工商职业技术学院图书馆	993400	49	1024500	51	0	0	2017900	93	2177900
198	福建工程学院图书馆	3054568	49	3163402	51	0	0	6217970	82	7630927
199	西安铁路职业技术学院图书馆	636500	49	660909	51	0	0	1297409	96	1348068
200	北京师范大学图书馆	15876807	49	15800779	49	768682	2	32446267	93	34770495
201	凯里学院图书馆	1607821	49	1681994	51	2200	0	3292015	98	3374464
202	佛山科学技术学院图书馆	1983883	49	2085886	51	0	0	4069769	92	4449506
203	集美大学图书馆	3904661	49	4136621	51	1049	0	8042332	95	8449867
204	西安体育学院图书馆	890000	49	946837	52	0	0	1836837	95	1935116
205	浙江警察学院图书馆	814800	48	866629	52	800	0	1682229	50	3395629
206	广东开放大学图书馆	491000	48	523891	52	0	0	1014891	98	1031319
207	嘉兴学院图书馆	3316156	48	3368359	49	170000	3	6854515	89	7743945
208	五邑大学图书馆	2696823	48	2884370	52	1100	0	5582293	97	5781693
209	河南工业大学图书馆	2989595	48	3199694	52	0	0	6189289	49	12544331

续表

序号	机构名称	数字资源 经费(元)	数字资源 百分比(%)	纸质资源 经费(元)	纸质资源 百分比(%)	其他资源 经费(元)	其他资源 百分比(%)	文献购置 经费(元)	文献购置 百分比(%)	年度总经费(元)
210	河北北方学院图书馆	1978347	48	2142936	52	0	0	4121283	97	4237378
211	上海海事大学图书馆	3672624	48	3975470	52	21330	0	7669424	92	8332311
212	陕西职业技术学院图书馆	399000	48	436000	52	0	0	835000	61	1366430
213	成都中医药大学图书馆	2505767	47	2782764	53	4000	0	5292531	89	5964100
214	西安音乐学院图书馆	405000	47	448229	52	3161	0	856391	59	1460444
215	赣南师范学院图书馆	260	47	290	53	0	0	550	90	610
216	宜春学院图书馆	1858200	47	2068047	53	7000	0	3933247	90	4384247
217	中国民用航空飞行学院图书馆	1851771	47	2074547	53	872	0	3927190	92	4266260
218	重庆医科大学图书馆	3880205	47	4359051	53	5600	0	8244856	94	8769534
219	四川理工学院图书馆	4498442	47	5063656	53	3233	0	9565331	87	10973205
220	武汉大学图书馆	21458416	47	22374871	49	1808077	4	45641364	100	45641364
221	四川师范大学图书馆	3389005	47	3838936	53	3000	0	7230941	71	10253146
222	绥化学院图书馆	734900	46	846516	54	1000	0	1582416	98	1619416
223	成都师范学院图书馆	1796150	46	2074261	54	0	0	3870411	100	3870411
224	烟台大学图书馆	4578488	46	5303474	54	19892	0	9901854	97	10195747
225	台州学院图书馆	1358647	46	1568995	53	19237	1	2946879	90	3258738
226	陕西理工学院图书馆	1881000	46	2201930	54	750	0	4083680	98	4165658
227	陕西国际商贸学院图书馆	1443000	46	1690000	54	600	0	3133600	68	4583258
228	江苏第二师范学院图书馆	712880	46	840833	54	0	0	1553713	93	1665543

续表

序号	机构名称	数字资源 经费(元)	数字资源 百分比(%)	纸质资源 经费(元)	纸质资源 百分比(%)	其他资源 经费(元)	其他资源 百分比(%)	文献购置 经费(元)	文献购置 百分比(%)	年度总经费(元)
229	南京审计学院图书馆	2418732	46	2877281	54	0	0	5296013	89	5926666
230	上海电子信息职业技术学院图书馆	1140000	46	1362000	54	0	0	2502000	91	2737000
231	陕西中医药大学图书馆	1559960	46	1868723	55	500	0	3429183	89	3859452
232	温州医科大学图书馆	4036462	45	4840350	55	8800	0	8885612	97	9164620
233	盐城师范学院图书馆	2394000	45	2906000	55	0	0	5300000	92	5750984
234	沈阳农业大学图书馆	1560000	45	1907959	55	0	0	3467959	100	3467959
235	广西科技大学图书馆	3798114	45	4659870	55	269	0	8458253	87	9730573
236	浙江金融职业学院图书馆	1080000	44	1353319	56	0	0	2433319	86	2843319
237	大连理工大学图书馆	3093565	44	3903679	56	0	0	6997244	92	7589719
238	西安工业大学图书馆	1777112	44	2243524	56	900	0	4021536	91	4410910
239	江西理工大学图书馆	3626081	44	4596777	56	2000	0	8224858	95	8633259
240	广东生态工程职业学院图书馆	274000	44	348264	56	0	0	622264	81	767264
241	宁夏大学图书馆	6751115	44	8591715	56	0	0	15342830	81	18952830
242	南宁职业技术学院图书馆	1100000	44	1400000	56	0	0	2500000	57	4420000
243	浙江水利水电学院图书馆	764300	44	976019	56	0	0	1740319	94	1843919
244	四川农业大学图书馆	3877772	44	4953925	56	4000	0	8835697	92	9559697
245	四川旅游学院图书馆	670000	44	860980	56	0	0	1530980	85	1803028
246	西安电力高等专科学校图书馆	148000	44	190357	56	0	0	338357	91	370357
247	华东师范大学图书馆	12739879	44	16337860	56	116251	0	29193990	87	33700212

续表

序号	机构名称	数字资源 经费(元)	数字资源 百分比(%)	纸质资源 经费(元)	纸质资源 百分比(%)	其他资源 经费(元)	其他资源 百分比(%)	文献购置 经费(元)	文献购置 百分比(%)	年度总经费(元)
248	北方工业大学图书馆	3809200	44	4922563	56	0	0	8731763	90	9691763
249	江苏警官学院图书馆	620000	44	801281	56	0	0	1421281	88	1614035
250	龙岩学院图书馆	1131400	44	1465080	56	0	0	2596480	49	5270392
251	天津理工大学图书馆	2439845	44	3161804	56	0	0	5601649	83	6713214
252	哈尔滨师范大学图书馆	1858979	44	2411160	57	0	0	4270139	100	4270139
253	华侨大学图书馆	6060000	44	7884994	57	0	0	13944994	100	13944994
254	海南大学图书馆	7203510	43	9470750	57	0	0	16674260	77	21750142
255	莆田学院图书馆	1656500	43	2178521	57	5000	0	3840021	90	4265621
256	广东财经大学图书馆	2949415	43	3900000	57	0	0	6849415	28	24296415
257	广东环境保护工程职业学院图书馆	638000	43	846541	57	0	0	1484541	85	1739811
258	南京农业大学图书馆	4632790	43	6135192	57	20000	0	10787982	33	33209003
259	井冈山大学图书馆	1945600	43	2588129	57	0	0	4533729	92	4916709
260	南京大学图书馆	10852790	43	14613051	57	3574	0	25469415	94	27232178
261	北京大学图书馆	15733658	42	19644306	53	1700007	5	37077971	74	50220499
262	泉州师范学院图书馆	2150911	42	2922200	58	3000	0	5076111	91	5568111
263	宁波工程学院图书馆	1753363	42	2378743	58	6000	0	4138106	91	4534875
264	绍兴文理学院图书馆	2913137	42	3966185	58	1454	0	6880776	81	8545389
265	上海立信会计学院图书馆	1840690	42	2517442	58	0	0	4358132	95	4601082
266	厦门城市职业学院图书馆	500000	42	690000	58	0	0	1190000	100	1190000

附录1 资源购置经费统计表 203

续表

序号	机构名称	数字资源 经费（元）	数字资源 百分比（%）	纸质资源 经费（元）	纸质资源 百分比（%）	其他资源 经费（元）	其他资源 百分比（%）	文献购置 经费（元）	文献购置 百分比（%）	年度总经费（元）
267	长春大学图书馆	1002298	42	1384166	58	1	0	2386465	99	2408435
268	东南大学图书馆	9713516	42	13382238	58	50000	0	23145754	83	27781346
269	西安欧亚学院图书馆	1763200	42	2461771	58	0	0	4224971	100	4244211
270	辽宁师范大学图书馆	1153808	42	1611027	58	0	0	2764835	92	2991652
271	金陵科技学院图书馆	858849	42	1207592	58	0	0	2066441	45	4600622
272	丽水学院图书馆	1067824	41	1520041	59	2000	0	2589865	86	3018290
273	长安大学图书馆	3963379	41	5671093	59	200	0	9634671	74	13001988
274	北京工业职业技术学院图书馆	1500000	41	2155023	59	0	0	3655023	53	6932023
275	宁波职业技术学院图书馆	1194452	41	1717793	59	0	0	2912245	73	3999745
276	河南工程学院图书馆	2600000	41	3430225	54	330000	5	6360225	75	8439825
277	渭南师范学院图书馆	1380000	41	2008487	59	0	0	3388487	96	3525299
278	济宁学院图书馆	1439000	41	2109000	59	0	0	3548000	89	3993871
279	长春税务学院图书馆	1400000	40	2060047	60	4211	0	3464258	98	3521714
280	信阳农林学院图书馆	420000	40	620000	60	0	0	1040000	95	1100000
281	延安职业技术学院图书馆	250000	40	371236	60	0	0	621236	100	621236
282	石家庄学院图书馆	149000	40	172589	46	50000	14	371589	54	688694
283	沈阳化工大学图书馆	846677	40	1264624	60	300	0	2111601	90	2356368
284	华东政法大学图书馆	4633848	40	6913223	60	16000	0	11563072	76	15317373
285	山东政法学院图书馆	1531600	40	2299976	60	0	0	3831576	98	3911576

续表

序号	机构名称	数字资源 经费(元)	数字资源 百分比(%)	纸质资源 经费(元)	纸质资源 百分比(%)	其他资源 经费(元)	其他资源 百分比(%)	文献购置 经费(元)	文献购置 百分比(%)	年度总经费(元)
286	白城师范学院图书馆	960600	40	1446000	60	0	0	2406600	44	5456600
287	长江师范学院图书馆	1227500	40	1849860	60	5000	0	3082360	79	3901344
288	广东文艺职业学院图书馆	49000	40	74067	60	0	0	123067	79	155364
289	四川音乐学院图书馆	2174100	40	3209537	58	108940	2	5492577	97	5637384
290	漳州科技职业学院图书馆	260000	39	401200	61	0	0	661200	67	992200
291	青海民族大学图书馆	1400000	39	2166573	61	0	0	3566573	99	3617189
292	安徽工商职业学院图书馆	302500	39	474871	61	0	0	777371	95	819371
293	天津医科大学临床医学院图书馆	362000	39	574821	61	0	0	936821	92	1024166
294	贵州民族大学图书馆	1581980	39	2109992	52	409020	10	4100992	72	5690695
295	佛山职业技术学院图书馆	300000	39	478650	62	0	0	778650	96	813650
296	成都大学图书馆	3077700	38	4900000	61	30000	0	8007700	99	8122700
297	朝阳师范高等专科学校图书馆	210000	38	336762	62	0	0	546762	72	755762
298	苏州科技学院图书馆	2190889	38	3514395	62	0	0	5705284	99	5776951
299	贵州理工学院图书馆	1012800	38	1630000	62	0	0	2642800	95	2782600
300	宝鸡文理学院图书馆	2273000	38	3672793	62	100	0	5945893	99	6016255
301	广东行政职业学院图书馆	545000	38	881000	62	0	0	1426000	72	1976000
302	广东技术师范学院图书馆	1171200	38	1908698	62	0	0	3079898	82	3779925
303	阜阳师范学院图书馆	1949345	38	3224954	62	0	0	5174299	96	5408912
304	陕西能源职业技术学院图书馆	158800	38	263030	62	0	0	421830	100	421830

附录1 资源购置经费统计表 205

续表

序号	机构名称	数字资源 经费（元）	数字资源 百分比（%）	纸质资源 经费（元）	纸质资源 百分比（%）	其他资源 经费（元）	其他资源 百分比（%）	文献购置 经费（元）	文献购置 百分比（%）	年度总经费（元）
305	江西警察学院图书馆	596500	37	996371	63	0	0	1592871	94	1699002
306	四川化工职业技术学院图书馆	250000	37	420000	63	0	0	670000	82	820000
307	河北民族师范学院图书馆	571195	37	971083	63	1000	0	1543278	89	1734278
308	杨凌职业技术学院图书馆	1012000	37	1726769	63	0	0	2738769	99	2777169
309	西安航空职业技术学院图书馆	410000	37	700000	63	0	0	1110000	53	2085000
310	广西财经学院图书馆	1600000	37	2762655	63	400	0	4363055	96	4558815
311	浙江国际海运职业技术学院图书馆	333070	37	577965	63	0	0	911035	60	1525927
312	上海济光职业技术学院图书馆	142000	37	246818	64	0	0	388818	97	399818
313	闽南师范大学图书馆	3333156	36	5809882	64	8727	0	9151765	94	9754665
314	长春工业大学图书馆	1469400	36	2561931	63	7551	0	4038882	98	4111882
315	浙江纺织服装职业技术学院图书馆	779180	36	1364462	64	0	0	2143642	91	2367337
316	平顶山学院图书馆	1380266	36	2420000	64	0	0	3800266	100	3800266
317	上海师范大学图书馆	7750345	36	13590505	64	15502	0	21356352	91	23549755
318	吉林电子信息职业技术学院图书馆	39000	36	69417	64	0	0	108417	78	138417
319	安顺学院图书馆	736000	36	1312930	64	1100	0	2050030	21	9684409
320	广东轻工职业技术学院图书馆	1350000	36	2411377	64	0	0	3761377	77	4857218
321	北京师范大学珠海分校图书馆	1797745	36	3220090	64	0	0	5017835	83	6069644
322	广东石油化工学院图书馆	2204223	36	3956917	64	0	0	6161140	99	6201202
323	常州轻工职业技术学院图书馆	467820	36	842032	64	0	0	1309852	98	1331352

续表

序号	机构名称	数字资源 经费（元）	数字资源 百分比（%）	纸质资源 经费（元）	纸质资源 百分比（%）	其他资源 经费（元）	其他资源 百分比（%）	文献购置 经费（元）	文献购置 百分比（%）	年度总经费（元）
324	西华师范大学图书馆	2890044	36	5215205	64	3198	0	8108447	96	8449449
325	吉林师范大学图书馆	1311017	36	2369560	64	0	0	3680577	54	6880577
326	天津城建大学图书馆	1235663	36	2239453	64	6642	0	3481758	99	3529591
327	中山大学图书馆	15131100	35	27714300	65	0	0	42845400	94	45518400
328	上海托普信息技术职业学院图书馆	37267	35	68700	65	0	0	105967	99	107167
329	淮南师范学院图书馆	1060750	35	1990000	65	0	0	3050750	63	4822330
330	淮阴师范学院图书馆	1979000	35	3713213	65	15000	0	5707213	89	6400113
331	中山职业技术学院图书馆	270019	35	510006	65	0	0	780025	81	966625
332	广东药学院图书馆	1664836	35	3134820	65	23000	1	4822656	97	4974888
333	复旦大学图书馆	13232030	34	25136870	65	188834	1	38557734	89	43572340
334	合肥学院图书馆	2046753	34	3922083	66	0	0	5968836	98	6114836
335	福建电力职业技术学院图书馆	170000	34	326458	66	0	0	496458	99	499458
336	西南民族大学图书馆	4221265	34	7847781	64	270000	2	12339046	77	16108409
337	内江师范学院图书馆	1649000	34	3195183	66	0	0	4844183	91	5353392
338	浙江科技学院图书馆	2472709	34	4796699	66	0	0	7269408	88	8292408
339	福建中医药大学图书馆	1482711	34	2887726	66	0	0	4370437	100	4370437
340	北京电影学院图书馆	649550	34	1268447	66	0	0	1917997	99	1935949
341	连云港师范高等专科学校图书馆	640745	34	1257013	66	0	0	1897758	100	1897758
342	浙江海洋学院图书馆	2800000	34	5466000	66	33000	0	8299000	89	9359000

附录1 资源购置经费统计表

续表

序号	机构名称	数字资源 经费（元）	数字资源 百分比（%）	纸质资源 经费（元）	纸质资源 百分比（%）	其他资源 经费（元）	其他资源 百分比（%）	文献购置 经费（元）	文献购置 百分比（%）	年度总经费（元）
343	贵阳中医学院图书馆	847600	34	1676513	66	0	0	2524113	56	4504113
344	吉林工业职业技术学院图书馆	215003	33	428005	67	0	0	643008	88	728008
345	上海农林职业技术学院图书馆	597300	33	1189559	67	0	0	1786859	96	1860859
346	吉林华侨外国语学院图书馆	588271	33	1173955	67	0	0	1762226	93	1905513
347	广州城市职业学院图书馆	500000	33	1000000	67	0	0	1500000	85	1759050
348	四川邮电职业技术学院图书馆	233860	33	469315	67	1030	0	703175	97	725075
349	西安翻译学院图书馆	880950	33	1767051	67	0	0	2649031	80	3303717
350	西昌学院图书馆	2322700	33	4665917	67	0	0	6988617	91	7714567
351	浙江万里学院图书馆	925400	33	1866134	67	5800	0	2797334	74	3769724
352	铜仁学院图书馆	462000	33	813344	58	125808	9	1401152	25	5527152
353	天津体育学院图书馆	260944	33	531260	67	0	0	792204	99	796624
354	上海金融学院图书馆	1125003	33	2293881	67	100	0	3418884	96	3562884
355	西安外事学院图书馆	808000	33	1661625	67	0	0	2469725	99	2493606
356	沈阳音乐学院图书馆	264761	33	544818	67	0	0	809579	94	858514
357	西安财经学院图书馆	1217059	33	2507353	67	0	0	3724412	97	3852015
358	河西学院图书馆	1456800	33	3029943	68	0	0	4486743	71	6286743
359	景德镇陶瓷大学图书馆	2367950	32	4940727	68	0	0	7308677	83	8810677
360	海南软件职业技术学院图书馆	90000	32	190000	68	0	0	280000	25	1124950
361	深圳职业技术学院图书馆	1979500	32	4158000	67	30000	1	6167500	81	7602500

续表

序号	机构名称	数字资源 经费（元）	数字资源 百分比（%）	纸质资源 经费（元）	纸质资源 百分比（%）	其他资源 经费（元）	其他资源 百分比（%）	文献购置 经费（元）	文献购置 百分比（%）	年度总经费（元）
362	南京艺术学院图书馆	713000	32	1516684	68	0	0	2229684	87	2577080
363	广东科学技术职业学院图书馆	700000	32	1500000	68	0	0	2200000	69	3210300
364	攀枝花学院图书馆	660000	32	1417434	68	0	0	2077434	50	4183678
365	西安科技大学图书馆	2480746	32	5297784	68	31348	0	7809878	94	8344217
366	广州体育职业技术学院图书馆	150000	32	323100	68	0	0	473100	94	501100
367	广东金融学院图书馆	916759	32	1982009	68	0	0	2898768	100	2898768
368	榆林学院图书馆	1000000	31	2200000	69	0	0	3200000	97	3314400
369	巢湖学院图书馆	900000	31	2000000	69	0	0	2900000	100	2900000
370	天津外国语大学图书馆	963944	31	2140041	69	6500	0	3110485	90	3477260
371	沈阳工业大学图书馆	1165000	31	2597981	69	0	0	3762981	97	3872291
372	温州科技职业学院图书馆	419512	31	937564	69	0	0	1357076	87	1568072
373	长春教育学院图书馆	33000	31	73943	69	0	0	106943	100	106943
374	浙江同济科技职业学院图书馆	450000	31	1014358	69	0	0	1464358	100	1472358
375	浙江经贸职业技术学院图书馆	626515	31	1413025	69	0	0	2039540	79	2587240
376	安徽科技学院图书馆	1040000	31	2350000	69	0	0	3390000	93	3645000
377	许昌学院图书馆	2260390	31	5127564	69	2460	0	7390414	96	7701011
378	湖州师范学院图书馆	1398332	31	3179151	69	0	0	4577483	95	4803785
379	延安大学图书馆	1126866	30	2576508	70	700	0	3704074	97	3804600
380	兰州文理学院图书馆	228000	30	522402	70	0	0	750402	61	1241347

续表

序号	机构名称	数字资源 经费(元)	数字资源 百分比(%)	纸质资源 经费(元)	纸质资源 百分比(%)	其他资源 经费(元)	其他资源 百分比(%)	文献购置 经费(元)	文献购置 百分比(%)	年度总经费(元)
381	西安航空学院图书馆	1224455	30	2808424	70	1150	0	4034029	83	4880469
382	广东软学院图书馆	150000	30	346375	70	0	0	496375	83	600975
383	四川民族学院图书馆	536000	30	1239300	70	0	0	1775300	89	2000071
384	重庆工商大学图书馆	2818899	30	6494728	69	40000	0	9353627	100	9353627
385	西安石油大学图书馆	1149631	30	2682689	70	900	0	3833220	74	5153952
386	成都工业学院图书馆	618848	30	1452676	70	0	0	2071524	59	3499649
387	四川外语大学图书馆	1785850	30	4193051	70	2251	0	5981152	98	6077188
388	成都医学院图书馆	1398800	30	3287556	70	0	0	4686356	88	5347356
389	琼州学院图书馆	1298103	30	3061213	70	0	0	4359316	93	4709316
390	重庆城市管理职业学院图书馆	350000	30	830000	70	0	0	1180000	80	1480000
391	四川交通职业技术学院图书馆	400000	30	950000	70	0	0	1350000	89	1521000
392	商洛学院图书馆	534000	30	1274361	71	50	0	1808411	88	2067411
393	长春中医药大学图书馆	800000	30	1913577	71	0	0	2713577	94	2897077
394	宁夏职业技术学院图书馆	298000	30	713453	71	0	0	1011453	96	1051653
395	陕西铁路工程职业技术学院图书馆	665485	29	1597293	71	0	0	2262778	98	2312531
396	厦门理工学院图书馆	2560000	29	6200000	71	76	0	8760076	95	9189864
397	常州工程职业技术学院图书馆	403000	29	978543	71	0	0	1381543	61	2263925
398	西北政法大学图书馆	808666	29	1963146	71	2962	0	2774774	71	3910583
399	广东交通职业技术学院图书馆	478000	29	1164324	71	0	0	1642324	82	1995764

续表

序号	机构名称	数字资源 经费（元）	数字资源 百分比（%）	纸质资源 经费（元）	纸质资源 百分比（%）	其他资源 经费（元）	其他资源 百分比（%）	文献购置 经费（元）	文献购置 百分比（%）	年度总经费（元）
400	浙江建设职业技术学院图书馆	589328	29	1438461	71	0	0	2027789	65	3102454
401	陕西工业职业技术学院图书馆	453800	29	1113926	71	0	0	1567726	97	1617726
402	肇庆医学高等专科学校图书馆	640000	29	1585000	71	0	0	2225000	93	2395500
403	遵义师范学院图书馆	814129	29	2018723	71	0	0	2832852	87	3247852
404	江西交通职业技术学院图书馆	148800	29	369000	71	0	0	517800	93	557800
405	白城医药高等专科学校图书馆	233000	29	578104	71	0	0	811104	91	889670
406	南通职业大学图书馆	428061	29	1063356	71	0	0	1491417	91	1631327
407	江西旅游商贸职业学院图书馆	200000	29	500000	71	0	0	700000	92	763500
408	广州铁路职业技术学院图书馆	395000	29	990000	72	0	0	1385000	97	1435000
409	闽西职业技术学院图书馆	278000	29	697178	72	0	0	975178	92	1055143
410	上海行健职业学院图书馆	174000	29	436679	72	0	0	610679	100	610679
411	广州科技贸易职业学院图书馆	258500	29	649138	72	0	0	907638	76	1189888
412	淮北师范大学图书馆	1197900	28	3019292	72	0	0	4217192	66	6353792
413	义乌工商职业技术学院图书馆	271215	28	685826	72	876	0	957917	75	1275502
414	沈阳医学院图书馆	610295	28	1557740	72	4377	0	2172411	100	2174096
415	西安文理学院图书馆	599783	28	1536617	72	1300	0	2137700	93	2296500
416	贵阳学院图书馆	1692650	28	4350000	72	0	0	6042650	82	7414950
417	广西警官高等专科学校图书馆	400000	28	1030000	72	0	0	1430000	98	1460000
418	上海建桥学院图书馆	878520	28	2276641	72	0	0	3155161	57	5555360

续表

序号	机构名称	数字资源 经费(元)	数字资源 百分比(%)	纸质资源 经费(元)	纸质资源 百分比(%)	其他资源 经费(元)	其他资源 百分比(%)	文献购置 经费(元)	文献购置 百分比(%)	年度总经费(元)
419	泸州职业技术学院图书馆	157600	28	408700	72	0	0	566300	93	606800
420	四川司法警官职业学院图书馆	179600	28	470000	72	0	0	649600	72	900780
421	常州信息职业技术学院图书馆	436168	28	1145995	72	0	0	1582163	98	1622163
422	福建信息职业技术学院图书馆	118000	27	312253	73	0	0	430253	100	430253
423	遵义医学院图书馆	1198463	27	3186885	73	0	0	4385347	96	4575922
424	潍坊学院图书馆	1456677	27	3984927	73	4400	0	5446004	80	6834017
425	南京工业职业技术学院图书馆	387245	26	1077681	74	0	0	1464926	100	1464926
426	广西师范职业技术学院图书馆	749338	26	2097207	74	0	0	2846545	99	2881960
427	宁夏民族职业技术学院图书馆	200000	26	560000	74	0	0	760000	33	2274000
428	上海机电学院图书馆	796856	26	2233139	74	117	0	3030112	98	3090543
429	中国政法大学图书馆	2839597	26	7960403	74	0	0	10800000	91	11938295
430	浙江交通职业学院图书馆	400000	26	1131744	74	2800	0	1534544	92	1673544
431	上海音乐学院图书馆	343504	26	938682	71	47737	4	1329922	91	1459922
432	嘉兴职业技术学院图书馆	309260	26	884124	74	9370	1	1202754	71	1701142
433	惠州学院图书馆	1072662	26	3105339	74	0	0	4178001	93	4483312
434	四川文化产业职业学院图书馆	410000	26	1200000	75	0	0	1610000	99	1619000
435	沈阳体育学院图书馆	499174	26	1461853	75	0	0	1961027	97	2031287
436	电子科技大学中山学院图书馆	768400	25	2251635	75	0	0	3020035	74	4097602
437	鹤壁职业技术学院图书馆	320000	25	954996	75	0	0	1274996	99	1290796

续表

序号	机构名称	数字资源 经费(元)	数字资源 百分比(%)	纸质资源 经费(元)	纸质资源 百分比(%)	其他资源 经费(元)	其他资源 百分比(%)	文献购置 经费(元)	文献购置 百分比(%)	年度总经费(元)
438	四川工程职业技术学院图书馆	490000	25	1468204	75	0	0	1958204	86	2272833
439	广东工贸职业技术学院图书馆	500000	25	1500000	75	0	0	2000000	100	2005000
440	梧州职业学院图书馆	350000	25	1050000	75	0	0	1400000	82	1700000
441	浙江医学高等专科学校图书馆	462864	25	1416253	75	0	0	1879117	86	2185306
442	甘肃医学院图书馆	227000	25	696695	75	1650	0	925345	83	1116418
443	黄山学院图书馆	893000	24	2772387	76	0	0	3665387	87	4197487
444	六盘水师范学院图书馆	774000	24	2413557	76	0	0	3187557	94	3401604
445	上海健康医学院图书馆	80000	24	220000	67	30000	9	330000	100	330000
446	宁波大红鹰学院图书馆	908000	24	2858485	76	800	0	3767285	97	3883735
447	宝鸡职业技术学院图书馆	130000	24	410000	76	0	0	540000	89	606000
448	上海震旦职业学院图书馆	40000	24	127676	76	0	0	167676	94	177542
449	广州大学松田学院图书馆	90000	24	287583	76	0	0	377583	100	377583
450	华南理工大学广州学院图书馆	400000	24	1280000	76	0	0	1680000	99	1690000
451	海口经济学院图书馆	511000	24	1636154	76	0	0	2147154	90	2376984
452	广东医学职业学院图书馆	2474590	24	7999517	76	0	0	10474107	88	11842803
453	四川航天职业技术学院图书馆	153000	24	497010	77	0	0	650010	81	800010
454	福建艺术职业学院图书馆	80000	24	260701	77	0	0	340701	100	340701
455	铜陵职业技术学院图书馆	95000	24	310000	77	0	0	405000	100	405000
456	肇庆学院图书馆	1400000	23	4620049	77	0	0	6020049	94	6375049

续表

序号	机构名称	数字资源 经费(元)	数字资源 百分比(%)	纸质资源 经费(元)	纸质资源 百分比(%)	其他资源 经费(元)	其他资源 百分比(%)	文献购置 经费(元)	文献购置 百分比(%)	年度总经费(元)
457	苏州市职业大学图书馆	735445	23	2429494	77	0	0	3164939	91	3482992
458	重庆三峡学院图书馆	970000	23	3180000	76	25000	1	4175000	96	4369000
459	浙江旅游职业学院图书馆	489076	23	1629563	77	0	0	2118639	95	2224639
460	河南水利与环境职业学院图书馆	225000	23	754900	77	0	0	979900	93	1051900
461	四川商务职业学院图书馆	178000	23	598507	77	0	0	776507	96	808007
462	东北师范大学人文学院图书馆	343000	23	1157000	77	0	0	1500000	91	1643000
463	广东工程职业技术学院图书馆	133000	23	458396	78	0	0	591396	66	900898
464	江西工业工程职业技术学院图书馆	130000	22	450000	78	0	0	580000	76	760000
465	大连职业技术学院图书馆	379500	22	1317785	78	0	0	1697285	27	6296285
466	安徽商贸职业技术学院图书馆	371000	22	1290000	78	0	0	1661000	40	4141000
467	黄淮学院图书馆	1060000	22	3720000	78	20000	0	4800000	92	5200000
468	外交学院图书馆	581176	22	2054463	78	0	0	2635639	48	5529130
469	江西财经职业学院图书馆	400000	22	1415195	78	0	0	1815195	95	1916695
470	西京学院图书馆	598000	22	2123755	78	500	0	2722255	98	2791231
471	陕西服装工程学院图书馆	440000	22	1571600	78	0	0	2011600	98	2046352
472	广东培正学院图书馆	1328600	22	4770939	78	36225	1	6135764	84	7271172
473	韶关学院图书馆	627529	22	2275515	78	0	0	2903044	91	3201828
474	江苏建康职业学院图书馆	208000	21	765762	79	0	0	973762	99	984242
475	广州南洋理工职业学院图书馆	317500	21	1178070	79	0	0	1495570	92	1630165

续表

序号	机构名称	数字资源 经费(元)	数字资源 百分比(%)	纸质资源 经费(元)	纸质资源 百分比(%)	其他资源 经费(元)	其他资源 百分比(%)	文献购置 经费(元)	文献购置 百分比(%)	年度总经费(元)
476	浙江商业职业技术学院图书馆	487808	21	1822305	79	0	0	2310113	62	3746913
477	三明职业技术学院图书馆	200000	21	750000	79	0	0	950000	96	985000
478	韩山师范学院图书馆	739000	21	2785469	79	0	0	3524469	96	3659469
479	沈阳工程学院图书馆	302367	21	1137629	79	2300	0	1442296	59	2464596
480	漯河职业技术学院图书馆	120000	21	460000	79	0	0	580000	80	730000
481	甘肃民族师范学院图书馆	700000	21	2711758	80	0	0	3411758	99	3461758
482	广东岭南职业技术学院图书馆	332600	20	1297779	80	0	0	1630379	80	2049759
483	浙江越秀外国语学院图书馆	1035729	20	4061399	80	0	0	5097128	92	5528855
484	贵州财经大学图书馆	1323000	20	5171179	79	25000	0	6519179	86	7599179
485	南京化工职业技术学院图书馆	242577	20	955769	80	0	0	1198346	93	1283646
486	贵州工程应用技术学院图书馆	84000	20	335395	80	1000	0	420395	71	595000
487	四川工商学院图书馆	417000	20	1672126	80	0	0	2089126	88	2387383
488	咸阳师范学院图书馆	693698	20	2781817	80	100	0	3475615	90	3846467
489	河南工业职业技术学院图书馆	193000	20	787000	80	0	0	980000	97	1010000
490	黔南民族师范学院图书馆	524000	20	2153783	80	0	0	2677783	97	2770683
491	马鞍山职业技术学院图书馆	138000	20	567377	80	0	0	705377	100	705377
492	黎明职业大学图书馆	232500	20	960983	81	0	0	1193483	86	1384683
493	四川卫生康复职业学院图书馆	149580	19	619791	81	0	0	769371	88	875811
494	陕西学前师范学院图书馆	884000	19	3665400	81	0	0	4549400	98	4624400

附录1 资源购置经费统计表 215

续表

序号	机构名称	数字资源 经费(元)	数字资源 百分比(%)	纸质资源 经费(元)	纸质资源 百分比(%)	其他资源 经费(元)	其他资源 百分比(%)	文献购置 经费(元)	文献购置 百分比(%)	年度总经费(元)
495	黑龙江民族职业学院图书馆	30000	19	125810	81	0	0	155810	97	160659
496	仰恩大学图书馆	200000	19	839109	81	0	0	1039109	100	1039109
497	贵州师范大学图书馆	993870	19	4169478	81	9409	0	5172757	92	5650749
498	陕西国防工业职业技术学院图书馆	235000	19	1007817	81	0	0	1242817	91	1370744
499	浙江机电职业技术学院图书馆	200000	19	860555	81	0	0	1060555	75	1408621
500	南充职业技术学院图书馆	169150	19	734111	81	0	0	903261	88	1026061
501	厦门医学高等专科学校图书馆	562178	19	2441046	81	0	0	3003224	100	3003224
502	四川职业技术学院图书馆	248160	19	1089833	82	0	0	1337993	76	1769793
503	上海城建职业学院图书馆	200800	19	886182	82	0	0	1086982	100	1086982
504	重庆文理学院图书馆	540056	18	2363309	81	25000	1	2928365	86	3398946
505	安徽机电职业技术学院图书馆	148000	18	661349	82	0	0	809349	87	931360
506	广西国际商务职业技术学院图书馆	212000	18	963104	82	0	0	1175104	100	1175104
507	芜湖职业技术学院图书馆	265300	18	1206899	82	0	0	1472199	91	1612199
508	成都职业技术学院图书馆	655000	18	3000000	82	0	0	3655000	87	4195000
509	贵州商学华软件学院图书馆	267000	18	1230724	82	800	0	1498524	27	5534524
510	广州大学华软软件学院图书馆	236000	18	1090493	82	0	0	1326493	98	1356853
511	广东警官学院图书馆	281840	18	1307134	82	0	0	1588974	99	1613671
512	金华职业技术学院图书馆	687800	18	3192200	82	0	0	3880000	99	3921154
513	闽南理工学院图书馆	340000	18	1580800	82	0	0	1920800	89	2166634

续表

序号	机构名称	数字资源 经费(元)	数字资源 百分比(%)	纸质资源 经费(元)	纸质资源 百分比(%)	其他资源 经费(元)	其他资源 百分比(%)	文献购置 经费(元)	文献购置 百分比(%)	年度总经费(元)
514	江苏信息职业技术学院图书馆	131000	18	609200	82	0	0	740200	92	805500
515	广西艺术学院图书馆	718988	18	3349182	82	0	0	4068170	97	4213960
516	宁夏师范学院图书馆	450000	17	2160000	83	0	0	2610000	90	2914000
517	民办安徽文达信息技术职业学院图书馆	170000	17	820000	83	0	0	990000	100	990000
518	成都航空职业技术学院图书馆	322070	17	1560712	83	1375	0	1884157	91	2061409
519	上海工商外国语职业学院图书馆	93000	17	455318	83	0	0	548318	96	572992
520	青岛科技大学图书馆	1494642	17	7325821	83	0	0	8820463	78	11353085
521	福建警察学院图书馆	202000	17	993632	83	0	0	1195632	99	1209552
522	安徽医学高等专科学校图书馆	179421	17	889334	83	0	0	1068755	80	1331555
523	九江职业技术学院图书馆	324500	17	1611220	83	0	0	1935720	90	2156980
524	广东第二师范学院图书馆	563000	17	2800000	83	0	0	3363000	98	3436600
525	宁波教育学院图书馆	52400	17	262267	83	0	0	314667	58	538734
526	天津滨海职业学院图书馆	99500	16	512102	84	0	0	611602	96	639602
527	广东水利电力职业技术学院图书馆	226540	16	1177092	84	0	0	1403632	98	1432641
528	天津天狮学院图书馆	208750	16	1093800	84	0	0	1302550	91	1435744
529	陕西交通职业技术学院图书馆	150000	16	788276	84	0	0	938276	92	1024242
530	上海思博职业技术学院图书馆	150000	16	804568	84	0	0	954568	98	978647
531	泸州医学院图书馆	1003385	16	5444942	84	300	0	6448627	97	6647124
532	清远职业技术学院图书馆	230000	15	1260000	85	0	0	1490000	96	1548800

续表

序号	机构名称	数字资源 经费(元)	数字资源 百分比(%)	纸质资源 经费(元)	纸质资源 百分比(%)	其他资源 经费(元)	其他资源 百分比(%)	文献购置 经费(元)	文献购置 百分比(%)	年度总经费(元)
533	金华教育学院图书馆	50000	15	274490	85	0	0	324490	84	384490
534	西安交通大学城市学院图书馆	176000	15	979002	85	600	0	1155602	97	1186293
535	西安培华学院图书馆	344000	15	1924641	85	30	0	2268671	99	2289071
536	河源职业技术学院图书馆	300000	15	1680000	85	0	0	1980000	92	2160000
537	上海旅游高等专科学校图书馆	145244	15	713573	74	100480	11	959297	97	986090
538	广东工商职业技术学院图书馆	372000	15	2089659	85	0	0	2461659	91	2711659
539	华南农业大学珠江学院图书馆	413000	15	2355900	85	0	0	2768900	98	2840720
540	亳州学院图书馆	1575000	15	9009703	85	0	0	10584703	99	10744703
541	忻州师范学院图书馆	473100	14	2792845	86	0	0	3265945	98	3339945
542	重庆工商职业学院图书馆	600967	14	3668788	86	0	0	4269755	97	4389755
543	惠州卫生职业技术学院图书馆	118000	14	721959	86	0	0	839959	99	845351
544	镇江高等专科学校图书馆	157500	14	969565	86	0	0	1127065	96	1177065
545	中国美术学院图书馆	496300	14	3045234	86	13841	0	3555375	93	3813140
546	天津大学仁爱学院图书馆	188000	14	1164631	86	0	0	1352631	82	1652555
547	上海东海职业技术学院图书馆	75000	14	467301	86	0	0	542301	94	574855
548	厦门工商旅游学校图书馆	187000	14	1168729	86	0	0	1355729	94	1446567
549	成都纺织高等专科学校图书馆	400000	14	2520000	86	0	0	2920000	92	3173000
550	吉林建筑大学城建学院图书馆	120000	14	757849	86	0	0	877849	62	1415919
551	吉林化工学院图书馆	286666	14	1812122	86	700	0	2099488	100	2099488

续表

序号	机构名称	数字资源 经费(元)	数字资源 百分比(%)	纸质资源 经费(元)	纸质资源 百分比(%)	其他资源 经费(元)	其他资源 百分比(%)	文献购置 经费(元)	文献购置 百分比(%)	年度总经费(元)
552	上海师范大学天华学院图书馆	380000	14	2421238	86	0	0	2801238	57	4946642
553	阿坝师范学院图书馆	190000	13	1260000	87	0	0	1450000	93	1560000
554	西安财经学院行知学院图书馆	245320	13	1648839	87	600	0	1894759	100	1899147
555	上海民航职业技术学院图书馆	168500	13	1149412	87	0	0	1317912	100	1317912
556	连云港职业技术学院图书馆	120000	13	822000	87	0	0	942000	96	982000
557	邕江大学图书馆	610600	13	4250000	87	0	0	4860600	96	5050600
558	川北医学院图书馆	551500	13	3877058	88	775	0	4429333	81	5449337
559	广东青年职业学院图书馆	328000	12	2315493	88	0	0	2643493	44	6059475
560	西安思源学院图书馆	230000	12	1635480	88	0	0	1865480	81	2304380
561	池州学院图书馆	467700	12	3364248	88	0	0	3831948	98	3906618
562	茂名职业技术学院图书馆	193000	12	1392763	88	0	0	1585763	100	1588763
563	广州城建职业学院图书馆	225000	12	1650000	88	0	0	1875000	69	2705000
564	浙江艺术职业学院图书馆	128400	12	948575	88	0	0	1076975	89	1215008
565	深圳信息职业技术学院图书馆	1573500	12	11698743	88	0	0	13272243	93	14327132
566	四川水利职业技术学院图书馆	162200	12	1209600	88	0	0	1371800	100	1371800
567	广州涉外经济职业技术学院图书馆	223666	12	1713046	89	0	0	1936712	92	2109460
568	四川建筑职业技术学院图书馆	228820	11	1772885	89	0	0	2001705	92	2178385
569	漳州职业技术学院图书馆	197000	11	1531181	89	0	0	1728181	94	1837691
570	扬州职业大学图书馆	235100	11	1836706	89	0	0	2071806	87	2387156

附录1 资源购置经费统计表　219

续表

序号	机构名称	数字资源 经费(元)	数字资源 百分比(%)	纸质资源 经费(元)	纸质资源 百分比(%)	其他资源 经费(元)	其他资源 百分比(%)	文献购置 经费(元)	文献购置 百分比(%)	年度总经费(元)
571	广东科技学院图书馆	270000	11	2152490	89	0	0	2422490	89	2735607
572	广东司法警官职业学院图书馆	150000	11	1200000	89	0	0	1350000	96	1410000
573	湄洲湾职业技术学院图书馆	70000	11	574000	89	0	0	644000	89	720000
574	复旦大学上海视觉艺术学院图书馆	190000	11	1580000	89	6000	0	1776000	98	1816000
575	漳州城市职业学院图书馆	85000	11	709620	89	0	0	794620	100	794620
576	西北工业大学明德学院图书馆	157240	11	1326161	89	850	0	1484251	76	1948976
577	广州华南商贸职业学院图书馆	50000	11	424000	89	0	0	474000	83	569000
578	上海出版印刷高等专科学校图书馆	85000	10	734190	90	0	0	819190	90	911190
579	广州现代信息工程职业技术学院图书馆	100000	10	872933	90	0	0	972933	100	972933
580	厦门华厦高等专科学校图书馆	112980	10	1002125	90	0	0	1115105	98	1139038
581	福建商业高等专科学校图书馆	468000	10	4157456	90	0	0	4625456	100	4648456
582	天津电子信息职业技术学院图书馆	96600	10	865856	90	0	0	962456	98	980956
583	福州理工学院图书馆	148500	10	1332986	90	0	0	1481486	86	1730985
584	山东协和学院图书馆	330140	10	3097000	90	0	0	3427140	73	4729401
585	南开大学滨海学院图书馆	410355	10	3860496	90	0	0	4270851	84	5058155
586	广东职业技术学院图书馆	50000	10	472000	90	0	0	522000	68	764000
587	兰州石化职业技术学院图书馆	88000	10	835049	91	0	0	923049	96	962049
588	浙江大学城市学院图书馆	325000	9	3138969	91	0	0	3463969	91	3807069

续表

序号	机构名称	数字资源 经费（元）	数字资源 百分比（%）	纸质资源 经费（元）	纸质资源 百分比（%）	其他资源 经费（元）	其他资源 百分比（%）	文献购置 经费（元）	文献购置 百分比（%）	年度总经费（元）
589	江门职业技术学院图书馆	99000	9	972909	91	0	0	1071909	75	1434409
590	宁波卫生职业技术学院图书馆	72000	9	709998	91	0	0	781998	78	1003045
591	浙江外国语学院图书馆	370030	9	3691655	91	800	0	4062485	99	4101211
592	广州商学院图书馆	195000	9	1999094	91	0	0	2194094	92	2379094
593	六安职业技术学院图书馆	68000	9	700000	91	0	0	768000	98	788000
594	西安科技大学高新学院图书馆	139800	9	1457301	91	400	0	1597501	93	1709898
595	南京医科大学康达学院图书馆	250000	9	2686000	92	0	0	2936000	73	4004000
596	上海医疗器械高等专科学校图书馆	49962	8	542359	92	0	0	592321	91	650240
597	三明学院图书馆	467607	8	5113549	92	0	0	5581156	92	6061512
598	湖州职业技术学院图书馆	116262	8	1275534	92	1500	0	1393296	90	1556592
599	兴义民族师范学院图书馆	376000	8	4167845	92	0	0	4543845	96	4745923
600	长春科技学院图书馆	160000	8	1781346	92	0	0	1941346	100	1942899
601	广东食品药品职业技术学院图书馆	250000	8	2810000	92	0	0	3060000	95	3220000
602	顺德职业技术学院图书馆	162200	8	1901314	92	0	0	2063514	63	3254671
603	三亚学院图书馆	220000	8	2731792	93	0	0	2951792	89	3304572
604	咸阳职业技术学院图书馆	50000	7	622155	93	0	0	672155	96	700585
605	四川大学锦城学院图书馆	359267	7	4708421	93	0	0	5067688	100	5079688
606	上海新侨职业技术学院图书馆	15000	7	199307	93	0	0	214307	100	214909

附录1 资源购置经费统计表 221

续表

序号	机构名称	数字资源 经费(元)	数字资源 百分比(%)	纸质资源 经费(元)	纸质资源 百分比(%)	其他资源 经费(元)	其他资源 百分比(%)	文献购置 经费(元)	文献购置 百分比(%)	年度总经费(元)
607	上海科学技术职业学院图书馆	40000	7	540307	93	0	0	580307	92	630307
608	安徽中医药高等专科学校图书馆	100000	7	1415000	93	0	0	1515000	97	1565000
609	绵阳职业技术学院图书馆	50000	6	730000	94	0	0	780000	100	782000
610	丽水职业技术学院图书馆	65600	5	1192778	95	0	0	1258378	77	1637028
611	惠州经济职业技术学院图书馆	120000	5	2207627	95	0	0	2327627	96	2432627
612	四川美术学院图书馆	330000	5	6090000	95	5000	0	6425000	92	6953000
613	民办南华工商学院图书馆	50000	5	950000	95	0	0	1000000	100	1000000
614	广东机电职业技术学院图书馆	85000	5	1626000	95	0	0	1711000	95	1807000
615	黔南民族医学高等专科学校图书馆	20000	5	390179	95	0	0	410179	87	471767
616	广东邮电职业技术学院图书馆	15000	5	301735	95	420	0	316735	68	464930
617	青海卫生职业技术学院图书馆	2000	5	40689	95	0	0	42689	76	56185
618	宁德师范学院图书馆	51178	4	1135157	96	0	0	1186335	97	1226172
619	苏州卫生职业技术学院图书馆	56000	4	1269268	96	0	0	1325268	100	1325268
620	广东技术师范学院天河学院图书馆	60000	4	1427622	96	0	0	1487622	99	1500622
621	西北大学现代学院图书馆	80000	4	2101111	96	0	0	2181531	99	2198560
622	汕尾职业技术学院图书馆	20000	4	538989	96	0	0	558989	94	597239
623	广州航海高等专科学校图书馆	80000	4	2170000	96	0	0	2250000	76	2950436
624	重庆信息技术职业学院图书馆	13500	4	377200	97	0	0	390700	98	400000

续表

序号	机构名称	数字资源 经费（元）	数字资源 百分比（%）	纸质资源 经费（元）	纸质资源 百分比（%）	其他资源 经费（元）	其他资源 百分比（%）	文献购置 经费（元）	文献购置 百分比（%）	年度总经费（元）
625	福州外语外贸学院图书馆	108900	3	3206628	97	0	0	3315528	100	3315528
626	汕头职业技术学院图书馆	15000	3	500000	97	0	0	515000	100	516270
627	广州工商学院图书馆	45000	2	2465000	98	0	0	2510000	100	2510000
628	广东创新科技职业学院图书馆	100000	2	6160519	98	0	0	6260519	81	7707443
629	北京语言大学图书馆	60000	2	3792456	98	1694	0	3854150	86	4486618
630	内江职业技术学院图书馆	20000	1	1565900	99	0	0	1585900	100	1589900
631	延安大学西安创新学院图书馆	20000	1	1672522	99	0	0	1692522	100	1692522
632	北京中医药大学图书馆	30000	1	2559343	99	0	0	2589343	56	4648249
633	浙江财经大学东方学院图书馆	30000	1	3370000	99	2800	0	3402800	95	3595942
634	健雄职业技术学院图书馆	5000	1	860464	99	0	0	865464	90	958709
635	泉州经贸职业技术学院图书馆	3000	1	550000	100	0	0	553000	92	602000
636	上海立达职业技术学院图书馆	3000	0	1548374	100	0	0	1551374	100	1551374
637	广州工程技术职业学院图书馆	1538	0	1300000	100	0	0	1301538	98	1327538
638	宁夏工商职业技术学院图书馆	30	0	560000	100	0	0	560030	100	560030
639	郑州幼儿师范高等专科学校图书馆	60	0	2300000	100	0	0	2300060	100	2300060
640	珠海城市职业技术学院图书馆	30	0	1180000	100	0	0	1180030	93	1270030
合计		约160199万元		约168489万元		约1435万元		约330123万元		约390443万元

附录2 四大科学院图书馆数字资源清单

1. 中国科学院图书馆数字资源清单

中国科学院图书馆数字资源按照商业资源和本地资源划分后，如附表2-1和附表2-2所示。

附表2-1　　中国科学院图书馆商业数字资源

序号	数据库名称	收录期刊数量
1	ACM Digital Library	53
2	ACS Journals	42
3	AGU Online Journals	14
4	AIAA	10
5	AIP Journals	12
6	AIP Journals 开放期刊	2
7	AIP Physics Today	1
8	Allen Press	21
9	American Association on Intellectual and Developmental Disabilities	2
10	American College of Chest Physicians	1
11	American College of Physicians	1
12	American Institute of Biological Sciences	1
13	American Society for Microbiology Journal Online	11
14	American Society of Agricultural and Biological Engineers	4
15	American Society of Health-System Pharmacists	1

续表

序号	数据库名称	收录期刊数量
16	American Society of Neuroradiology	1
17	American Society of Nutrition	3
18	American Society of Plant Biologists	2
19	American Society of Tropical Medicine and Hygiene	1
20	AMS Journals Online	9
21	Annual Reviews 回溯	33
22	Annual Reviews 现刊	41
23	APS Journals 开放期刊	4
24	APS Journals	8
25	ASA-CSSA-SSSA	5
26	ASCE Journals	28
27	ASME Digital Collection	25
28	Beech Tree Publishing	3
29	Bentham Open	32
30	Bentham Science	90
31	Berkeley Electronic Press	17
32	BioOne	163
33	BioOne 开放期刊	11
34	Botanical Society of America	1
35	Cambridge Journals 回溯	207
36	Cambridge Journals 现刊	324
37	Canadian Institute of Forestry	1
38	Cell Press	14
39	Chinese journal of library and information science	1
40	CNKI 科技类期刊数据库	4766
41	CNKI 社科类期刊数据库	1621
42	Cold Spring Harbor Laboratory Press	6
43	CSIRO Journals	26
44	Directory of Open Access Journal	7506
45	Ecological Society of America	5

续表

序号	数据库名称	收录期刊数量
46	Elsevier ScienceDirect	2167
47	Elsevier 回溯	1518
48	Emerald	13
49	Emerald 回溯	177
50	Frontiers in China 系列期刊	31
51	Future Science	39
52	Genetics Society of America	1
53	GeoScienceWorld	39
54	Hans Publishers Open Access	71
55	Hindawi	53
56	IEEE/IEE Electronic library	453
57	IGI Global	136
58	Institute For Operations Research and The Management Sciences	11
59	IOP Electronic Journals	45
60	IOP（1874—2002）	62
61	IOP（2003—2007）	49
62	IOP 印本开网版	10
63	IOS Press Journals	67
64	J-STAGE	124
65	JSTOR	356
66	Landes Bioscience	46
67	Maney Publishing	37
68	Mary Ann Liebert, Inc.	69
69	Multi-Science Publishing Co Ltd	26
70	Nature（1869—1986）	1
71	Nature（1987—1996）	1
72	Nature + NSJ	87
73	NRC Research Press	16
74	Optical Society of America	18
75	Optical Society of America 开放期刊	3

续表

序号	数据库名称	收录期刊数量
76	OUP 回溯数据库	140
77	Oxford University Press	260
78	Oxford University Press 开放期刊	10
79	PNAS 美国科学院院报	1
80	Project HOPE Journal	1
81	Public Library of Science Journals	7
82	Radiological Society of North America	2
83	Rapra Technology Limited	5
84	Royal Society	8
85	Royal Society of Medicine	26
86	RSC	42
87	RSC 回溯	52
88	Science Online	6
89	SIAM Journals Online	12
90	SPIE Digital Library	7
91	SPIE Digital Library 开放期刊	2
92	SpringerLink 回溯数据库	1006
93	SpringerLink 期刊	1499
94	SpringerLink 期刊（试用）	8
95	SpringerLink 期刊—CLOS	60
96	SpringerLink 期刊—RLOS	211
97	Taylor & Francis 科技期刊数据库	364
98	Turpion 回溯数据库	12
99	University of Chicago Press	7
100	University of Toronto Press	5
101	White Horse Press	2
102	Wiley-Blackwell 现刊数据库（非集团刊）	232
103	Wiley-Blackwell 现刊数据库（集团刊）	601
104	Wiley 回溯	280

续表

序号	数据库名称	收录期刊数量
105	WorldSciNet	45
106	网络版电子期刊	254
107	维普中文科技期刊（中国科技经济新闻）数据库	11958

注：该表格为笔者根据相关信息整理。

附表2-2　　中国科学院图书馆本地数字资源

序号	数据库名称	数据量
1	中科院机构知识库	850892
2	中科院学位论文	115603
3	国防科技信息	6883562
4	标准文献信息	352649
5	全院统一自动化	图书：1115215本 期刊：31433册
6	中科院联合目录（电子+印本）	1309913
7	电子图书数据库	Springer：84370 方正电子书：126135 MyLibrary：2507 NetLibray：1563 Wiley：3450
8	中科院重要会议开放资源	76302
9	社会经济信息开放资源	139285
10	馆藏会议论文（NSTL）	4747555
11	馆藏期刊论文（NSTL）	1284167
12	中科院古籍数据	92007
13	GoOA开放获取期刊	277186
14	arXiv	1217734
15	PubMed Central	2420272
16	科技监测最新报道	21112
17	科技监测重要报告	422
18	科技监测快报产品	225

注：该表格为笔者根据相关信息整理。

2. 中国社会科学院图书馆数字资源清单

中国社会科学院图书馆的数据库如附表2-3所示。

附表2-3　　　　　　　中国社会科学院图书馆数据库

序号	数据库名称	揭示深度	资源类型
1	Academic Search Research & Development 学术研发情报分析数据库（合同已到期）	全文	综合
2	ACLS 人文科学电子图书—学术著作精选（合同已到期）	全文	电子书
3	Amadeus—泛欧企业财务分析库	全文	数值数据
4	Annual Reviews of Anthropology（《人类学》）（合同已到期）	全文	期刊论文
5	Annual Reviews of Clinical Psychology（《临床心理学》）（合同已到期）	全文	期刊论文
6	Annual Reviews of Economics（《经济学》）（合同已到期）	全文	期刊论文
7	Annual Reviews of Environment and Resources（《环境与资源》）（合同已到期）	全文	期刊论文
8	Annual Reviews of Financial Economics（《财政经济学》）（合同已到期）	全文	期刊论文
9	Annual Reviews of Law & Social Science（《法律及社会科学》）（合同已到期）	全文	期刊论文
10	Annual Reviews of Political Science（《政治学》）（合同已到期）	全文	期刊论文
11	Annual Reviews of Psychology（《心理学》）（合同已到期）	全文	期刊论文
12	Annual Reviews of Public Health（《公共卫生》）（合同已到期）	全文	期刊论文
13	Annual Reviews of Resource Economics（《经济资源》）（合同已到期）	全文	期刊论文
14	Annual Reviews of Sociology（《社会学》）（合同已到期）	全文	期刊论文
15	Annual Reviews 期刊数据库（合同已到期）	全文	期刊论文
16	Arabia Monitor（阿拉伯观察）	全文	研究报告
17	ASRD 学术研究全文数据库（合同已到期）	全文	综合
18	Book Review Digest Plus 威尔逊图书评论摘要增强版（合同已到期）	全文	期刊论文
19	Business Source Corporate 全球产业（企业）案例分析数据库	全文	综合
20	CEIC DATA 数据库（网页版）（合同已到期）	全文	数值数据
21	Cengage Learning Gale Biography In Context 人物传记资源中心（合同已到期）	全文	参考资料

续表

序号	数据库名称	揭示深度	资源类型
22	Cengage Learning Gale Eighteenth Century Collections Online 十八世纪作品在线（合同已到期）	全文	电子书
23	Cengage Learning Gale History In Context 历史资源中心（合同已到期）	全文	参考资料
24	Cengage Learning Gale Literature Resource Center 文学资源中心（合同已到期）	全文	参考资料
25	CNKI—中国年鉴全文数据库	全文	年鉴
26	Credo 全球工具书大全数据库（合同已到期）	全文	参考资料
27	CREIS 中指数据库	全文	研究工具
28	Digital National Security Archive（DNSA）美国国家安全档案	全文	参考资料
29	Documents on British Policy Overseas 英国海外政策文件	全文	参考资料
30	Early English Books Online 早期英文图书在线（合同已到期）	全文	电子书
31	East View 俄罗斯大全数据库（合同已到期）	全文	期刊论文
32	EB Online 不列颠百科全书（合同已到期）	全文	参考资料
33	eBook Collection（NetLibrary）电子图书数据库（合同已到期）	全文	电子书
34	Ebrary 电子图书数据库（合同已到期）	全文	电子书
35	EBSCO EconLit with Full Text 经济学全书数据库（合同已到期）	全文	期刊论文
36	EBSCO SocINDEX with Full Text 社会学全文数据库（合同已到期）	全文	期刊论文
37	EconLit with Full Text 经济学全文数据库（合同已到期）	全文	综合
38	EIU 国家报告（合同已到期）	全文	研究报告
39	EIU 国家风险服务	全文	数值数据
40	EIU 国家数据	全文	数值数据
41	Elsevier SD 全文电子期刊（合同已到期）	全文	期刊论文
42	EmeraldManagementXtra 管理学全文数据库	全文	期刊论文
43	EMIS 全球新兴市场商业资讯（合同已到期）	全文	研究报告
44	e 线图情（合同已到期）	全文	综合
45	History Vault U. S. MILITARY INTELLIGENCE REPORTS, 1911—1944 美国军事情报报告，1911—1944	全文	参考资料
46	History Vault World War II 第二次世界大战：战争计划、作战行动、情报、轴心国战争罪行和难民的美国文件	全文	参考资料

续表

序号	数据库名称	揭示深度	资源类型
47	History Vault 历史专题库：越南战争和美国外交政策（1960—1975）	全文	参考资料
48	House of Commons Parliamentary Papers（HCPP）18 Century and 19 century 英国国会下议院议会文件	全文	参考资料
49	JCR 期刊印证报告和 EndNote（网页版）（合同已到期）	索引	研究工具
50	JSTOR 过刊数据库（合同已到期）	全文	期刊论文
51	Lexis Diligence（合同已到期）	全文	研究报告
52	LexisNexis 法律商业数据库（合同已到期）	全文	综合
53	MGC 军事政府期刊及报告全文数据库（合同已到期）	全文	综合
54	Military & Government Collection 军事政治情报分析数据库（合同已到期）	全文	综合
55	NewsBank 世界各国报纸全文库（合同已到期）	全文	报纸
56	OECD 经济合作发展组织数据库（合同已到期）	全文	综合
57	ORBIS Bank Focus—全球银行与金融机构分析库	全文	数值数据
58	Oriana—亚太企业分析库	全文	数值数据
59	Osiris—全球上市公司分析库	全文	数值数据
60	OverDrive（赛阅）数字图书馆	全文	电子书
61	PAO—典藏期刊在线（合同已到期）	全文	数值数据
62	Passport 数据库（合同已到期）	全文	数值数据
63	Plunkett Research Online 全球行业研究在线数据库（合同已到期）	全文	数值数据
64	Project MUSE 期刊数据库	全文	期刊论文
65	ProQuest Executive Orders and Presidential Proclamations 行政命令和总统公告数据库	全文	参考资料
66	ProQuest History Vault：U.S. DIPLOMATIC POST RECORDS, 1914—1945 美国外交机密档案	全文	参考资料
67	ProQuest Research Library 综合性学术期刊数据库（合同已到期）	全文	期刊论文
68	ProQuest 历史报纸：The Washington Post 华盛顿邮报	全文	报纸
69	ProQuest 历史报纸：New York Times 纽约时报	全文	报纸
70	ProQuest 博硕士论文索引数据库_人文社会科学专辑（合同已到期）	文摘	文摘索引

续表

序号	数据库名称	揭示深度	资源类型
71	ProQuest 历史报纸：Christian Science Monitor（1908—2004）基督教科学箴言报	全文	报纸
72	ProQuest 历史报纸：South China Morning Post（1903—1995）南华早报	全文	报纸
73	ProQuest 历史报纸：The Guardian and The Observer（1791—2004）卫报观察家报	全文	报纸
74	ProQuest 历史报纸：近现代中国英文报纸库	全文	报纸
75	SAGE 电子期刊	全文	期刊论文
76	SAGE 研究方法在线数据库（合同已到期）	全文	电子书
77	SAGE 工具书	全文	参考资料
78	SocINDEX with Full Text 社会科学全文数据库（合同已到期）	全文	综合
79	Springer 电子期刊库（合同已到期）	全文	期刊论文
80	Springer 回溯期刊数据库（创刊年至 1996 年）	全文	期刊论文
81	SSCI 数据库（合同已到期）	索引	引文索引
82	Taylor & Francis SSH（合同已到期）	全文	期刊论文
83	The Hague Academy Collected Courses Online 海牙国际法学院演讲集（合同已到期）	全文	参考资料
84	The Wall Street Journals（1886—1999）华尔街日报	全文	报纸
85	UN Commodity Trade Statistics Database 联合国商品贸易统计数据库	全文	数值数据
86	Wiley 回溯期刊库	全文	期刊论文
87	Wiley 期刊现刊全文数据库	全文	期刊论文
88	Wiley 在线图书数据库	全文	电子书
89	Wilson OmniFile Full Text, Select Edition 威尔逊学术期刊精选（合同已到期）	全文	期刊论文
90	World Bank e-Library 世界银行电子图书馆（合同已到期）	全文	电子书
91	百链云图书馆（合同已到期）	全文	综合
92	大成老旧刊全文数据库	全文	古籍
93	道琼斯 Factiva 数据库（合同已到期）	全文	综合
94	德古意特出版社数字出版平台	全文	综合
95	雕龙古籍数据库——道藏辑要（点击下载客户端）	全文	古籍

续表

序号	数据库名称	揭示深度	资源类型
96	雕龙古籍数据库——永乐大典（点击下载客户端）	全文	古籍
97	雕龙古籍数据库——正统道藏（点击下载客户端）	全文	古籍
98	雕龙古籍数据库——中国地方志（点击下载客户端）	全文	古籍
99	东方杂志全文检索数据库	全文	期刊论文
100	读秀学术搜索（合同已到期）	全文	电子书
101	法律之星	全文	参考资料
102	法律之星——法学论文库	全文	期刊论文
103	方正电子书	全文	电子书
104	凤凰视频资源库（合同已到期）	全文	音、视频
105	国家哲学社会科学学术期刊数据库	全文	期刊论文
106	国研网	全文	研究报告
107	瀚堂典藏数据库	全文	古籍
108	慧科大中华资讯库（合同已到期）	全文	报纸
109	慧科搜索数据库（合同已到期）	全文	报纸
110	慧科新闻数据库（合同已到期）	全文	报纸
111	慧眼舆情平台	全文	研究工具
112	剑桥期刊在线——人文社科包	全文	期刊论文
113	金报兴图报纸、期刊全文库	全文	报纸
114	金报兴图年鉴资源库	全文	年鉴
115	经济数据科研服务平台	全文	数值数据
116	康熙字典电子版（点击下载客户端安装文件）	全文	古籍
117	两岸关系数据库（合同已到期）	全文	综合
118	律商网——中国法律法规（中英双语）实务数据库（合同已到期）	全文	参考资料
119	美国国会文献集	全文	研究报告
120	南亚研究回溯数据库（South Asia Archive）	全文	综合
121	牛津大学出版社数据库（合同已到期）	全文	期刊论文
122	青苹果申报系列数据库——晋察冀报	全文	报纸
123	青苹果申报系列数据库——抗敌报	全文	报纸
124	青苹果申报系列数据库——申报	全文	报纸

续表

序号	数据库名称	揭示深度	资源类型
125	全国报刊索引（单机光盘）	索引	文摘索引
126	人大复印报刊资料全文数据库	全文	期刊论文
127	人大复印报刊资料索引总汇（1978—2015）	索引	文摘索引
128	人民日报图文数据库	全文	报纸
129	书同文古籍数据库——大明会典	全文	古籍
130	书同文古籍数据库——大明实录	全文	古籍
131	书同文古籍数据库——大清历代实录	全文	古籍
132	书同文古籍数据库——大清五部会典	全文	古籍
133	书同文古籍数据库——明代史料汇编	全文	古籍
134	书同文古籍数据库——清代史料汇编	全文	古籍
135	书同文古籍数据库——四部丛刊2009原文及全文检索	全文	古籍
136	搜数	全文	数值数据
137	塔塔统计数据库	全文	数值数据
138	台湾系列数据库	全文	参考资料
139	台湾系列数据库——古今图书集成	全文	古籍
140	台湾系列数据库——光华杂志智慧藏	全文	参考资料
141	台湾系列数据库——近代史研究所集刊	全文	参考资料
142	台湾系列数据库——近代中国	全文	参考资料
143	台湾系列数据库——口述历史	全文	参考资料
144	台湾系列数据库——历代书法碑帖集成	全文	参考资料
145	台湾系列数据库——史语所集刊	全文	参考资料
146	台湾系列数据库——台湾文献丛刊	全文	参考资料
147	台湾系列数据库——台湾文献汇刊	全文	参考资料
148	台湾系列数据库——中国妇女史研究	全文	参考资料
149	台湾系列数据库——中国文哲研究集刊	全文	参考资料
150	台湾系列数据库——中研院近代中国史研究通讯	全文	参考资料
151	台湾系列数据库——重修台湾省通志	全文	参考资料
152	台湾学术在线期刊数据库（合同已到期）	全文	期刊论文
153	图书馆数字文献平台（超星数据库）（合同已到期）	全文	电子书
154	晚清民国期刊全文数据库	全文	期刊论文

续表

序号	数据库名称	揭示深度	资源类型
155	万方创新助手（点击下载客户端）（合同已到期）	全文	研究工具
156	万方数据知识服务平台	全文	综合
157	万方数据知识服务平台镜像版	全文	综合
158	维普期刊资源整合服务平台	全文	期刊论文
159	维普智立方（合同已到期）	全文	综合
160	文史哲全文数据库（1951—2005）	全文	参考资料
161	文渊阁四库全书电子版	全文	古籍
162	乌利希国际期刊指南（Ulrich's Periodicals Directory）（合同已到期）	索引	研究工具
163	新华社专供数据库（合同已到期）	全文	期刊论文
164	英国外交部档案：中国，1919—1980	全文	参考资料
165	中东欧多语种期刊在线数据库（合同已到期）	全文	期刊论文
166	中国产业数据网（合同已到期）	全文	数值数据
167	中国大百科全书电子版	全文	参考资料
168	中国共产党思想理论资源数据库	全文	电子书
169	中国基本古籍库	全文	古籍
170	中国价格信息网（合同已到期）	全文	数值数据
171	中国历代典籍总目分析系统	全文	参考资料
172	中国历代石刻史料汇编全文检索版（点击下载客户端）	全文	古籍
173	中国俗文库（初集）	全文	古籍
174	中国统计年鉴挖掘版（合同已到期）	全文	期刊论文
175	中国知网（CNKI）	全文	综合
176	中国知网（CNKI）系列资源	全文	综合
177	中国知网——国际会议论文全文数据库	全文	学位论文、会议论文
178	中国知网——国学宝典（古籍）	全文	古籍
179	中国知网——哈佛商业评论	全文	期刊论文
180	中国知网——中国党建期刊文献总库	全文	期刊论文
181	中国知网——中国博士学位论文全文数据库	全文	学位论文、会议论文

续表

序号	数据库名称	揭示深度	资源类型
182	中国知网——中国法律知识资源总库	全文	综合
183	中国知网——中国经济与社会发展统计数据库	全文	数值数据
184	中国知网——中国年鉴网络出版总库	全文	年鉴
185	中国知网——中国期刊网络出版总库	全文	期刊论文
186	中国知网——中国硕士学位论文全文数据库	全文	学位论文、会议论文
187	中国知网——中国学术辑刊全文数据库	全文	期刊论文
188	中国知网——中国重要报纸全文数据库	全文	报纸
189	中国知网——中国重要会议论文全文数据库	全文	学位论文、会议论文
190	中国资讯行——English publishing	全文	参考资料
191	中国资讯行——名词解释库	全文	参考资料
192	中国资讯行——香港上市公司资料库	全文	参考资料
193	中国资讯行——中国法律法规库	全文	参考资料
194	中国资讯行——中国经济新闻库	全文	报纸
195	中国资讯行——中国人物库	全文	参考资料
196	中国资讯行——中国商业报告库	全文	参考资料
197	中国资讯行——中国上市公司文献库	全文	参考资料
198	中国资讯行——中国统计数据库	全文	数值数据
199	中国资讯行——中国医疗健康库	全文	参考资料
200	中国资讯行——中国中央及地方政府资料库	全文	参考资料
201	中宏产业数据库	全文	数值数据
202	中华经典古籍库（第一、二期）	全文	古籍
203	中华经典古籍库（网页版）	全文	古籍
204	中经网大客户专网	全文	研究报告
205	中文社会科学引文索引（CSSCI）（合同已到期）	全文	引文索引

3. 中国医学科学院图书馆数字资源清单

中国医学科学院图书馆的数据库如附表2-4所示。

附表 2-4　中国医学科学院图书馆数据库

序号	数据库名称
1	ClinicalKey
2	EMBASE.com
3	Endnote
4	F1000（Faculty of 1000）
5	PubMed @ CAMS & PUMC
6	Science Citation Index Expanded（Web of Science）
7	SCOPUS（Elsevier）
8	UpToDate
9	American Medical Association Jouranls（美国医学会电子期刊）
10	BMJ Journals
11	Cell Press Journals
12	Ebook Library（EBL）读者荐书数据库
13	Nature + NPG Journals
14	Science
15	Science Direct（Elsevier）
16	The New England Journal of Medicine
17	Access Pharmacy
18	AccessAnesthesiology
19	AccessEmergency Medicine
20	AccessMedicine
21	AccessPediatrics
22	AccessPhysiotherapy
23	AccessSurgery
24	Ovid
25	USMLEasy（美国职业医师资格考试数据库）
26	ACS 美国化学学会电子期刊
27	Adis Journals
28	AMED（辅助医学与替代医学数据库）
29	American Association for Cancer Research Journals（美国癌症研究学会电子期刊）
30	American Physiological Society Journals（美国生理学会电子期刊）

续表

序号	数据库名称
31	American Society for Microbiology Journals（美国微生物学会电子期刊）
32	Annual Reviews Biomedical/Life Sciences Journals Collection
33	BioMed Central
34	BMJ Best Practice
35	CancerLit《美国癌症资料库》
36	CINAHL《护理学数据库》
37	CNKI 中国引文数据库
38	Cochrane Library《循证医学数据库》
39	Cold Spring Harbor Protocols（冷泉港实验室指南）
40	Conference Proceedings Citation Index-Science
41	D-Scholarship 仓库
42	Derwent Innovations Index《德温特世界专利创新索引》
43	Directory of Open Access Journals（DOAJ）《开放获取期刊目录》
44	E-Print ArXiv《SCIRUS 预印本文献库》
45	EBSCO 图书馆学/信息科学技术全文库
46	Encyclopedia of Life Sciences（Wiley）
47	FindArticle
48	Free Medical Journals
49	FreeBooks4Doctors
50	Global Health
51	Google Book Search
52	Google Scholar
53	Highwire Press
54	Incites
55	InfoSci-Online Premium
56	International Pharmaceutical Abstracts（国际药学文摘）
57	ISPG 独立学术出版集团电子期刊数据库
58	Journal Citation Reports
59	JoVE 视频实验期刊
60	Karger 电子期刊

续表

序号	数据库名称
61	Lippincott Williams & Wilkins books
62	Lippincott Williams & Wilkins Journals
63	MEDLINE In-Process（Ovid）
64	MEDLINE（R）1950 to 1965（Ovid）
65	MEDLINE（R）1996 to Present with Daily Update（Ovid）
66	Micromedex Healthcare Series 美国临床医生事实型数据库
67	Mosby's Nursing Skill
68	NAP 电子图书
69	NSTL 外文回溯期刊全文数据库
70	Oxford Journals（英国牛津大学出版社系列期刊）
71	Pharmaprojects
72	Primal Pictures（人体解剖3D模型数据库）网络版
73	Primal Pictures（人体解剖3D模型数据库）镜像版
74	Primo Central 学术资源索引（Ex Libris）
75	Proceedings of the National Academy of Sciences of the United States of America
76	ProQuest Dissertations and Theses（ProQuest 博硕士论文文摘数据库）
77	ProQuest Health & Medical Complete（ProQuest 健康与医学期刊全文数据库）
78	PsycINFO（Ovid）
79	PubMed Central
80	SAGE 健康科学及护理学期刊数据库
81	Science Translational Medicine
82	SpringerLink Journals
83	Springer 实验室指南
84	Springer 电子书
85	Taylor & Francis Online Journals
86	Thieme E-Book Library（Thieme 彩色图谱电子图书）
87	Thieme Ejournal
88	Thieme Pharmaceutical Substances
89	Wiley Online Library Books
90	Wiley Online Library Journals

续表

序号	数据库名称
91	参考文献管理软件—NoteExpress
92	科学文库电子书数据库
93	人民卫生出版社临床知识库（网络版）
94	万方数据库（网络版）
95	Apabi—电子图书
96	Apabi—工具书
97	Apabi—年鉴库
98	畅想之星
99	超星汇雅电子图书
100	CNKI 镜像版（已停止更新，数据到 2010 年截至）
101	CNKI 博士论文
102	CNKI 硕士论文
103	CNKI 网络版
104	纸本馆藏目录
105	NSTL 文献检索系统
106	人民卫生出版社临床知识库（镜像版）
107	赛文（好医生）医学点播课堂
108	书香中国电子书
109	搜数
110	万方数据库（镜像版）
111	万方医学网
112	维普期刊资源整合服务平台
113	维普期刊资源整合服务平台（镜像版）
114	e 线图情
115	Sinomed 北京协和医学院博硕论文
116	中国科学引文数据库（CSCD）
117	中国生物医学期刊引文数据库（旧版）
118	中国生物医学期刊引文数据库（新版）
119	Sinomed 中国生物医学文献数据库
120	中国卫生统计数据库

续表

序号	数据库名称
121	中国资讯行—中国统计数据库
122	中国资讯行—中国医疗健康库

(4) 中国农业科学院图书馆数字资源清单

中国农业科学院图书馆的数据库如附表 2-5 所示。

附表 2-5　　中国农业科学院图书馆数据库

序号	数据库名称	年限	类型
1	方正 Apabi 电子图书	无	图书
2	国务院发展研究中心信息网（国研网）	无	报纸、期刊
3	万方数据资源系统	各库不同	多种类型、期刊、学位论文
4	中国知网 CNKI	—1979	多种类型、期刊、学位论文
5	ACS Journals	1879 年至今	期刊
6	AGRICOLA（Ovid）	无	索引
7	AGRICOLA Articles（NAL）	1970 年至今	期刊
8	AGRIS（FAO）	无	期刊、会议论文、图书
9	Annual Reviews	1932 年至今	期刊
10	ASM 美国微生物学会期刊全文数据库	1916 年至今	期刊
11	BIOSIS Previews（New ISI XML）	无	索引
12	CAB Reviews（CABI）	无	索引
13	Cambridge Journals Online	1997 年至今	期刊
14	Descriptions of Fungi and Bacteria（CABI）	无	索引
15	Distribution Maps of Plant Diseases（CABI）	无	索引
16	Distribution Maps of Plant Pests（CABI）	无	索引
17	Elsevier SDOL	1995 年至今	期刊
18	Nature	1869 年至今	期刊
19	OECD iLibrary	1998 年至今	多种类型、期刊、图书
20	Oxford University Press Online Journals	1996 年至今	期刊
21	PNAS 美国科学院院报	1915 年至今	期刊

续表

序号	数据库名称	年限	类型
22	ProQuest Biology Journals (ProQuest XML)	无	索引
23	ProQuest 学位论文全文	2001—	学位论文
24	Science Online	1997 年至今	期刊
25	Springer Protocol	无	图书
26	Taylor & Francis 科技期刊	1997 年至今	期刊
27	Wiley Online Library-Journals	1997 年至今	期刊

附录3　国内外重要数字资源介绍

1. 国外重要数字资源介绍

国外重要数字资源基本情况如附表3-1所示。

附表3-1　　　　　　　　国外重要数字资源介绍

	数据库名称	Blackwell 电子期刊
1	数据库网址	http：//www3.interscience.wiley.com/
	数据库介绍	Blackwell 出版公司是世界上最大的期刊出版商之一，以出版国际性期刊为主，包含很多非英美地区出版的英文期刊。它所出版的学术期刊在科学技术、医学、社会科学以及人文科学等学科领域享有盛誉。 Blackwell 出版期刊的学术质量很高，很多是各学科领域内的核心刊物，据最新统计，其中被 SCI 收录的核心期刊有 239 种，被 SSCI 收录的有 118 种。被 SCI／SSCI 收录的核心期刊达到出版期刊总数的 50%。 Blackwell 拥有自己的在线服务平台——Blackwell Synergy。目前，通过 Blackwell Synergy 平台，可试用社会科学和人文科学类的期刊
	数据库语种	外文
	收录资源类型	期刊
	资源揭示深度	全文
	学科分类	人文、社科
2	数据库名称	CALIS EB Online
	数据库网址	http：//search.eb.com

续表

2	数据库介绍	诞生于 1768 年的 *Encyclopædia Britannica*（中文译名不列颠百科全书，又称大英百科全书），历经两百多年修订和再版，发展成当今享有盛誉的百科巨著。不列颠百科全书由世界各国、各学术领域的著名专家学者（包括众多诺贝尔奖得主）为其撰写条目。该书囊括了对人类知识各重要学科的详尽介绍，和对历史及当代重要人物、事件的翔实叙述，其学术性和权威性为世人所公认。 大英百科全书公司 1994 年推出了 Britannica Online（不列颠百科全书网络版），是互联网上的第一部百科全书。世界各地的用户都可通过网络查询不列颠百科全书的全文。大英百科全书公司以其强大的内容编辑实力及数据库检索技术，成为全球工具书领域的领航者。目前，不列颠百科全书网络版已被世界各地的高等院校、中小学、图书馆及政府机构等普遍应用于教学和研究中，是世界上使用最广泛的电子参考工具之一。 除印刷版的全部内容外，不列颠百科全书网络版还收录了最新的修订和大量印刷版中没有的文字，可检索词条达到 100000 多条，并收录了 24000 多幅图例、2600 多幅地图、1400 多段多媒体动画音像等丰富内容。大英百科全书公司还精心挑选了 120000 个以上的优秀网站链接
	数据库语种	外文
	收录资源类型	工具书
	资源揭示深度	全文
	学科分类	人文、社科类
3	数据库名称	CEIC 亚洲经济数据库
	数据库网址	插件版
	数据库介绍	亚洲经济数据库现包括亚洲 17 个国家超过 250000 条资料，并归纳于 17 个界别内（见数据库覆盖范围）。数据频分为日、周、月、季、半年及年度，为了提供更具时效的时间序列分析，其中大部分为月度数，而历史资料更可追溯至 15 年以上。它不但是亚洲最全面的宏观经济数据库，而且还是数据可操作性及数据质控最为严谨的经济数据库。同时，还不断地扩展数据库内容和延伸历史数据以迎合日益复杂的数量经济分析需要。 CEIC 数据库的数据更新来源包括：新闻发布稿、官方统计刊物及分析报告等。各数据的采用及更新均经过专业分析员的审查及经过数据录入后的质量检定，以确保录入数据的正确性和完整性。 CEIC 包括五个部分：CEIC ASIA，CEIC CHINA，CEIC DAILY，CEIC NON-ASIA，CEIC GLOABL
	数据库语种	外文
	收录资源类型	数据
	资源揭示深度	全文
	学科分类	经济

续表

4	数据库名称	CGIAR 虚拟图书馆
	数据库网址	http：//vlibrary.cgiar.org
	数据库介绍	国际农业研究咨询集团（Consultative Group on International Agricultural Research，简称 CGIAR）成立于 1971 年，是一个由世界银行（World Bank）、联合国粮农组织（FAO）、联合国开发计划署（UNDP）、国际农业发展基金会（IFAD）等机构创建的非营利性国际农业研究机构。目前，它拥有 58 个成员，包括 22 个发展中国家、21 个发达国家、3 个私人基金会以及 12 个国际和区域性组织。经过调整，CGIAR 现有如下 16 个研究机构：IIMI（国际灌溉管理研究所）、IITA（国际热带农业研究所）、ILRI（国际家畜研究所）、CIAT（国际热带农业中心）、CIFOR（国际森林研究中心）、CIMM YT（国际玉米小麦研究中心）、CIP（国际马铃薯中心）、I2CARDA（国际干旱地区农业研究中心）、ICLARM（国际水生资源管理中心）、ICRAF（国际农林研究中心）、ICRISAT（国际半干旱地区热带作物研究所）、IFPRI（国际粮食政策研究所）、IPGRI（国际植物资源研究所）、IRRI（国际水稻研究所）、ISNAR（国家农业研究国际服务中心）、WARDA（西非水稻发展协会）。从 CGIAR 主页上访问这些机构，只需在其缩写上点一下光标左键，即可进入其各自网站的主页。此外，该网址还有大量专业期刊。 国际粮食政策研究所（IFPRI）是关于国际农业研究的咨询团队的一部分。它得到了超过 58 个发达和发展中国家，私人基金，以及多边和双边机构的支持。它的使命是确定和分析国家或国际粮食策略和政策选择，以持续地满足发展中国家的粮食需求。它特别关注低收入国家、贫团人群以及农业自然资源的正确管理。国际粮食政策研究所的任务主要有两项：一是研究地区、国家、国际公共政策对可持续性食品安全和食品营养提高的关键性作用；二是研究和传播其研究成果，在建立健全粮食政策方面起到促进作用。国际食物政策研究所从 7 月份开始运作虚拟图书馆项目，通过 CGIAR 的主页（http：//vlibrary.cgiar.org），点击 food policy and security，选择 IFPRI Library，就可获取国际食物政策研究所（IFPRI）出版的部分免费食品相关电子书。也可直接点击链接 http：//www.ifpri.org/chinese/pubs/cpubs.htm，其中中文电子书链接为：http：//www.ifpri.org/country/china.asp
	数据库语种	外文
	收录资源类型	电子期刊、参考资料
	资源揭示深度	全文、文摘
	学科分类	农业政策

续表

5	数据库名称	Credo 全球工具书大全数据库
	数据库网址	http：//www.credoreference.com/login.jsp
	数据库介绍	Credo 全球工具书大全由英国 Credo Reference 出版社提供。Credo 工具书来自超过 60 家全球知名的出版社，如 Barron's、Blackwell、Cambridge University Press、Central Intelligence Agency（CIA）、Collins、Columbia University Press、Elsevier、H. W. Wilson、Harvard University Press、Library of Congress、Macmillan、McGraw-Hill、Merriam-Webster、MIT Press、Penguin、SAGE、Wiley 等，共计 300 余种。中国社会科学院引进了其中的 150 种工具书，内容涉及科学、技术、医学、食品、商业、法律、社会科学、历史、地理、语言、文学、哲学、心理学、音乐、艺术、宗教、传记、字典、百科全书、语录等各个领域
	数据库语种	外文
	收录资源类型	参考工具书
	资源揭示深度	全文
	学科分类	人文、社科类
6	数据库名称	联合国商品贸易统计数据库（UN Commodity Trade Statistics Database）
	数据库网址	http：//comtrade.un.org/db
	数据库介绍	联合国商品贸易统计数据库由联合国统计司提供，它包含了 1962 年以来全世界 130 个国家和地区的商品贸易统计数据，已积累近 70 亿条记录。商品分类遵循《国际贸易商品标准分类》（SITC 标准），编码遵循协调商品分类目录及其编码制度（Harmonized System）。可通过商品名称、代码、国家名称或缩写等角度进行检索。具体使用帮助请参见：http：//comtrade.un.org/kb/article.aspx?id=10062 和 http：//comtrade.un.org/db/help/FeaturesList.aspx 知识库（英文）：http：//comtrade.un.org/kb/search.aspx#ikb_SearchResults
	数据库语种	外文
	收录资源类型	数据
	资源揭示深度	全文
	学科分类	经济
7	数据库名称	EBSCO EconLit with Full Text 经济学全书数据库
	数据库网址	http：//search.ebscohost.com（院内）http：//search.ebscohost.com/login.aspx?authtype=cpid&custid=ns002234（院外，限中国社会科学院经济研究所和世界经济政治研究所）

续表

7	数据库介绍	由美国经济学会推出的 EconLit with Full Text 于 2007 年 2 月 1 日在全球正式发布。EconLit 的全文版提供经济领域最全面的全文内容，涵盖了学术期刊、书籍&专著、贸易杂志等6大类型，既包括理论经济学，也包括应用经济学。该数据库致力于为世界范围内各类行业及科研单位提供相关的经济信息，适用于研究人员、学者、管理者及公共政策专家。 EconLit with Full Text 不但包含了 EconLit 的所有内容，还收录逾 400 种全文出版物，包括美国经济学会（AEA）出版的所有期刊，如 *American Economic Review*，*Journal of Economic Literature*，and *Journal of Economic Perspectives*。同时还包括众多知名经济类现刊和大量的回溯刊物，如 *Annals of Economics and Finance*，*European Journal of Comparative Economics*，*Journal of Economic Cooperation among Islamic Countries*，*Marine Resource Economics*，*Review of Law and Economics* 等。 这个数据库同时也收录众多财经领域的非英语全文期刊。涵盖主题包括总体经济学、个体经济学、劳工经济学、资本市场、货币学理论、经济预测、政府法规及其他相关主题。全部期刊目录，请登录 http：//www.epnet.com/titleLists/e4-coverage.xls 查看。本资料库涵盖的资料可回溯至 1969 年中期
	数据库语种	外文
	收录资源类型	期刊、书籍和专著、贸易杂志
	资源揭示深度	全文
	学科分类	经济
8	数据库名称	Elsevier Science Direct
	数据库网址	http：//www.sciencedirect.com
	数据库介绍	Elsevier 是全球最大的科学文献出版发行商，产品包括 1800 多种高质量的学术期刊，5000 多种书籍以及电子版全文和文摘数据库，涵盖科学、技术和医学等各个领域。 Elsevier 公司的 Science Direct 数据库是全球最大的科学文献全文数据库，涵盖了科学、技术以及医学领域的 21 个学科。它提供 Elsevier 的 1800 多种期刊的检索和全文下载，其中 SCI 收录 1393 种，EI 收录 515 种。通过一个简单直观的界面，研究人员可以浏览 700 多万篇 HTML 格式和 PDF 格式的文章全文，检索到著名 STM 索引数据库中 6000 多万篇文章文摘，并可以链接到许多 STM 出版社的文章。 Science Direct 得到了 70 多个国家的认可，目前在中国有 110 多所高校、国家图书馆及中科院所已成为其用户，每个月的全文下载量达几百万篇，是目前国内使用率最高、下载量最多的科学数据库
	数据库语种	外文
	收录资源类型	期刊
	资源揭示深度	全文
	学科分类	人文、社科

附录 3　国内外重要数字资源介绍

续表

9	数据库名称	Emerald Management Xtra（管理学全文数据库）
	数据库网址	http：//www.emeraldinsight.com
	数据库介绍	Emerald 于 1967 年由来自世界著名百所商学院之一 Bradford University Management Center 的学者建立。专业出版经济管理学同行专家评审期刊 200 种，占全球该学科期刊总数的 12％，其中很多期刊被 SSCI 收录，是出版经济管理学最多的单一出版机构。Emerald 汇集了来自世界各地的庞大专家作者群。全球 7600 多所商学类院校有 3000 多所使用 Emerald，98％以上的世界百强商学院用户和 58％以上的全球 500 强企业用户订购了 Emerald。 Emerald Management Xtra—《Emerald 管理学全集》（www.emeraldinsight.com）。 ● 各个管理学领域期刊 200 种，近 9 万篇文章。涵盖管理学的各个学科领域，主要包括：会计与金融、经济管理、绩效管理与评估、行业与公共部门管理、企业与革新、市场营销、健康护理管理、管理科学与研究、学习与发展、教育管理、旅游管理、商业道德与法律、国际商务管理、战略管理、组织研究、营运与物流管理、人力资源管理、质量管理、图书馆与信息研究、财产与不动产管理、信息与知识管理。 ● 《Emerald 管理学评论》——文摘评论集针对世界 400 多种顶尖期刊中的每篇文章进行独立评论，超过 25 万篇管理学文章的归纳总结。 ● 实践性辅助资源，如案例集、访谈录、管理学书评等。 Emerald Backfiles—《Emerald 回溯库》（www.emeraldinsight.com）。 ● 所有期刊回溯至第 1 卷第 1 期。 ● 最早的回溯文章年份 1898 年。 ● 文章篇数 69000 篇。 ● 所有文章内容完全符合检索要求。 ● 可以追溯 19 世纪以来的管理学思想及发展情况变化
	数据库语种	外文
	收录资源类型	期刊
	资源揭示深度	全文
	学科分类	管理学
10	数据库名称	H.W.Wilson 数据库
	数据库网址	
	数据库介绍	1. 艺术全文库（http：//db.lib.tsinghua.edu.cn/hwwara/） 378 种出版物 1984 年以来的文章摘要和书目索引，104 种出版物 1997 年以来的文章全文资料。 广告艺术、古董研究、考古学、建筑学和建筑史、艺术史、电脑与艺术、手工艺、装饰艺术、时装设计、民俗艺术、绘画艺术、工业设计、室内设计、景观建筑、电影、博物馆学、非西方艺术、油画、摄影、陶艺、雕塑、电视、织品、录影；

续表

10	数据库介绍	2. 商业文摘和全文库（http：//db. lib. tsinghua. edu. cn/hwwwba） 527 种英文杂志和商业期刊 1982 年以来的索引，527 种英文杂志和商业期刊 1982 年以来的文摘，260 种出版物 1995 年以来的全文文章。 针对商业、学校和图书馆而设计。用户可以快速访问文章特写、产品论述、会谈纪要、传记梗概、企业概况、讣告、调查、书评以及来自于各种协会、学术团体、商业展览和会议的报告，等等。数据库还根据企业的产业类别和名称提供了 SIC 代码用作主要标题。 3. 普通科学文摘和全文库（http：//db. lib. tsinghua. edu. cn/hwwgsa） 190 种出版物 1984 年以来的索引，190 种出版物 1993 年以来的文摘，57 种出版物 1993 以来的全文文章。 天文学、大气科学、生物学、植物学、化学、水土保持、地球科学、环境、食物、遗传、卫生保健、数学、医学、微生物学、营养学、海洋学、物理、生理学、动物学等。 4. 教育学文摘和全文库（http：//db. lib. tsinghua. edu. cn/hwweda） 478 种出版物 1983 年至今的文章摘要和书目索引，204 种出版物 1996 年至今的全文。 5. 人文学文摘和全文库（http：//db. lib. tsinghua. edu. cn/hwwhua） 182 种出版物 1995 年至今的文章全文资料，502 种出版物 1984 年以来的文章摘要和书目索引。 考古学、地域研究、艺术、古典研究、通讯、舞蹈、电影、民间传说、性研究、历史、新闻学、语言学、文艺与社会批评、文学、音乐、表演艺术、哲学、宗教和神学。 6. 图书文献和情报学全文库（http：//db. lib. tsinghua. edu. cn/hwwlib/） 可检索 400 种期刊的文摘，每年大约 600 篇专论引文的索引，155 种出版物 1997 年至今的全文。 一个广受好评的数据库，拥有尖端的图书馆信息资源，现在还有全文及图像资料。取材于著名的图书馆文献索引。包括文章特写、会谈纪要、定期发表的专栏文章、专题论述、图书（包括章节和片段）、书评、图书馆学校的论文，等等。 7. 读者指南文摘和全文库（http：//db. lib. tsinghua. edu. cn/hwwrga） 137 种出版物 1994 年至今的全文文章，272 种出版物 1983 年至今的文章摘要和索引。 8. 社会科学全文库（http：//db. lib. tsinghua. edu. cn/hwwssa） 源自 163 种出版物 1995 年至今的全文文章，518 种出版物 1983 年至今的文章摘要和书目索引。 吸毒研究、人类学、地域研究、社区健康和医疗、劳改、刑事审判、犯罪学、经济学、环保研究、伦理学、家庭研究、性研究、地理学、老人医学、国际关系、法律、少数民族研究、计划和公共管理、政策学、政治学、精神病学、心理学、社会福利、社会工作、社会学、城市研究
	数据库语种	外文
	收录资源类型	期刊、书籍和专著
	资源揭示深度	全文、文摘、索引
	学科分类	人文、社科

续表

	数据库名称	The Hague Academy Collected Courses Online 数据库
11	数据库网址	http：//www. nijhoffonline. nl
	数据库介绍	海牙国际法学院位于荷兰国家政府所在地。该院由卡内基国际和平基金会资助，于1923年成立，其宗旨：培养国际法学高级人才，促进审查涉及国际司法关系问题。学院每年邀请当今国际法学领域的著名专家、学者来校讲授国际公法、国际私法和司法关系相关课程，并出版《海牙国际法学院演讲集》。"演讲集"在国际法学界享有很高声誉，已成为国际法学领域图书出版的权威精品。《海牙国际法学院演讲集》第一卷出版于1923年，截至目前已出版332卷，它是一部历史悠长的大型多卷集专题丛书。丛书每年不定期出版5—7卷，每卷的作者1—3名，部分作者因文献篇幅较大有两卷连载的情况。 "演讲集"收录文献的内容形式： （1）前沿研究的学术专著； （2）创新成果的精品教材； （3）独到见解的演讲报告；文献统一用英语或法语刊出；每卷的前言为英、法两国文字对照的学院简介和学院现任院长、副院长、主要成员职务组阁名单；每篇文献前都有作者照片、作者小传、专门术语缩写对照，文献后有详细参考书目
	数据库语种	外文
	收录资源类型	论文
	资源揭示深度	全文
	学科分类	法学
12	数据库名称	ISI 全球新兴市场商业资讯
	数据库网址	http：//site. securities. com
	数据库介绍	EMIS（Emerging Markets Information Service）数据库由 Internet Securities, Inc.（ISI）公司出品。ISI 创建于1994年，是 Euromoney Institutional Investor（欧洲货币和机构投资者）集团的全资控股子公司，其成立以来，一直致力于发展其旗舰产品 EMIS，向世界各地的金融机构、跨国企业、学术图书馆、政府机构的专业人士提供全球各新兴市场的市场动态和商务信息服务。 目前，ISI 的业务所覆盖的市场有亚洲的中国大陆、中国香港、中国台湾以及韩国、印度、新加坡、泰国、印度尼西亚、马来西亚、菲律宾、柬埔寨、老挝、越南等，另外还包括澳大利亚、南北美洲、中东、北非和中东欧的大部分新兴市场。 EMIS 数据库收录的资源共有14045种（截至2007年7月10日），其中英文资源占43%，俄语资源占16%，西班牙语资源占15%，中文资源占6%，同时提供葡萄牙语、德语、法语以及其他新兴市场国家/地区官方语言等共26个语种的信息资源。 EMIS 新兴市场商业资讯服务为用户提供遍布亚太地区、欧洲、中东、北非和南北美洲的80多个国家和地区的市场动态和商务信息。

续表

12	数据库介绍	EMIS 数据库主要内容：所有信息内容均由当地信息供应商直接提供并以英语和/或当地语言同时呈现。内容包括：纯文本格式的实时新闻，所有上市公司和部分非上市公司的分析报告和可供比较的财务报表，行业分析报告和统计数据，金融证券市场分析，宏观经济统计数据及法律法规等。共分为七个子库。 （1）新闻资讯：该数据库收录了源自新闻通讯社、报纸、杂志社、在线新闻集团如 BBC、AFX、Financial Times 等 80 余个新兴市场国家的政治、经济新闻以及对全球政治经济事件的深度分析报告，内容覆盖宏观经济、金融市场、公司、行业和评级信息，日更新量超过 30000 条。 （2）公司资讯：截至 2007 年 7 月，该数据库共收录了全球新兴市场国家 29350 家上市公司、694000 家非上市公司的相关信息，包括公司的基本信息、收并购观察、盈利预测等深度研究报告、可供对比的财务分析数据、竞争力分析、信用分析以及著名资信评估公司如 Fitch、Moody's 等提供的公司资信评估及行业综合分析报告等。 （3）行业资讯：该数据库收录了由国内外专业咨询公司、研究机构、政府机构、行业协会等提供的各行业研究报告、市场分析与预测以及及时更新的行业统计数据。内容覆盖按北美行业分类标准划分的 10 个大行业及全部 89 个子行业，包含 80 余个新兴市场国家/地区国民经济发展各行业发展现状和趋势。 （4）宏观经济：该数据库的信息来源均为国内外权威的研究机构和政府机构，如 EIU、OECD，各新兴市场国家/地区中央统计局、中央银行、海关等宏观经济统计数据，以及花旗、高盛、汇丰、恒生等全球顶级银行和金融研究机构对各国/地区宏观经济发展的预测、研究报告等。 （5）金融市场：该数据库收录新兴市场国家金融市场经济背景、金融市场历史及现实状况、各交易所大盘、29350 家上市公司历史及隔日交易数据、评级预测、机构报告等。 （6）法律法规：该数据库包含 80 余个新兴市场国家实时更新的法律新闻及全文法律法规。 （7）研究报告：超过 100 万篇全球性的、权威的分析报告，覆盖到宏观经济和微观经济的各个方面。所有这些研究报告都出自权威的政府机构、银行、研究机构以及咨询公司。为研究者提供了权威的可参考的原始数据和研究资料。
	数据库语种	外文
	收录资源类型	商业咨讯
	资源揭示深度	全文
	学科分类	经济
13	数据库名称	JSTOR
	数据库网址	http://www.jstor.org

续表

13	数据库介绍	JSTOR 是一个对西文过期期刊进行数字化处理的学术数据库，它涉及的学科领域以历史、哲学、经济、管理、政治学、国际政治、语言与文学等为主，同时兼有一般科学性主题的期刊。JSTOR 收录的全文主要是从创刊号到最近三五年前的过刊，部分过刊的回溯年代早至 1665 年。所有文章可以下载，也可以在线全文阅读。 中国社会科学院图书馆购买使用的 JSTOR 数据库包括如下四个专题： （1）人文社会专题一（Arts & Sciences I Collection）：该专题收录的范围主要是人类学、亚洲学、非裔美国人研究、经济学、生态学、数学、哲学、政治学、教育学、财政、历史、文学、人口统计学、社会学、统计学 15 种人文社会学科领域，包括 117 种学术性期刊的全文资料。 （2）人文社会专题二（Arts & Sciences II Collection）：该专题收录的范围主要是非洲研究、拉丁美洲研究、中东研究等国际政治和国际关系等主题的 110 多种期刊全文。 （3）语言文学专题（Language & Literature）：该专题主要收录有关语言（学）和文学研究等主题的 48 种期刊全文。 （4）商业专题（Business Collection）：收录有关商业方面的 46 种期刊全文
	数据库语种	外文
	收录资源类型	期刊
	资源揭示深度	全文
	学科分类	历史、哲学、经济、管理、政治学、国际政治、语言与文学等
14	数据库名称	Kluwer Online
	数据库网址	http：//kluwer.calis.edu.cn
	数据库介绍	Kluwer Online 是 Kluwer 出版的 600 余种期刊的网络版，专门基于互联网提供 Kluwer 电子期刊的查询阅览服务。涵盖 20 多个学科专题
	数据库语种	外文
	收录资源类型	期刊
	资源揭示深度	全文
	学科分类	人文、社科
15	数据库名称	LexisNexis 法律、商业数据库
	数据库网址	
	数据库介绍	
	数据库语种	外文
	收录资源类型	期刊、报纸、杂志、政府部门及重要国际组织出版物
	资源揭示深度	全文
	学科分类	法律、经济、金融等

续表

16	数据库名称	LISTA
	数据库网址	http://www.libraryresearch.com
	数据库介绍	图书馆信息科学与技术文摘数据库（Library, Information Science & Technology Abstracts，简称 LISTA）是 EBSCO Publishing 公司向图书馆界提供的免费资源库。全球范围的书目数据库提供的内容涵盖了图书馆分类、编目、书目学、在线信息检索、信息管理等主题。提供超过 600 种的期刊、图书、研究报告和会议录的索引，最早的记录回溯至 1966 年。该数据库是在信息科学领域内收录信息回溯时间最长、持续时间最长的文摘型数据库
	数据库语种	外文
	收录资源类型	期刊论文；图书；研究报告；会议论文
	资源揭示深度	文摘/目次
	学科分类	图书馆学、情报学
17	数据库名称	Nature 周刊回溯数据库
	数据库网址	http://www.nature.com/nature/archive/
	数据库介绍	Nature 周刊是世界上最著名的科技期刊之一，自 1869 年创刊以来，始终如一地报道和评论全球科技领域里最重要的突破，其办刊宗旨是"将科学发现的重要结果介绍给公众，让公众尽早知道全世界自然知识的每一分支中取得的所有进展"
	数据库语种	外文
	收录资源类型	期刊
	资源揭示深度	全文
	学科分类	自然科学
18	数据库名称	NetLibrary
	数据库网址	http://www.netlibrary.com
	数据库介绍	OCLC NetLibrary 目前提供 400 多家出版社出版的 60000 多种电子图书，并且每月增加约 2000 种。这些电子图书覆盖所有主题范畴，约 80% 的书籍是面向大学程度的读者，其余 20% 的书籍是面向中学图书馆的普通题材。大多数 NetLibrary 的电子图书内容新颖，近 90% 的电子图书是 1990 年后出版的。 目前，国内图书馆集团引进 NetLibrary 电子图书 6937 种，一本电子图书在一个时间只能由一个读者阅读
	数据库语种	外文
	收录资源类型	电子图书
	资源揭示深度	全文
	学科分类	人文、社科

续表

19	数据库名称	NewsBank 世界各国报纸全文库
	数据库网址	http://infoweb.newsbank.com
	数据库介绍	《世界各国报纸全文库》（Access World News）是美国 NewsBank 公司最具代表性的数据库之一，也是全球最大与增长最快的报纸数据库。提供1800 余种世界各地主要报纸（其中包括200家左右主要通讯社与10余家主要电视台）。报纸库有非常强的时效性，每天更新，可以看到当天大部分报纸。全库每天新增文章10万篇以上，并提供丰富的回溯信息，最早可到20世纪70年代。 该报纸库的内容以英语为主，同时包括西班牙语、法语、德语、意大利语、葡萄牙语，英语和西班牙语检索界面可自由切换。除《华尔街日报》外，绝大部分报纸提供原报全部文章全文。提供多种检索方式组合，可任意选定数据库内报纸进行检索，同一检索栏内关键词数量无限制，高级检索状态下可任意增加检索栏最多至5个，检索结果数量无上限且相关度高。同时，提供浏览报纸功能，可以浏览数据库内所有报纸，部分报纸提供原报版面划分。 主要内容：Access World News 所收录的内容既有世界上著名的大报，也有各国家和地区的地方报纸，内容全面，涉及经济、商业、财政、政府、政治、环境、科技、文化、教育、体育、艺术、健康，以及所收录资源中涵盖的各个领域，适合各学校和专业广泛使用
	数据库语种	外文
	收录资源类型	报纸
	资源揭示深度	全文
	学科分类	人文、社科
20	数据库名称	OCLC—ArticleFirst
	数据库网址	http://firstsearch.oclc.org/FSIP
	数据库介绍	12500 多种期刊论文索引。Article1st 数据库包括 12500 多种学术期刊的文章引文以及目录索引，主题覆盖了工商、人文学、医学、科学、技术、社会学和大众文化等。虽然大多数期刊是英文资料，但也收录了部分其他语言的期刊。该库覆盖了 1990 年到现在的资料，每天更新
	数据库语种	外文
	收录资源类型	期刊论文
	资源揭示深度	文摘/目次；引文
	学科分类	人文、社科
21	数据库名称	OCLC—ClasePeriodica
	数据库网址	http://firstsearch.oclc.org/FSIP

续表

21	数据库介绍	在科学和人文学领域中的拉丁美洲期刊索引。Clase 是对专门登载社会科学与人文科学的拉丁美洲期刊中的文献所作的索引。Periodica 覆盖专门登载科学与技术文献的期刊。对 2600 种以西班牙文、葡萄牙文、法文和英文发表的学术期刊中的 30 多万条书目引文提供检索。不但包括以泛美问题为主的期刊中的信息,还含有在 24 个不同的拉丁美洲和加勒比海地区出版的文章、论文、单行本、会议录、技术报告、采访以及简注
	数据库语种	外文
	收录资源类型	期刊论文
	资源揭示深度	文摘/目次;引文
	学科分类	人文、社科
22	数据库名称	OCLC—Ebooks
	数据库网址	http://firstsearch.oclc.org/FSIP
	数据库介绍	含有由 OCLC 成员图书馆编目的所有记录。提供数以百万计的书目记录。
	数据库语种	外文
	收录资源类型	OCLC 成员馆图书联合目录
	资源揭示深度	文摘/目次
	学科分类	人文、社科
23	数据库名称	OCLC—ECO
	数据库网址	http://firstsearch.oclc.org/FSIP
	数据库介绍	联机电子学术期刊库和目录。ECO 是一个全部带有联机全文文章的期刊数据库。它的主题范畴广泛,目前记录来自 3100 多种期刊,期刊的数量还正在逐步增加。数据库中的文章都以页映像的格式(PDF,Real Page 或 HTM)显示,在页映像中包括文章的全部原始内容和图像
	数据库语种	外文
	收录资源类型	期刊论文
	资源揭示深度	全文(部分);文摘/目次
	学科分类	人文、社科
24	数据库名称	OCLC—ERIC
	数据库网址	http://firstsearch.oclc.org/FSIP
	数据库介绍	教育期刊文章报告。ERIC 是由教育资源信息中心生产的已出版的和未出版的教育方面的资料来源的一个指南。它囊括了数千个教育专题,提供了最完备的教育书刊的书目信息,覆盖了从 1966 年到现在的资料,每月更新记录
	数据库语种	外文
	收录资源类型	期刊论文

续表

24	资源揭示深度	文摘
	学科分类	教育学
25	数据库名称	OCLC—GPO
	数据库网址	http://firstsearch.oclc.org/FSIP
	数据库介绍	美国政府出版物。GPO 包含 52 万多条记录,报道了与美国政府相关的各方面的文件。这些文件的类型有:国会报告、国会意见听证会、国会辩论、国会档案、法院资料以及由美国具体实施部门,如:国防部、内政部、劳动部、总统办公室等出版发行的文件。它覆盖了从 1976 年 7 月以来的资料,每月更新记录
	数据库语种	外文
	收录资源类型	美国政府出版物
	资源揭示深度	文摘
	学科分类	政治学
26	数据库名称	OCLC—MEDLINE
	数据库网址	http://firstsearch.oclc.org/FSIP
	数据库介绍	医学的所有领域,包括牙科和护理的文献。MEDLINE 覆盖了所有医学领域,包括临床医学、实验医学、牙科学、护理、保健服务管理、营养学以及其他学科。它索引了国际上出版的 9000 多种期刊,覆盖了从 1965 年到现在的资料,每月更新记录
	数据库语种	外文
	收录资源类型	期刊论文
	资源揭示深度	文摘
	学科分类	医学
27	数据库名称	OCLC—PapersFirst
	数据库网址	http://firstsearch.oclc.org/FSIP
	数据库介绍	国际学术会议论文索引。该数据库包括在世界各地学术会议上发表的论文,它覆盖了自 1993 年 10 月以来在"大英图书馆资料提供中心"的会议录收集的每一个大会、专题讨论会、博览会、讲习班和其他会议上发表的论文,每两周更新一次
	数据库语种	外文
	收录资源类型	会议论文
	资源揭示深度	文摘
	学科分类	

续表

28	数据库名称	OCLC—Proceedings
	数据库网址	http://firstsearch.oclc.org/FSIP
	数据库介绍	国际学术会议录索引。Proceedings 是 PapersFirst 的相关库，它包括在世界各地举行的学术会议上发表的论文的目录表。该库提供了一条检索"大英图书馆资料提供中心"会议录的途径
	数据库语种	外文
	收录资源类型	会议记录
	资源揭示深度	文摘
	学科分类	
29	数据库名称	OCLC—UnionLists
	数据库网址	http://firstsearch.oclc.org/FSIP
	数据库介绍	OCLC 成员馆期刊联合目录。该数据库包括数千种期刊的馆藏情况，有740多万条记录，每一条记录列出了 OCLC 的成员馆收藏的一种期刊的每期情况，每半年更新一次
	数据库语种	外文
	收录资源类型	OCLC 成员馆期刊联合目录
	资源揭示深度	书目
	学科分类	
30	数据库名称	OCLC—WilsonSelectPlus
	数据库网址	http://firstsearch.oclc.org/FSIP
	数据库介绍	科学、人文、教育和工商方面的全文文章。该数据库是一个联机全文、索引和摘要记录的集合，这些全文文章选自 H. W. Wilson 公司的普通科学文摘、人文学科文摘、读者指南文摘和 Wilson 商业文摘。它包括1300多种期刊，覆盖了从1994年到现在的资料，每周更新一次
	数据库语种	外文
	收录资源类型	期刊论文
	资源揭示深度	全文
	学科分类	科学、人文、教育、工商
31	数据库名称	OCLC—WorldAlmanac
	数据库网址	http://firstsearch.oclc.org/FSIP
	数据库介绍	该数据库在1868年第一次出版，它是适用于包括学生、图书馆的读者、图书馆的参考咨询人员和学者等几乎每个人的一个十分重要的参考工具。涉及的范畴包括：艺术和娱乐、新闻人物、计算机、科学和技术、经济学、体育运动、环境、税收、周年纪念日、美国的城市和州、国防、人口统计、世界上的国家等，每年更新一次

续表

31	数据库语种	外文
	收录资源类型	世界年鉴
	资源揭示深度	全文
	学科分类	
32	数据库名称	OCLC—WorldCat
	数据库网址	http://firstsearch.oclc.org/FSIP
	数据库介绍	世界范围图书、web资源和其他资料的OCLC编目库。该库是OCLC一个联机的联合目录数据库。它目前包括4500多万条记录，这些记录来自370多种语言的文献，覆盖了从公元前1000年到现在的资料，基本上反映了世界范围内的图书馆所拥有的图书和其他资料。它的主题范畴广泛，并以每年200万条记录的速度增长。该库每天更新。WorldCat数据库的最新增强：近来，OCLC发布了一个3年期的全球战略规划，规划中包括要将WorldCat数据库，由目前的仅包含书目信息，发展为包含文本、图像、声音和动画的基于Web的、网络化的、全球性的信息资源。这意味着OCLC将对FirstSearch服务中的WorldCat数据库进行多项增强
	数据库语种	外文
	收录资源类型	图书、web资源和其他资料的OCLC目录
	资源揭示深度	书目
	学科分类	
33	数据库名称	OECD经济合作发展组织数据库
	数据库网址	http://new.sourceoecd.com
	数据库介绍	OECD即经济合作发展组织，此组织包括澳大利亚、奥地利、比利时、加拿大、捷克、丹麦、芬兰、法国、德国、希腊、匈牙利、冰岛、爱尔兰、意大利、日本、韩国、卢森堡、墨西哥、荷兰、新西兰、挪威、波兰、葡萄牙、斯洛伐克、西班牙、瑞典、土耳其、英国、美国30个成员国。还包括国际能源组织、国际原子能组织、欧洲交通部长会议、发展中心、教育研究和创新、Club du Sahel 6个半自治的代理机构。 OECD出版物包括将近1500种图书、报告，24个期刊和24个统计数据库。分别介绍如下： (1) OECD共出版书籍、报告4000余种，现在可以通过PDF的形式在网上提供从1998年以来出版的将近1000种图书、报告，并每年增加100多种。这1000余种电子图书、电子报告又分为农业与食物、发展、教育与技术、经济、就业、能源、环境与可持续发展、金融与投资、经济与未来研究、统治管理、工业服务与贸易、国家与历史统计、核能源、科学信息技术、社会问题/移民/公共卫生、统计资料与方法、税收、领土经济、转换经济、交通20个类别。 (2) OECD出版的24种期刊全部在线，分为期刊、参考类期刊、统计类期刊三大类，包括经济、金融、教育、能源、法律、科技等各个领域。 (3) OECD还有24个在线统计数据库，其数据不仅来自OCED的30个成员国，也有来自中国、俄罗斯、巴西的统计数据。

续表

33	数据库语种	外文
	收录资源类型	电子图书、期刊论文、统计数据
	资源揭示深度	全文
	学科分类	
34	数据库名称	Project Muse 数据库
	数据库网址	http://muse.jhu.edu/
	数据库介绍	Project Muse（Muse 项目）是 Johns Hopkins 大学出版社与其 Milton S. Eisenhower 图书馆的非营利性合作出版项目，成立于 1995 年。最初的目的是为了给 Johns Hopkins 大学出版社 40 种期刊寻找一种适当的电子出版形式，随着其他出版社不断加入，目前已发展成为 73 家出版社、352 种全文期刊的数据库，并且每年都在不断增长。电子内容可最早回溯至 1995 年。 Muse 专注于人文、艺术和社会科学研究。其主要学科领域有：区域/国家研究、人类学、艺术、西方古典文化、经济、教育、电影戏剧和表演艺术、语言学、法律、文学、图书馆学及出版、医学与健康、数学、音乐、哲学、政治和政策研究、历史、国际关系、科学、社会学、心理学、宗教等。其中在区域/国家研究、文学、历史和政治、政策研究上尤其突出
	数据库语种	外文
	收录资源类型	电子期刊
	资源揭示深度	全文
	学科分类	人文、艺术和社会科学
35	数据库名称	ProQuest Academic Research Library 综合性学术期刊数据库
	数据库网址	http://proquest.umi.com/login
	数据库介绍	学术期刊图书馆全文数据库（ProQuest Academic Research Library，简称 ARL）：该数据库是全文图像期刊数据库，是专为大学图书馆和研究图书馆设计的综合性学术期刊数据库，收录 2500 多种综合性期刊和报纸的文摘/索引（内含 Peer Reviewed 期刊 1400 种），其中 1700 余种是全文期刊（内含 Peer Reviewed 全文期刊 988 种）。涵盖的学科包括：商业与经济、教育、保护服务/公共管理、社会科学与历史、计算机、科学、工程/工程技术、传播学、法律、军事、文化、医学、卫生健康及其相关科学、生物科学/生命科学、艺术、视觉与表演艺术、心理学、宗教与神学、哲学、社会学及妇女研究等领域。可以检索到 1971 年以来的文摘和 1986 年以来的全文，每日更新
	数据库语种	外文
	收录资源类型	期刊论文
	资源揭示深度	全文（部分）；文摘/目次
	学科分类	

续表

	数据库名称	ProQuest Digital Dissertation 博硕士论文文摘目次数据库
36	数据库网址	http://wwwlib.umi.com/dissertations
	数据库介绍	博硕士论文文摘数据库，是目前世界上最大和使用最广泛的学位论文数据库。收录了1861年以来全世界1000多所著名大学文、理、工、农、医等领域的160万博、硕士学位论文的摘要及索引，学科覆盖了数学、物理、化学、农业、生物、商业、经济、工程和计算机科学等，1997年以后的博士论文有前24页全文，同时提供网上全文订购服务
	数据库语种	外文
	收录资源类型	学位论文
	资源揭示深度	文摘
	学科分类	
37	数据库名称	Christian Science Monitor
	数据库网址	http://proquest.umi.com/login
	数据库介绍	《基督教科学箴言报》，1988年至今，每日更新
	数据库语种	外文
	收录资源类型	报纸
	资源揭示深度	全文
	学科分类	
38	数据库名称	New York Times
	数据库网址	http://proquest.umi.com/login
	数据库介绍	《纽约时报》，1995至今，每日更新
	数据库语种	外文
	收录资源类型	报纸
	资源揭示深度	全文
	学科分类	
39	数据库名称	USA Today
	数据库网址	http://proquest.umi.com/login
	数据库介绍	《今日美国》，每日更新
	数据库语种	外文
	收录资源类型	报纸
	资源揭示深度	全文
	学科分类	

续表

40	数据库名称	SAGE 电子期刊
	数据库网址	http://online.sagepub.com
	数据库介绍	SAGE 公司于 1965 年成立于美国，最初以出版社会科学类学术出版物起家，至今为止已经与 180 多家专业的学术协会和组织建立了紧密的合作伙伴关系（主要为欧美协会和组织）。经过 40 余年的发展，目前 SAGE 连续出版期刊 460 多种，院图书馆引进社科类期刊 367 种。其中 158 种期刊编入 2005 年社会科学索引（SSCI）。 SAGE 电子期刊内容具体包括：教育学、心理学、社会学、政治和国际关系学、语言文学、商业管理和组织学、情报与信息科学、传播媒体学、犯罪学与刑法学、环境科学、城市规划和研究等领域。从 2009 年 1 月 1 日起，可访问的内容扩充到 1999 年以前的内容，部分可追溯到第一卷第一期
	数据库语种	外文
	收录资源类型	期刊论文
	资源揭示深度	全文
	学科分类	人文、社科类
41	数据库名称	Thomson Gale Biography Resource Center 人物传记资源中心
	数据库网址	http://find.galegroup.com/menu/start?userGroupName=cass&prod=BioRC-1
	数据库介绍	GALE 公司出版，此数据库涵盖文学、科学、政治、政府、历史、多文化研究、商业、娱乐、体育、艺术和当今事件。把 80 个最常被参考的 GALE 著名传记数据库与 250 种以上的全文刊物结合，这个数据库可对广泛的问题给出深入的全文解答。此数据库包括一百多万个人物传记
	数据库语种	外文
	收录资源类型	参考工具
	资源揭示深度	全文
	学科分类	人文、社科
42	数据库名称	Thomson Gale Biography and Genealogy Master Index
	数据库网址	http://find.galegroup.com/menu/start?userGroupName=cass&prod=BGMI
	数据库介绍	GALE 公司出版，传记和家谱索引
	数据库语种	外文
	收录资源类型	参考工具
	资源揭示深度	全文
	学科分类	人文、社科

续表

43	数据库名称	Thomson Gale History Resource Center 历史资源中心
	数据库网址	http：//find.galegroup.com/menu/start?userGroupName=cass&prod=History
	数据库介绍	来自GALE的1400个信息源，17个Thomson的著名品牌，80种学术期刊的全文，400多份历史地图及地图集等
	数据库语种	外文
	收录资源类型	参考工具
	资源揭示深度	全文
	学科分类	历史
44	数据库名称	Thomson Gale Literature Resource Center 文学资源中心
	数据库网址	http：//find.galegroup.com/menu/start?userGroupName=cass&prod=LitRC-31
	数据库介绍	GALE公司出版，这个经过整合的数据库使文学、语言及语言学方面的研究人员能够获取从1963年开始的1.8万多条引用书目信息以及数万个各种文学风格的作家的传记、评论文章及刊物文章。包括各时代各流派120000多位作家、诗人、记者的资料
	数据库语种	外文
	收录资源类型	参考工具
	资源揭示深度	全文
	学科分类	文学
45	数据库名称	World Bank E-library 世界银行电子图书馆
	数据库网址	http：//www.worldbank.org/elibrary
	数据库介绍	世界银行在线图书馆包括世界银行资助研究和出版的全文本的图书、报告和各种文件，每年约有1000多种，可在线阅读或下载
	数据库语种	外文
	收录资源类型	电子图书、报告
	资源揭示深度	全文
	学科分类	经济学
46	数据库名称	World Bank Global Development Financial 全球金融发展
	数据库网址	http：//ddp-ext.worldbank.org/ext/DDPQQ/member.do?method=getMembers&userid=1&queryId=5
	数据库介绍	GDF数据库包括138个国家的统计数据，这些国家定期向世界银行债权人报告系统通报该国国家债券和国家保证债券的情况。数据内容包括：外债总计和流向，全球主要的经济整合，基本的债务比率、新协议的常规条件、长期债务中的货币构成、债务重组和预定的债务保息计划等。数据库界面设计人性化，使用方便。可以常用格式如Excel下载

续表

46	数据库语种	外文
	收录资源类型	数据
	资源揭示深度	全文
	学科分类	经济学

47	数据库名称	World Bank World Development Index 世界发展指数
	数据库网址	http://ddp-ext.worldbank.org/ext/DDPQQ/member.do?method=getMembers&userid=1&queryId=135
	数据库介绍	WDI 数据库是对全球经济发展各方面基本经济数据的汇总，包含 550 多种发展指数的统计数据，以及 200 多个国家和 18 个政府间组织从 1960 年到 2001 年的年度经济数据。数据内容涵盖社会、经济、财政、自然资源和环境等领域。各项统计数据非常便于检索和比较。可以常用格式如 Excel 下载
	数据库语种	外文
	收录资源类型	数据
	资源揭示深度	全文
	学科分类	经济学

48	数据库名称	20 世纪初中国老照片（5000 Historic Photographs of China Debut on the Web）
	数据库网址	http://library.duke.edu/digitalcollections/gamble/
	数据库介绍	1908 年到 1932 年，汉学家、社会学家 Sidney Gamble（1890—1968）为进行社会经济领域的调查四次来到中国，从东北辽宁到南边的广东，再到西部的四川，Gamble 拍摄了大量反映 20 世纪初叶中国的照片，有很大的史料价值
		美国杜克大学图书馆，将 Gamble 拍摄的 1917—1932 年间的 5000 幅照片进行了数字化。现免费向公众开放
	数据库语种	外文
	收录资源类型	照片
	资源揭示深度	全文
	学科分类	

2. 国内重要数字资源介绍

国内重要数字资源基本情况如附表 3-2 所示。

附表 3-2　　　　　　　　国内重要数字资源介绍

1	数据库名称	人大复印报刊资料全文数据（1995—2009）
	数据库网址	http://219.141.235.67/cgrs/index.jsp
	数据库介绍	由中国人民大学书报资料中心出版,1995年以来至今的3500多种刊物中被印刷本《中国人民大学报刊复印资料》收录的全文,内容涉及马列、哲学、社科总论、政治、法律、经济、语言、文学、艺术、历史在内的社会科学各个学科
	数据库语种	中文
	收录资源类型	期刊
	资源揭示深度	全文
	学科分类	社会科学综合、法学、管理学、经济、历史、政治、图书馆/信息科学、人类学、社会学、教育/文化、新闻传播、艺术、语言、文学、哲学、其他
2	数据库名称	人大复印报刊资料索引总汇（1978—2006）
	数据库网址	http://219.141.235.67/cgrs/index.jsp
	数据库介绍	收录了自1978年以来的3500多种期刊的全部索引,内容涉及马列、哲学、社科总论、政治、法律、经济、语言、文学、艺术、历史在内的社会科学各个学科
	数据库语种	中文
	收录资源类型	期刊
	资源揭示深度	题录
	学科分类	社会科学综合、法学、管理学、经济、历史、政治、图书馆/信息科学、人类学、社会学、教育/文化、新闻传播、艺术、语言、文学、哲学、其他
3	数据库名称	新华社专供数据库
	数据库网址	http://info.xinhua.org/pubdkh/user/shkxy/DKH_login.jsp
	数据库介绍	该库是以新闻和经济信息为主要特色,针对我院特色提供的综合性信息系统,是新华社消息的总汇,全库分中文和英文两大类,数据量达80多亿汉字,并以日均150万汉字的速度增长。各库均依靠国内外140多个分社、支社收集和提供的各个领域的最新信息,经过总社各编辑室编辑播发和各资料室加工整理后入库,全方位地反映了国内外各方面的最新发展动态。主要栏目有:中文新闻稿、行业经济信息、中国内部信息、海外内部信息、高管信息（教育）、高管信息（综合）、高管信息（法制）、报刊文摘、人物库、机构库、背景资料库、译名库、法规库等
	数据库语种	中文
	收录资源类型	期刊

续表

3	资源揭示深度	全文
	学科分类	社会科学综合
4	数据库名称	维普中文科技期刊数据库
	数据库网址	http://oldweb.cqvip.com
	数据库介绍	中文科技期刊全文数据库包含了1989年以来的涵盖自然科学、工程技术、农业、医药卫生、经济、教育和图书情报等学科的9000余种期刊刊载的1330余万篇文献,并以每年100万篇的速度递增
	数据库语种	中文
	收录资源类型	期刊
	资源揭示深度	全文
	学科分类	社会科学综合、法学、管理学、经济、历史、政治、图书馆/信息科学、人类学、社会学、教育/文化、新闻传播、艺术、语言、文学、哲学、其他
5	数据库名称	《文史哲》全文数据库(1951—2005)
	数据库网址	http://219.141.235.67/WSZ/index.jsp
	数据库介绍	由山东大学《文史哲》编辑部编辑出版的学术理论期刊《文史哲》的网络版。该数据光盘将其近五十年累计250期的全部文章(近4000万字量)汇于一张光盘之中。该光盘可按年份、刊期、年度总目录、每期目录、栏目、标题、作者、页次、标题词、复合检索等多路径进行检索。并可实现上网查询
	数据库语种	中文
	收录资源类型	期刊
	资源揭示深度	全文
	学科分类	文学、历史、哲学
6	数据库名称	中国统计数据应用支持系统
	数据库网址	http://gov.acmr.cn/
	数据库介绍	针对对国内经济统计数据的需求,该系统设有国内经济年度数据、月度数据、世界经济数据、普查数据、资讯要闻、排行榜、经济参考数据地图等栏目。旨在向用户全方位展示宏观、地区、世界、产业、投资、财经、生产、价格、外贸等领域的经济运行状态、结构变化、发展趋势、政策效应等信息
	数据库语种	中文
	收录资源类型	数据
	资源揭示深度	
	学科分类	经济

续表

7	数据库名称	中经网大客户专网
	数据库网址	http：//newibe.cei.gov.cn
	数据库介绍	中经专网集成了中国经济信息网的内容精华，涵盖动态、数据、分析、法规、企业、招商、价格、供求、技术等不同信息内容；涉及金融保险、房地产业、信息产业、汽车产业、食品饮料、轻工纺织、石化化工、机电工业、医药卫生、建筑建材、采掘冶金、能源工业、交通运输、农林牧渔、商业服务等各行业，以及我国31个省（区、市）及港澳台地区和世界主要国家（地区）的经济信息。经济数据按照时间序列进行整理，宏观经济、行业经济、地区经济、世界经济的热点问题组织深度分析报告，是研究经济和社会问题的重要资料来源
	数据库语种	中文
	收录资源类型	研究报告
	资源揭示深度	全文
	学科分类	经济、社会科学综合
8	数据库名称	国研报告（国研网）
	数据库网址	www.drcnet.com.cn
	数据库介绍	国务院发展研究中心信息网（国研网）由国务院发展研究中心信息中心主办，是中国著名的大型经济类专业网站，是向领导者、投资者和学者提供经济决策支持的权威的信息平台。国研网以国务院发展研究中心丰富的信息资源和强大的专家阵容为依托，并与海内外众多著名的经济研究机构和经济资讯提供商紧密合作，全面整合中国宏观经济、金融研究和行业经济领域的专家学者以及研究成果。中国社会科学院图书馆已订购国研网《国研报告》《宏观经济》《金融中国》《行业经济》《世经评论》等数据库。经进一步联系沟通，开通试用国研网《国研视点》《区域经济》《国研数据》《企业圣经》数据库
	数据库语种	中文
	收录资源类型	研究报告
	资源揭示深度	全文
	学科分类	经济、社会科学综合

续表

	数据库名称	万方数据库
9	数据库网址	http：//10.4.131.233：90
	数据库介绍	《中国学位论文全文数据库》精选相关单位近几年来的博士、硕士研究生论文，涵盖自然科学、数理化、天文、地球、生物、医药、卫生、工业技术、航空、环境、社会科学、人文地理等各学科领域，充分展示了中国研究生教育的庞大阵容。《中国学术会议论文全文数据库》是国内唯一的学术会议文献全文数据库，主要收录1998年以来国家级学会、协会、研究会组织召开的全国性学术会议论文，数据范围覆盖自然科学、工程技术、农林、医学等领域，是了解国内学术动态必不可少的帮手。《中国学术会议论文全文数据库》分为两个版本：中文版、英文版。其中："中文版"所收会议论文内容是中文；"英文版"主要收录在中国召开的国际会议的论文，论文内容多为西文
	数据库语种	中文、外文
	收录资源类型	学位论文、会议论文
	资源揭示深度	全文
	学科分类	社会科学综合、法学、管理学、经济、历史、政治、图书馆/信息科学、人类学、社会学、教育/文化、新闻传播、艺术、语言、文学、哲学、其他
10	数据库名称	文渊阁四库全书电子版
	数据库网址	http：//10.4.131.234：8080/
	数据库介绍	《四库全书》是清代乾隆年间官修的规模庞大的百科丛书。它汇集了从先秦到清代前期的历代主要典籍，共收书3460余种。《四库全书》原抄七部，分藏北京故宫文渊阁、圆明园文源阁、沈阳清故宫文溯阁、承德避暑山庄文津阁、扬州文汇阁、镇江文宗阁、杭州文澜阁。后经战乱，今存世者仅文渊、文溯、文津三部及文澜本残书。文渊阁《四库全书》是七部书中最早完成的一部，至今保存完好。自1934年起，上海商务印书馆开始陆续印文渊阁《四库全书》中的部分书籍，至1986年，才由台北商务印书馆将全书整套印出，题名《影印文渊阁四库全书》。过去半个多世纪，学术界从影印本《四库全书》得益良多，但从今日的角度看，影印本也存在明显的不足——体积大、保存难、检索不便；这些不足，影响并限制了该书的收藏、流通与利用。有鉴于此，利用先进的数码技术将文渊阁《四库全书》电子化，为学术界提供体积小、保存易、检索快捷的电子版《四库全书》，并为推进中文信息电子化开辟了新路
	数据库语种	中文
	收录资源类型	参考工具书
	资源揭示深度	全文
	学科分类	古籍

续表

11	数据库名称	康熙字典电子版
	数据库网址	（1）在浏览器地址栏输入：http：//219.141.235.68/download/setup.rar，下载 setup.rar 文件。 （2）解压缩 setup.rar 文件，运行 setup.exe。 （3）安装程序时，需输入用户名、序列号。请与图书馆电子阅览室联系获取。确定安装类型、路径后，选择"浏览器"选项，开始安装。安装最后阶段，输入服务器地址：10.4.131.233。安装完成后，点击"开始"菜单——康熙字典电子版——康熙字典电子版，即可启动程序
	数据库介绍	本光盘采用同文书局的影印本为底本，经过计算机数字化扫描处理，不仅真实地保留了原书的文字页，同时将原书中每一个单字释义单独切割为文字内容。另外，增加了大量现代计算机汉字编码和单字信息，极大地丰富了原书的信息量。该电子字典添加的检索手段，大大提高了检索速度，方便了读者
	数据库语种	中文
	收录资源类型	参考工具书
	资源揭示深度	全文
	学科分类	古籍
12	数据库名称	中国历代石刻史料汇编全文检索版
	数据库网址	（1）在浏览器地址栏输入：http：//219.141.235.68/download/LDSK_setup.rar，下载 LDSK_ setup.rar 文件。 （2）解压缩 LDSK_ setup.rar 文件，运行 setup.exe。 （3）按照安装程序的提示，一步一步完成安装。安装完成后，点击"开始"菜单——书同文——中国历代石刻史料汇编——历代石刻客户端，即可启动程序。在用户名、密码栏中输入"guest"，在服务器栏中输入"10.4.131.233"
	数据库介绍	《中国历代石刻史料汇编》全文检索版的内容由十几位石刻文献研究专家精心编选而成，具有以下特点： （1）全文检索、支持多语言平台 全文检索版中的文献资料经过全文数字化，读者可利用全文检索工具在最短的时间内获得最大的信息量。系统提供中日、简繁、异体汉字关联查询，打破了时空、地域的汉字使用习惯，增强了知识检索的全面性。软件提供了逻辑检索及字、词间距检索。同时读者也可以不输入任何检索文字实现按朝代浏览碑文。此外，系统还提供联机字典、文字代码页与原书图像页关联、复制打印、添加注释、纪年换算、八卦查询以及手写输入等功能。 （2）网罗宏富、史料原始 由于历史原因，石刻文献大多分别散见于数以万计的文献之中，给研究者带来利用上的极大不便。原书编者查阅了现存千余种的金石志书（包括地方志中的金石志），经过认真对比去重，从中精心辑录出一万五千余篇石刻文献，并附有历代金石学家撰写的考释文字，总计1150万字。所有碑文按朝代排序，利于读者查阅。全书从秦砖汉瓦到碑文墓志，上下两千年，内容涵盖中国古代政治、经济、军事、民族、宗教、文学、科技、民俗、教育、地理等各个方面

续表

12	数据库语种	中文
	收录资源类型	参考工具书
	资源揭示深度	全文
	学科分类	古籍
13	数据库名称	中国资讯行——中国经济新闻库
	数据库网址	http：//www.infobank.cn
	数据库介绍	收录时间：1992年至今。收录了中国地区及海外商业财经信息，以媒体报道为主。数据来源于中国千余种报刊及部分合作伙伴提供的专业信息，内容按194个行业及中国各省市地区分类
	数据库语种	中文
	收录资源类型	报刊、资讯
	资源揭示深度	全文
	学科分类	经济、社会科学综合
14	数据库名称	中国资讯行——中国商业报告库
	数据库网址	http：//www.infobank.cn
	数据库介绍	收录时间：1993年至今。收录了经济学家关于中国宏观经济、中国金融、中国市场及中国各个行业的评论文章和研究文献，以及政府的各项年度报告全文
	数据库语种	中文
	收录资源类型	研究报告
	资源揭示深度	全文
	学科分类	经济、社会科学综合
15	数据库名称	中国资讯行——中国法律法规库
	数据库网址	http：//www.infobank.cn
	数据库介绍	收录时间：1903年至今。收录以中国法律法规文献为主，兼收其他国家法律法规文献。收录自1949年以来中华人民共和国中央及地方的法律法规，以及各行业有关条例和案例。为您提供最及时的法律参考
	数据库语种	中文
	收录资源类型	
	资源揭示深度	全文
	学科分类	法律、社会科学综合

附录3 国内外重要数字资源介绍   269

续表

16	数据库名称	中国资讯行——中国统计数据库
	数据库网址	http://www.infobank.cn
	数据库介绍	收录时间：1986年至今。收录国家及各省市地方统计机构的统计年鉴、海关统计、经济统计快报等月度及季度统计，其统计数据可追溯到1949年，亦包括海外地区统计数据。数据按行业及地域分类
	数据库语种	中文
	收录资源类型	数据
	资源揭示深度	全文
	学科分类	经济
17	数据库名称	中国资讯行——中国上市公司文献库
	数据库网址	http://www.infobank.cn
	数据库介绍	收录时间：1993年至今。收录了在沪、深交易所上市公司（包括A股、B股及H股）的资料，网罗深圳和上海证券市场的上市公司各类招股书、上市公告、中期报告、年终报告、重要决议等文献资料
	数据库语种	中文
	收录资源类型	资讯
	资源揭示深度	全文
	学科分类	经济
18	数据库名称	中国资讯行——中国医疗健康库
	数据库网址	http://www.infobank.cn
	数据库介绍	中国一百多种专业和普及性医药报刊的资料，向用户提供中国医疗科研、新医药、专业医院、知名医生、病理健康资讯
	数据库语种	中文
	收录资源类型	资讯
	资源揭示深度	全文
	学科分类	社科综合
19	数据库名称	中国资讯行——中国人物库
	数据库网址	http://www.infobank.cn
	数据库介绍	提供详尽的中国主要政治人物、工业家、银行家、企业家、科学家以及其他著名人物的简历及相关资料。此库文献内容主要根据对中国八百多种公开发行资料的搜集而生成
	数据库语种	中文
	收录资源类型	资讯

续表

19	资源揭示深度	全文
	学科分类	社科综合
20	数据库名称	中国资讯行——香港上市公司资料库
	数据库网址	http://www.infobank.cn
	数据库介绍	香港1000多家上市公司1999年以来公开披露的各类公告及业绩简述。可按公司代码、行业分类、公告类型进行分类检索，为用户提供了一个全面了解香港上市公司动态的有效途径
	数据库语种	中文
	收录资源类型	资讯
	资源揭示深度	全文
	学科分类	社科综合
21	数据库名称	中国资讯行——中国中央及地方政府资料库
	数据库网址	http://www.infobank.cn
	数据库介绍	中央国务院部委机构及地方政府各部门资料，包括各机构的负责人、机构职能、地址、电话等主要资料
	数据库语种	中文
	收录资源类型	资讯
	资源揭示深度	全文
	学科分类	社科综合
22	数据库名称	中国资讯行——中国企业产品库
	数据库网址	http://www.infobank.cn
	数据库介绍	中国27万余家各行业企业基本情况及产品资料。文献分为十三个大类
	数据库语种	中文
	收录资源类型	资讯
	资源揭示深度	全文
	学科分类	社科综合
23	数据库名称	中国资讯行——English publishing
	数据库网址	http://www.infobank.cn
	数据库介绍	
	数据库语种	中文
	收录资源类型	资讯
	资源揭示深度	全文
	学科分类	社科综合

续表

24	数据库名称	中国资讯行——名词解释库
	数据库网址	http://www.infobank.cn
	数据库介绍	有关中国大陆所使用的经济、金融、科技等行业的名词解释，以帮助海外用户更好地了解文献中上述行业名词的准确定义
	数据库语种	中文
	收录资源类型	参考资料
	资源揭示深度	全文
	学科分类	社科综合
25	数据库名称	法律之星
	数据库网址	http://10.4.131.234/lawstar/model/index.htm
	数据库介绍	北京中天诺士达科技有限责任公司开发，该数据库包括8个综合类数据库（中国法律法规规章司法解释数据库、国际公约与外国法数据库、中国地方法规规章数据库、香港台湾法律资料数据库、中国案例与司法文书数据库、合同范本与格式文书数据库、中外协定与条约数据库、中国司法解释数据库），14个专业类数据库（金融、外经外贸、证券、新闻出版等），32个地方性法规数据库（北京、上海、天津等）以及中国法律论文目录、WTO、最新法律法规等专题类参考资料
	数据库语种	中文
	收录资源类型	参考资料
	资源揭示深度	全文
	学科分类	法律
26	数据库名称	法律法规大典（1949—2005）
	数据库网址	http://219.141.235.67/FLFG/index.jsp
	数据库介绍	由北京博利群电子信息有限责任公司开发制作，包括国务院颁布的法律法规，年度更新
	数据库语种	中文
	收录资源类型	参考资料
	资源揭示深度	全文
	学科分类	法律
27	数据库名称	方正电子书
	数据库网址	http://10.4.131.234/dlib
	数据库介绍	中国社会科学院图书馆引进了方正Apabi电子书4200余种，每种书一个副本，读者可以通过院图书馆网站进入浏览

续表

27	数据库语种	中文
	收录资源类型	电子书
	资源揭示深度	全文
	学科分类	社会科学综合、法学、管理学、经济、历史、政治、图书馆/信息科学、人类学、社会学、教育/文化、新闻传播、艺术、语言、文学、哲学、其他
28	数据库名称	中国年鉴资源全文数据库
	数据库网址	http：//dlib.apabi.com/cass
	数据库介绍	方正 Apabi 年鉴资源平台收录了近 500 种共计三千多本年鉴资源，形成了以《中国统计年鉴》为龙头，以各国家级行业统计年鉴和地方综合性统计年鉴为两翼的完整的中国统计（年鉴/资料）决策信息资源。依托（国家统计局）中国统计出版社连续逐年出版的各类权威统计年鉴和统计资料，完整回溯、持续更新，每年新增入库年卷超过 150 卷
	数据库语种	中文
	收录资源类型	年鉴
	资源揭示深度	全文
	学科分类	社科综合
29	数据库名称	人民日报 50 年（1946—1997）
	数据库网址	http：//219.141.235.67/RMRB/index.jsp
	数据库介绍	《人民日报》50 年（1946—1997）全文
	数据库语种	中文
	收录资源类型	报纸
	资源揭示深度	全文
	学科分类	社科综合
30	数据库名称	人民日报图文数据库（1946—1997）
	数据库网址	http：//10.4.131.234：957/web/index.htm
	数据库介绍	人民日报图文资料
	数据库语种	中文
	收录资源类型	报纸
	资源揭示深度	全文
	学科分类	社科综合

续表

	数据库名称	金报兴图报纸、期刊全文库
31	数据库网址	http：//10.4.131.234/gndl/goldennp/index_ b.asp
	数据库介绍	收录17种报纸。 综合类:《参考消息》《经济日报》《人民日报》《经济参考报》《中国妇女报》; 政治·军事·法律类:《中国知识产权报》; 新闻·出版·文物·档案类:《中国图书商报》《中华读书报》; 经济综合·财税金融类:《金融时报》《中国企业报》; 期刊:《当代世界》《中共党史研究》《战略与管理》《人民法院案例库》《劳动和社会保障法规政策专刊》《最高人民法院、最高人民检察院司法解释库》。 集成了报纸的全文内容(部分报纸包括PDF原版),大部分资源自创刊起收录,部分资源内部设置多种专题数据。 该数据库支持跨报纸、任意词的全文检索;每种报纸全文资源都支持简单检索、高级检索(包括逻辑复合检索和表达式检索)、日期检索等功能;可以指定报纸并直接针对标题、作者、正文、栏目等各种检索点进行全文检索;检索结果可全文摘录
	数据库语种	中文
	收录资源类型	报纸、期刊
	资源揭示深度	全文
	学科分类	社科综合
32	数据库名称	金报兴图年鉴资源库
	数据库网址	http：//10.4.131.234/gndl/goldenyb/index_ b.asp
	数据库介绍	收录28种年鉴,共331卷。 统计:《中国统计年鉴》《中国工业经济统计年鉴》《中国高技术产业统计年鉴》《中国市场统计年鉴》《中国对外经济统计年鉴》《中国海关统计年鉴》《中国证券期货统计年鉴》《中国人口统计年鉴》《中国科技统计年鉴》《中国科学院统计年鉴》《中国教育统计年鉴》; 综合:《北京年鉴》《上海年鉴》; 经济综合:《世界经济年鉴》《中国经济年鉴》《中国中西部地区开发年鉴》《中国工商行政管理年鉴》; 行业经济:《中国高新技术产业年鉴》; 贸易经济:《中国商业年鉴》《中国对外经济贸易年鉴》; 财政金融:《中国财政年鉴》《中国金融年鉴》《中国投资年鉴》《中国保险年鉴》; 企业经济:《中国企业管理年鉴》; 社科:《中国社会科学院年鉴》; 信息与知识传播:《中国出版年鉴》《中国图书馆年鉴》。

续表

32	数据库介绍	集成了年鉴电子版的全文资源，全面真实反映国民经济和社会发展状况，涉及统计、综合、经济综合、政治民族军事、法律、资源环境、财政金融、行业经济、贸易经济、企业经济、社科文教、信息与知识传播、文史哲研究、医药卫生、地方经济科技文化十五大类，多种年鉴资源自创刊起全文收录，并设置重要文献、统计资料、政策法律法规、大事记、机构团体人物等专题，深刻揭示行业或地域经济和社会发展状况，是重要的决策工具资料。 该数据库支持跨年鉴、任意词全文检索，各年鉴全文资源都支持简单检索、高级检索（包括逻辑复合检索和表达式检索）、专题检索等功能；可以指定年鉴并直接针对标题、作者、正文、栏目等各种检索点进行全文检索；检索结果可摘录
	数据库语种	中文
	收录资源类型	年鉴
	资源揭示深度	全文
	学科分类	社科综合
33	数据库名称	中国近代史
	数据库网址	http://219.141.235.67/JXDS/index.jsp
	数据库介绍	该数据库收录年限为1978—2000年。内容为《中国人民大学复印报刊资料》系列期刊中《中国近代史》专题收集的我国1840—1919年的历史研究资料
	数据库语种	中文
	收录资源类型	期刊
	资源揭示深度	全文
	学科分类	历史
34	数据库名称	中国现代史
	数据库网址	http://219.141.235.67/JXDS/index.jsp
	数据库介绍	该数据库收录年限为1978—2000年。内容为《中国人民大学复印报刊资料》系列期刊中《中国现代史》专题收集的我国1978—2000年的历史研究资料
	数据库语种	中文
	收录资源类型	期刊
	资源揭示深度	全文
	学科分类	历史

续表

35	数据库名称	邓小平理论研究
	数据库网址	http：//219.141.235.67/DXP/index.jsp
	数据库介绍	邓小平理论研究文献
	数据库语种	中文
	收录资源类型	期刊
	资源揭示深度	全文
	学科分类	哲学
36	数据库名称	《中国人文社会科学引文数据库（2002版）》
	数据库网址	单机光盘
	数据库介绍	中国社会科学院文献信息中心与中国学术期刊（光盘版）电子杂志社合作出版。它收录了1999年至2001年的学术文献记录34万条，引文记录120万条，学科范围涉及哲学、政治、法律、经济、文学、历史等重要领域
	数据库语种	中文
	收录资源类型	引文
	资源揭示深度	期刊题录
	学科分类	社会科学综合、法学、管理学、经济、历史、政治、图书馆/信息科学、人类学、社会学、教育/文化、新闻传播、艺术、语言、文学、哲学、其他
37	数据库名称	四部丛刊
	数据库网址	
	数据库介绍	
	数据库语种	
	收录资源类型	
	资源揭示深度	全文
	学科分类	古籍
38	数据库名称	全国报刊索引
	数据库网址	单机光盘
	数据库介绍	上海图书馆《全国报刊索引》编辑部出版，现收入期刊8000多种，报纸200多种，年更新量25万余条。社科版涉及马列主义、毛泽东思想、哲学、社会科学、政治、军事、经济、文化、科学、教育、语言文字、文学、历史地理等各个学科。中国基本古籍库是运用现代信息技术手段，对构成中国传统文化的基本文献进行数字化处理的宏伟工程

续表

38	数据库语种	中文
	收录资源类型	报刊
	资源揭示深度	索引
	学科分类	社会科学综合、法学、管理学、经济、历史、政治、图书馆/信息科学、人类学、社会学、教育/文化、新闻传播、艺术、语言、文学、哲学、其他

致　　谢

　　今天，终于在忐忑不安中搁笔，此研究算是告一段落。该研究成果是国家社科基金项目的一部分。从一开始申请到项目的兴奋，到怀孕生子的搁置，再到以工作忙碌为借口迟迟未动笔，虽然从立项到结题跨越了6年的时光，但内心里却从未将此项目放下。

　　6年时间，时光荏苒。搁笔之际，思绪万千。此时此刻，无尽感激。在这里要向给予我支持、关心和帮助的各位领导、老师、同事及亲友们表示深深的谢意！

　　首先感谢中国社会科学院图书馆的领导和老师。这里有一直关心我、支持我、指导我的亦师亦友的黄长著老师。黄老师学识渊博、思维敏锐、学风严谨却又不失风趣幽默，他教育我们要有"雄狮搏兔"的精神，要知道"言有易，言无难"的道理，这些教诲无不深深地感染和影响着我，成为我不断进步的力量。蒋颖老师不仅在学术上给我以支持和启发，对我个人的生活也是关心备至，有这样的良师益友是我的"小确幸"。王岚馆长的到来，激发出新的活力，不仅规划图书馆新的战略布局，还部署图书馆新的战术方案，与此同时还勇于担当，谋求员工的发展。我是受益者之一。张树华老师、刘振喜老师、黄丽婷老师、何涛老师、赵慧老师、王清君老师、魏进老师、陈晓燕老师、杨齐老师、赵以安老师、包凌老师、王霞老师、郭哲敏老师、丛文老师和孔青青博士，无不给予我莫大的支持和帮助。

　　非常感谢中国社会科学院中国社会科学评价中心的荆林波老师、李传章老师、吴敏老师、姜庆国老师、张青松老师、郝明老师和徐璟毅老师，在工作中给予我支持、帮助、引导和教诲。特别感谢所在部门的王力力老师、耿海英老师、余倩老师，他们是我无话不谈的"小伙伴"，感谢逯万辉老师、杨发庭老师以及奚祺海老师给我的"头脑风暴"。感谢郝若扬老师、吴波老师、马冉老师对我的关心和帮助。

感谢国家图书馆吕淑萍老师毫无保留的文献资料支持，感谢中国科学院刘筱敏老师、罗祺姗老师给我数据支撑，他们都是令我尊重的师长和同行。感谢培养我的导师邱均平教授，感谢培养我的武汉大学信息管理学院，感谢所有给予我关心、鼓励、支持和帮助，在此却不能一一记述的领导、老师、同学、同事和朋友们！

感谢我的父母，正是他们在我多年求学、工作过程中给予默默地支持和无私地付出，才有我今天的顺利成长；感谢舅舅、舅妈，是他们在我还是一个不懂事的孩子时就带在身边求学；感谢公公、婆婆对我的理解与支持，不仅帮我们带孩子，还给了我无私的关爱和安慰；感谢亲爱的哥哥、姐姐、弟弟、妹妹，感谢所有关心、帮助、鼓励我的亲人和朋友。

最后，我要感谢我的爱人夏吉安。他是我的生活伴侣、心灵港湾，没有他就没有我的今天。感谢我的儿子夏瑞麒，他使我不再一次次追问生命的意义，我想我已经明白生命的真谛！